SEM LIMITES

MICHAEL LEWIS

SEM LIMITES

Ascensão e queda de Sam Bankman-Fried

Tradução
Beatriz Medina

Rio de Janeiro, 2024

Copyright © 2023 by Michael Lewis. All rights reserved.
Este livro não pode ser exportado para Portugal, Angola e Moçambique.
Copyright da tradução © 2024 por Casa dos Livros Editora LTDA.
Todos os direitos reservados.
Título original: *Going Infinite*

Nenhuma parte desta obra pode ser apropriada e estocada em sistema de banco de dados ou processo similar, em qualquer forma ou meio, seja eletrônico, de fotocópia, gravação etc., sem a permissão do detentor do copyright.

Publisher: *Samuel Coto*

Editora-executiva: *Alice Mello*

Editora: *Paula Carvalho*

Assistente editorial: *Lui Navarro*

Estagiária editorial: *Lívia Senatori*

Copidesque: *Luiza Thebas*

Revisão: *Letícia Nakamura e Mariana Gomes*

Design de capa: *Renata Zucchini*

Diagramação: *Abreu's System*

Dados Internacionais de Catalogação na Publicação (CIP)
(Câmara Brasileira do Livro, SP, Brasil)

Lewis, Michael
    Sem limites / Michael Lewis ; tradução Beatriz Medina. – 1. ed. –
Rio de Janeiro : HarperCollins Brasil, 2024.

    Título original: Going infinite.
    ISBN 978-65-6005-177-5

    1. Criptomoedas 2. Finanças 3. Milionários 4. Sucesso nos negócios I. Título.

24-192884   CDD-650.1

Índices para catálogo sistemático:
1. Sucesso nos negócios : Administração   650.1

Tábata Alves da Silva – Bibliotecária – CRB-8/9253

Os pontos de vista desta obra são de responsabilidade de seu autor, não refletindo necessariamente a posição da HarperCollins Brasil, da HarperCollins Publishers ou de sua equipe editorial.

HarperCollins Brasil é uma marca licenciada à Casa dos Livros Editora LTDA.
Todos os direitos reservados à Casa dos Livros Editora LTDA.
Rua da Quitanda, 86, sala 601A – Centro
Rio de Janeiro, RJ – CEP 20091-005
Tel.: (21) 3175-1030
www.harpercollins.com.br

EM MEMÓRIA DE DIXIE LEE LEWIS.
VOCÊ PERMANECE DENTRO DE MIM.

O infinito não está em lugar algum da realidade, não importa de quais experiências, observações e conhecimentos lancemos mão. O pensamento sobre as coisas seria tão diferente assim das coisas em si? Os processos de pensamento seriam tão diferentes do processo real? Em resumo, o pensamento pode ser tão distante assim da realidade?

— *David Hilbert, matemático alemão (1862-1943)*

Sumário

Prefácio	11

1º ATO

1 AHAM	17
2 O PROBLEMA DO PAPAI NOEL	35
3 METAJOGOS	52
4 A MARCHA DO PROGRESSO	71

2º ATO

5 COMO PENSAR SOBRE BOB	93
6 AMOR ARTIFICIAL	117
7 O ORGANOGRAMA	149

3º ATO

8 O TESOURO DO DRAGÃO	183
9 O SUMIÇO	207
10 MANFRED	225
11 O SORO DA VERDADE	247

Coda	267
Agradecimentos	269

PREFÁCIO

Ouvi falar de Sam Bankman-Fried pela primeira vez no fim de 2021. Estranhamente, um amigo queria que eu o ajudasse a descobrir quem era essa pessoa. Esse amigo estava prestes a fechar com Sam um negócio que ligaria o destino dos dois por meio de uma troca de ações das empresas um do outro, que valeria centenas de milhões de dólares. Ele estava apreensivo. Achava que entendia a FTX, a *crypto exchange* ou a bolsa de criptoativos criada por Sam, mas não tinha uma noção tão boa sobre o próprio Sam. Esse amigo andou fazendo perguntas sobre Sam e descobriu que, se sabia pouco sobre esse homem, os outros, inclusive quem já tinha investido milhões de dólares na empresa de Sam, sabiam ainda menos que ele. Meu amigo achou que a ignorância geral poderia ser explicada pelo contexto em que Sam estava inserido. A FTX existia havia apenas dois anos e meio. Sam tinha apenas 29 anos, era um pouco estranho e tinha passado a maior parte dos três anos anteriores fora dos Estados Unidos. Talvez isso explicasse por que ninguém parecia conhecê-lo de verdade. Meu amigo pediu que eu me encontrasse com Sam e depois lhe contasse o que havia descoberto.

Semanas depois, Sam estava na porta da minha casa em Berkeley, na Califórnia. Saiu de um Uber vestindo bermuda cargo, camiseta, meias brancas frouxas e tênis New Balance puídos — e logo descobri que essas eram, basicamente, as únicas roupas que ele tinha. Fomos dar uma volta — e, pelos dois anos seguintes, esta foi a única vez que vi essa pessoa, sempre vestida para uma caminhada, realmente sair para caminhar. Então, eu o cutuquei com perguntas, mas depois de algum tempo eu praticamente só escutava. As coisas que ele me contou — as quais todas, devo dizer aqui, se mostraram verdadeiras — eram incríveis. Comecemos pelo volume de dinheiro em sua vida. Não estamos falando apenas das dezenas de bilhões de dólares que tinha acumulado nos dois anos anteriores, mas das centenas de milhões entregues a ele por importantes capitalistas de risco do Vale do Silício, que, como um deles me disse depois, acreditavam que Sam tinha boas chances de se tornar o primeiro trilionário do mundo. A receita da FTX crescia em ritmo espantoso: de 20 milhões de dólares em 2019 para 100 milhões em 2020 e 1 bilhão em 2021. Em nossa caminhada, perguntei o que faltava para ele vender a FTX e fazer outra coisa além de ganhar dinheiro. Ele pensou na pergunta. "Cento e cinquenta bilhões de dólares", enfim respondeu — mas acrescentou que via utilidade para os "infinitos dólares".

Tudo nele era peculiar, começando com suas motivações — ou, pelo menos, o que ele acreditava serem suas motivações. Ele não contou tudo nessa caminhada que fizemos, talvez por perceber que soaria inverossímil para um completo desconhecido. Precisava de infinitos dólares porque planejava encontrar soluções para os maiores riscos à vida na Terra: guerra nuclear, pandemias muito mais fatais do que a covid, inteligência artificial que se voltasse contra a humanidade, eliminando-a etc. À lista de problemas que esperava resolver, Sam tinha acrescentado recentemente o ataque à democracia dos Estados Unidos que, se bem-sucedido, tornaria muito menos provável a solução de todos os outros. Cento e cinquenta bilhões era mais ou menos o necessário para aplacar, mesmo que infimamente, pelo menos um dos grandes problemas.

Também havia uma série de problemas menores que o dinheiro poderia resolver e que faziam Sam pensar se investiria neles também. As Bahamas, por exemplo. Alguns anos antes de nosso encontro, ao que tudo indica, em resposta à investida do governo chinês contra as criptomoedas, Sam levou sua empresa de Hong Kong para as Bahamas. O lado bom das Bahamas, segundo o ponto de vista de Sam, era ter criado uma regulamentação para legitimar as bolsas de criptomoedas, coisa que os Estados Unidos não tinham feito. O problema era que a covid tinha esvaziado a economia do país. Faltava-lhe infraestrutura para sustentar o império financeiro global que Sam esperava construir, e agora as Bahamas estavam quebradas demais para criá-la. Na época, ele tentava convencer cerca de quarenta funcionários seus, muitos deles criados na China ou perto dela, a se mudar para uma ilha a quase 15 mil quilômetros de distância sem escola onde pudessem matricular os filhos. Sam disse que estava tentando decidir se simplesmente pagava os 9 bilhões de dólares da dívida externa das Bahamas. Assim o país poderia consertar as estradas, construir escolas etc. Recentemente, tinha se reunido com o novo primeiro-ministro para discutir essa e outras ideias. Mais tarde eu soube, por um dos assessores do primeiro-ministro, que, depois da eleição geral das Bahamas, em setembro de 2021, Sam foi a primeira pessoa com quem o primeiro-ministro quis se reunir.

Tudo isso soaria ainda mais absurdo se Sam já não tivesse feito o que fez — ou se não fosse tão atípico. Ele não foi corrompido pelo dinheiro, como costuma acontecer com as pessoas. Ele não se gabava. Tinha opiniões, mas parecia não esperar que o ouvinte concordasse com elas e fingiu ouvir as minhas, mesmo quando o que eu dizia nitidamente não lhe interessava. Ele nem parecia muito convencido de sua própria história fantástica. A mãe e o pai eram professores de Direito em Stanford, basicamente sem nenhum interesse em dinheiro e perplexos com o que o filho se tornara — isso foi praticamente tudo o que extraí dele naquele dia e nos meses seguintes. Por outro lado, em assuntos que não fossem ele mesmo, Sam era agradavelmente franco: parecia disposto a responder a qualquer pergunta que eu pensasse em fazer sobre o setor de criptoativos ou sua empresa. Sua ambição era pretensiosa, mas ele, não.

No fim da caminhada, eu estava totalmente convencido. Liguei para meu amigo e disse algo como: "Vai fundo! Troque ações com Sam Bankman-Fried! Faça o que ele quiser! O que pode dar errado?". Só mais tarde me dei conta de que não tinha nem começado a responder à pergunta original: quem era aquele sujeito?

1º ATO

1

AHAM

A maioria das pessoas que foi trabalhar com Sam Bankman-Fried acabou em cargos para os quais não tinha qualificações óbvias, e Natalie Tien não era exceção. Ela foi criada em Taiwan, em uma família de classe média cuja única verdadeira esperança para a filha era que achasse um marido rico. Ela era miúda, amável, nada afeita a rebeldias e tinha o reflexo de cobrir a boca com a mão quando ria. Ela estava decidida a provar que os pais a tinham subestimado. Depois da faculdade, ela foi à caça, não de um marido, mas de trabalho. Sua ambição lhe causava tanta ansiedade que, antes de cada entrevista, escrevia e decorava exatamente o que queria dizer sobre si mesma. Foi aprovada logo no primeiro emprego a que se candidatou, numa escola de inglês, mas achou extremamente entediante. Então, em 2018, aos 28 anos, ela descobriu os criptoativos.

No ano anterior, o preço da bitcoin subiu quase vinte vezes, de 1 mil para 19 mil dólares, e o volume de negociação diária explodiu de uma maneira difícil de quantificar com precisão (o relato mais próximo do que ocorreu veio da bolsa de criptoativos Coinbase, em que o volume de operações de 2017 foi trinta vezes maior do que o de 2016). Na Ásia, surgiam mensalmente novas bolsas de criptoativos para atender ao crescente público apostador. Todas tinham recursos financeiros e uma demanda insaciável por jovens mulheres. "As exigências são: ser bonita, ter seios fartos, já ter feito streaming ao vivo, ser nascida em 2000 ou depois, ser boa de papo", dizia o anúncio para uma vaga de vendedora na nova bolsa que mais crescia. Até 2018, muitas jovens asiáticas tentavam satisfazer essas exigências. Natalie adotou uma abordagem diferente. Durante um mês, ela leu tudo o que encontrou sobre criptomoedas e blockchains. "Todo mundo dizia que era golpe", comentou ela, preocupada. Assim que entrou, Natalie se espantou com o fato de que poucas pessoas que trabalhavam com criptoativos sabiam explicar o que era Bitcoin. Nem sempre as próprias empresas sabiam o que faziam nem por quê. Contratavam muita gente simplesmente porque podiam pagar, e o grande número de funcionários mostrava que eram importantes. O que fez Natalie seguir em frente e ignorar a sensação de que seu talento estava sendo desperdiçado foi a percepção de que o setor de cripto seria o próximo grande sucesso. "Eu enxergava tudo como uma aposta, sem nada a perder", disse ela.

Em junho de 2020, Natalie estava trabalhando em sua segunda bolsa asiática de criptoativos quando soube da criação da FTX. Como as outras bolsas, a FTX a contratou rapidamente depois de uma única entrevista, e ela se tornou a 49ª funcionária da companhia. A FTX era diferente das outras empresas do setor, principalmente porque o sujeito que a administrava, Sam Bankman-Fried, era diferente. Todos os homens que Natalie Tien conheceu no mundo do cripto se interessavam, principalmente, por dinheiro e mulheres, e Sam não era muito ligado em nenhum dos dois — embora fosse difícil para ela descobrir qual era seu principal interesse. *Tudo aqui é multiplicado por cinco,* pensou ela. Cinco vezes mais trabalho, cinco vezes mais crescimento, cinco vezes mais dinheiro, cinco vezes mais responsabilidade. Ninguém dizia que era preciso trabalhar em tempo integral nem que não havia espaço para uma vida fora do trabalho, mas ninguém que tentasse levar uma vida normal ficava na empresa. Natalie ficou e, meses depois de passar para a sede da FTX em Hong Kong, ela se viu promovida a diretora de relações públicas. O mais estranho, além do fato de ela não ter nenhuma experiência em relações públicas, era que a FTX também não tinha. "Quando entrei, Sam não acreditava em RP", disse Natalie. "Achava uma grande bobagem."

No começo, Natalie tinha que convencer Sam de que ele deveria falar com jornalistas, ao mesmo tempo que tinha que convencer os jornalistas de que eles deveriam falar com Sam. "Era julho de 2020, e nenhum jornalista se interessava por Sam", disse ela. "Fim." A loucura dos criptoativos fazia lembrar Roterdã em 1637, quando um único bulbo de tulipa foi vendido mais ou menos pelo triplo do preço de um Rembrandt. E todo dia mais volume era negociado na FTX. E Natalie seguia pressionando Sam e os jornalistas.

Na manhã de 11 de maio de 2021, Sam Bankman-Fried apareceu pela primeira vez na televisão. Sentou-se à mesa de negociação e conversou pela tela do computador com duas repórteres da Bloomberg TV. Espessos cachos negros explodiam da cabeça dele para todos os lados. Quem tentava descrever o cabelo de Sam, desistia, e o chamava de "afro" — só que não era cabelo afro. Era só um cabelo bagunçado, que, como tudo na aparência de Sam, não parecia uma decisão, mas a decisão de não tomar decisões. Ele estava vestindo o de sempre: uma camiseta amarrotada e bermuda cargo. O joelho nu balançava para cima e para baixo, mais ou menos a quatro tempos por segundo, enquanto os olhos dardejavam da esquerda para a direita e só colidiam com o olhar das entrevistadoras por acaso. Em geral, se comportava como um garoto que fingia interesse quando os pais o arrastavam até a sala para cumprimentar os amigos da família. Ele não se preparou para a entrevista, mas as perguntas eram tão triviais que não fez diferença. *O prodígio das cripto*, dizia o texto que corria no pé da tela da Bloomberg, enquanto números à esquerda mostravam que, só no ano anterior, o preço do Bitcoin tinha subido mais de 500%.

Natalie assistiu em sua mesa àquele primeiro programa de TV; depois, em entrevistas futuras, ela passaria atrás de Sam para confirmar que, sim, seus olhos se moviam tanto porque ele estava jogando videogame. Ao vivo na TV! Muitas vezes, enquanto dava entrevista, além de jogar videogame, Sam respondia mensagens, revisava documentos e tuitava. O entrevistador lhe fazia uma pergunta e Sam respondia "Ahhhh, que pergunta interessante" — embora nunca achasse de fato pergunta alguma interessante. E Natalie sabia que, com isso, ele estava apenas ganhando tempo para sair do jogo e voltar à entrevista. Natalie não fazia ideia de qual seria o comportamento adequado de uma pessoa ao vivo na TV, mas desconfiava de que não era aquele. No entanto, ao assistir ao primeiro desempenho televisivo de Sam, ela sentiu que poderia funcionar. Sam era esquisito na TV, mas também era esquisito na vida real — quando o encontravam, as pessoas costumavam julgá-lo a pessoa mais interessante que conheciam. Natalie decidiu não fazer nenhum treinamento de mídia com ele — ou qualquer coisa que fizesse Sam ser menos Sam.

Pouco depois da primeira entrevista na Bloomberg, a revista *Forbes* apareceu. Em 2017, quando a *Forbes* começou a acompanhar com atenção as criptofortunas, o nome de Sam nem sequer fazia parte dos ricaços a serem averiguados, o que não é de se estranhar, já que, nesse ano, Sam nem mesmo saberia dizer o que era um Bitcoin e, de qualquer modo, ele seria alguém avaliado em cerca de zero dólar. "Ele meio que saiu do nada", disse Steve Ehrlich, o repórter que a *Forbes* encarregou de descobrir o valor líquido desse zé-ninguém de 29 anos. "Foi chocante. Não é como se ele tivesse comprado bitcoins, e o valor deles tivesse ido de 0 a 20 mil." Ao que tudo indicava, em três anos, Sam Bankman-Fried criou uma empresa tão valiosa, que o feito o transformou na pessoa com menos de 30 anos mais rica do mundo. "Quando olhei os números pela primeira vez, pensei: *Será que é mesmo verdade? Esse sujeito pode mesmo valer 20 bilhões de dólares?*", disse Chase Peterson-Withorn, que comandava a equipe de investigadores da *Forbes*. "Era praticamente sem precedentes. Ninguém mais tinha ficado rico tão depressa, a não ser Mark Zuckerberg, e Sam chegava bem perto."

Essa pergunta puxou outra: "Exatamente quanto mais que 20 bilhões de dólares vale esse sujeito?". Além da FTX, a bolsa de criptoativos, Sam também possuía e controlava uma empresa de trading quantitativo de criptoativos chamada Alameda Research. No ano anterior, 2020, com apenas um punhado de funcionários, a Alameda gerou 1 bilhão de dólares de lucro nas operações e, num ritmo alucinante, acumulava participações em outras empresas e tokens de criptoativos. Quanto mais de perto se olhava a Alameda Research, menos ela se parecia com um fundo de hedge e mais com a caverna de um dragão, repleta de tesouros aleatórios. Os analistas financeiros da *Forbes* sempre tentaram simplificar as coisas: o patrimônio valia aquilo que as pessoas estavam dispostas a pagar por ele. Esta foi a abordagem que funcionou na bolha das empresas pontocom, quando era consenso que, embora soasse ridículo, a Pets.com valia 400 milhões de dólares simplesmente porque os investidores se dispunham a comprá-la por esse valor. Mas, com essas novas criptofortunas, essa abordagem financeira da *Forbes* não era suficiente. Como analisar, por exemplo, os tokens Solana que Sam possuía dentro da Alameda Research? Quase ninguém sabia o que era Solana — uma nova criptomoeda cunhada para rivalizar com o Bitcoin — e, muito menos, como avaliá-la. Por um lado, o preço de mercado na época indicava que a reserva de Solana de Sam talvez valesse 12 bilhões de dólares; por outro lado, Sam possuía cerca de 10% de todos os tokens Solana do mundo. Era difícil saber quanto alguém pagaria se Sam tentasse vender tudo. E, assim, a *Forbes* praticamente ignorou a carteira de Solana de Sam, bem como a maior parte do conteúdo de sua caverna de dragão.

Ao conversar com os repórteres da *Forbes*, Sam e Natalie se preocupavam principalmente com a publicação de números que exigissem mais explicações do que ele queria dar. Ele norteava os repórteres da *Forbes* de acordo com o que já sabiam ou pensavam saber. "Houve duas razões para eu falar com eles", disse Sam. "Primeiro, porque os números estariam ali publicados de qualquer modo. E segundo, porque assim eles confiariam mais em nós." Além disso, Sam temia que, se abrisse o jogo, a *Forbes* informaria a todos que era tão rico quanto ele mesmo julgava ser. "Não queria apenas entregar o número para eles, 'Eis o meu valor'", explicou. "Isso daria um tom equivocado. Era um número grande demais. Se saísse na *Forbes* que eu valho 100 bilhões de dólares, seria esquisito e ia estragar tudo." Ele não lhes mandou, por exemplo, a lista das cerca de cem empresas que tinha adquirido nos dois anos anteriores. Sua história podia ser fantástica, mas ele precisava que fosse verossímil.

Sam não tinha com o que se preocupar. Em novembro de 2021, a *Forbes* listou seu valor líquido como 22,5 bilhões de dólares, um pouquinho abaixo de Rupert Murdoch e um pouquinho acima de Laurene Powell Jobs. Vinte e dois bilhões e meio de dólares eram mais ou menos o que se obtinha ao simplesmente se enquadrar nas principais empresas de capital de risco do mundo. Sozinha, a FTX valia 40 bilhões de dólares. Sam possuía 60% da FTX: 60% de 40 bilhões são 24 bilhões de dólares. A *Forbes* começara a rastrear fortunas quarenta anos antes e, ainda assim, Sam era um ponto fora da curva. "Era o *self-made man* recém-chegado mais rico que já aparecera na lista da revista", declarou Peterson-Withorn. "E poderíamos facilmente ter justificado um número muito maior, mas tentamos ser conservadores." Os números de Sam eram tão verossímeis que os executivos da *Forbes* logo passaram a se perguntar se ele não gostaria de comprar a empresa deles também.

Quando Sam percebeu o retorno que a lista de bilionários e a capa da *Forbes* lhe propiciaram, todas as dúvidas que tinha sobre o valor do papel das relações públicas evaporaram. O trabalho de Natalie ficou, ao mesmo tempo, mais simples e mais complicado. Mais simples porque, basicamente, agora todos queriam falar com Sam, e Sam se dispunha a falar com qualquer um — desde que pudesse jogar videogame durante a conversa. De totalmente reservado, Sam passou a ser figurinha carimbada na mídia. Ficava satisfeito por, durante uma hora, bater um papo sincero tanto com o repórter do *Westwego Crypto Daily* quanto com o do *New York Times*. Natalie compilou listas para Sam, com anotações sobre os cerca de cem jornalistas que, provavelmente, entrariam em seu radar e conselhos para lidar com eles, como: "Este aqui é um babaca. Tome muito cuidado com ele". Ou: "Não dá para evitar o cara do *Financial Times*, mas tome cuidado com qualquer um de lá porque o *Financial Times* é muito anticripto".

Ser diretora de relações públicas de uma corporação multinacional em expansão não era uma tarefa tão difícil assim. "Você faz e aprende ao mesmo tempo", disse Natalie com animação. A parte difícil era Sam. Seu tempo se tornou tão requisitado que Natalie assumiu um segundo papel: administradora da agenda pessoal dele. Sempre fora para Natalie que o repórter do *Financial Times* tinha de ligar para marcar hora com Sam; agora, o pai de Sam também precisava ligar para Natalie se quisesse passar quinze minutos com o filho. No fim de 2021, Natalie, e só Natalie, sabia onde Sam estava em determinado momento, aonde teria de ir em seguida e como levá-lo a fazer o que tinha de fazer. Ela não tinha muita coisa em comum com o chefe, mas, para fazer seu trabalho, precisava estar dentro da cabeça dele. "É preciso aprender como se dar bem com ele", falou. "E o caminho para se dar bem com ele é um pouco obscuro."

Em um ano, Natalie se provou bastante capaz de prever o que Sam faria e por quê. Ainda assim, mesmo para ela, Sam continuava sendo um enigma. Para começo de conversa, ela nunca sabia com certeza onde ele estava. "Não espere que ele lhe diga onde estará em tal horário", disse Natalie. "Ele nunca contará. É preciso ser rápido e sagaz para descobrir por conta própria." Sam podia estar em qualquer lugar, a qualquer hora. Ela reservava para ele um quarto por duas noites no Four Seasons de Washington, e Sam podia até fazer o check-in no hotel, mas talvez nunca chegasse a entrar no quarto. De todas as pessoas que ela conhecia, era ele quem mais tinha dificuldade para dormir. Às 2 horas da manhã, ela podia encontrá-lo à mesa falando com algum jornalista no outro lado do mundo, perambulando por alguma rua deserta tuitando feito louco ou em qualquer outro lugar, menos na cama. Mas aí, às 14 horas, quando deveria estar ao vivo na televisão, podia estar adormecido no pufe gigante ao lado de sua mesa. "Com ele, não existe o conceito de horário de trabalho", disse Natalie. Houve noites em que Natalie foi dormir às 3 da manhã, ajustou o despertador para as 7 horas, acordou, verificou a merda que Sam poderia ter jogado no ventilador das relações públicas nesse ínterim, ajustou de novo o despertador para as 8 horas, verificou outra vez, ajustou de novo o alarme e dormiu até as 9h30.

A relação que Sam estabelecia com seus compromissos era um grande problema. Natalie mapeava cada minuto dos dias de Sam — não só as aparições na TV, mas as reuniões com outros CEO, celebridades curiosas e governantes de países pequenos. Ela não punha na agenda de Sam nada com que ele não concordasse. Frequentemente, era Sam quem sugeria alguma reunião ou aparição pública. Ainda assim, tratava como opcional tudo o que estava na agenda. Era mais uma teoria do que um plano. Ao solicitar o tempo de Sam, as pessoas supunham que a resposta seria sim ou não, e os ruídos que ele fazia sempre soavam mais como "sim" do que como "não". O que elas não sabiam era que, dentro da cabeça de Sam, havia um ponteiro que ia de 0 a 100. Quando confirmava alguma coisa, o que Sam fazia era atribuir alguma probabilidade diferente de 0 à proposta de uso de seu tempo. O ponteiro balançava loucamente enquanto ele calculava e recalculava o valor esperado de cada compromisso até o momento em que o cumpria ou não. "Ele nunca diz o que vai fazer", explicou Natalie. "É preciso estar sempre preparada para mudanças a qualquer segundo." Cada decisão tomada por Sam envolvia um cálculo do valor esperado. Os números na cabeça dele mudavam o tempo todo. Certa vez, à meia-noite, ele mandou para Natalie uma mensagem que dizia: "Há 60% de chance de eu ir ao Texas amanhã". "O que significa 60% de chance?", questiona Natalie. "Não posso reservar 60% de uma passagem de avião nem 60% de um carro ou de um quarto de hotel no Texas."

É claro que ela não dizia isso diretamente a Sam. O que Natalie fazia era tentar prever a mudança das probabilidades antes que ele fizesse seus cálculos. Ela aprendeu, por exemplo, a entusiasmar um professor de Harvard lhe dizendo: "Sim, Sam me disse que concorda em falar a uma sala cheia de pessoas importantes de Harvard às 14 horas da próxima sexta-feira. Está na agenda dele". E, enquanto pronunciava essas palavras, já inventar a desculpa que provavelmente daria a esse mesmo professor na noite da quinta-feira, para explicar por que Sam não poderia ir a Massachusetts. *Sam está com covid. O primeiro-ministro precisou falar com Sam. Sam está preso no Cazaquistão.*

A ironia era que, na verdade, Sam não queria provocar essas situações, o que, de certo modo, soava ainda mais ofensivo. Ele não queria ser rude. Não queria criar o caos na vida dos outros. Só se movia pelo mundo do único jeito que conhecia. O custo que isso impunha aos outros simplesmente nunca entrava em seus cálculos. Com ele, nada era pessoal. Quando dava o cano em alguém, nunca era por capricho ou descuido, mas porque fez algum cálculo e comprovou que aquela pessoa não valeria as horas investidas. "A gente está o tempo todo, todos os dias, pedindo desculpas a pessoas diferentes", disse Natalie.

Natalie adorava seu emprego. Sam nunca fora cruel ou abusivo, nem tentara flertar. Pelo contrário: ela sentia que ele a protegia dos abusos dos outros. Às vezes a surpreendia com alguma gentileza, como quando se encontrou em particular com o ex-presidente Clinton e lhe perguntou o que os Estados Unidos fariam se a China invadisse Taiwan. O que Clinton respondeu fez Sam procurá-la para sugerir que ela tirasse os pais de sua terra natal. Era raro discordar dela. Invariavelmente, parecia aberto às suas ideias e, às vezes, como no caso da TV Bloomberg, de fato fazia o que ela sugeria. "Aham", ele sempre dizia. "Aham" era a palavra que Sam mais usava e, quanto menos escutava o que você dizia, mais comprida ela ficava. *Ahaaaammm.* "Na maior parte das vezes, ele não é direto", disse Natalie. "Fala 'aham' ou 'interessante', mas não é verdade. Então, é preciso adivinhar quando está apenas evitando conflitos e quando está falando sério."

No início de 2022, a situação de Sam estava totalmente fora de controle. Parecia que todas as pessoas importantes do planeta queriam conhecê-lo. E ele dizia sim a todas. Qualquer um na situação de Sam teria montado uma imensa rede de secretários, assessores e guardiões. Mas Sam só tinha Natalie, que deixara de ser apenas sua diretora de relações públicas e secretária particular para ser também, às vezes, sua guarda-costas. Ela era uma equilibrista de circo com mil pratos girando no ar. Nenhum prato era tão importante assim, mas Natalie sentia que, se qualquer um deles caísse, poderia provocar uma crise em efeito dominó. E, na manhã de 14 de fevereiro, um desses pratos a deixou especialmente preocupada.

Três dias antes, Sam embarcou num avião particular nas Bahamas rumo a Los Angeles, levando apenas o notebook e uma muda de roupa de baixo. Depois, ele foi a um *brunch* com Shaquille O'Neal, jantou com as Kardashian e assistiu ao Super Bowl com o dono dos Los Angeles Rams. Conversou com Hillary Clinton e Orlando Bloom. Foi a quatro festas e se reuniu com empreendedores que queriam lhe vender suas empresas, além do CEO do Goldman Sachs, que ansiava por conhecer melhor Sam. Nas três noites anteriores, Natalie não teve certeza absoluta de onde Sam tinha dormido, mas sabia que ele tinha feito check-in no quarto que ela havia reservado para ele no Beverly Hilton, porque o viu fazer isso.

No dia 14, o quarto de hotel estava como se Sam nunca tivesse passado por lá. Os lençóis estavam intactos; os travesseiros, lisinhos; as latas de lixo, vazias; o banheiro, cintilante. O único sinal de presença humana no quarto era o próprio Sam. Estava sentado à escrivaninha com a mesma camiseta amarrotada e a bermuda cargo larga que usou no avião. Como sempre, fazia várias coisas ao mesmo tempo: olhava o celular, aplicava protetor labial aos lábios sempre ressecados, abria e fechava janelas no computador — tudo enquanto balançava o joelho freneticamente. A tarefa a ele atribuída, que Natalie lhe lembrara na noite anterior e de novo naquela manhã, era entrar na reunião pelo Zoom na hora certa. Ele já estava atrasado enquanto uma pessoa importantíssima que realmente queria conhecê-lo aguardava por ele no notebook.

"Oi, sou o Sam!", disse ele ao computador quando a janela do Zoom se abriu.

Na tela, surgiu Anna Wintour, editora-chefe da revista *Vogue*. Usava um vestido amarelo justo, maquiagem meticulosamente feita e um corte chanel tão perfeito que as mechas laterais mergulhavam e se curvavam em torno de seu rosto como as lâminas de duas foices.

"Estou muito contente de finalmente conhecer você!", disse ela.

"Ora, é ótimo conhecer você também!", respondeu Sam.

Na verdade, Sam não sabia quem era Anna Wintour. Natalie e outros tinham lhe dado informações, mas ele não prestou atenção. Ele sabia que Anna Wintour editava uma revista. Podia ou não ter uma leve noção de que Meryl Streep a representara em *O diabo veste Prada* e que ela governava o traiçoeiro mundo da moda feminina desde... bom, desde antes de Sam nascer. A aparência dela valia um milhão de dólares, mas sua arte, como toda arte, não era compreendida por Sam. Quando alguém lhe pedia que descrevesse a aparência de alguém, até de uma pessoa com quem tivesse dormido, Sam respondia: "Não sei. Não sou bom em avaliar a aparência dos outros".

Quando Anna Wintour começou a falar, ele clicou num botão e ela sumiu da tela. Em seu lugar, surgiu seu jogo de videogame favorito, *Storybook Brawl*. Ele só tinha alguns segundos para escolher seu personagem. Escolheu o Dragão do Tesouro. Talvez esse fosse o herói favorito de Sam no jogo.

"Aham", respondeu Sam a seja lá o que fosse que Anna Wintour dizia. Ele ainda a ouvia pelos fones. A não ser que observasse os olhos dele, ela não tinha motivo para pensar que Sam não estava prestando atenção.

Ele não queria parecer rude. A questão era simples: ele precisava jogar videogame ao mesmo tempo que acontecia o outro jogo em andamento na vida real. Seu novo papel social de criança bilionária mais interessante do mundo exigia que fizesse vários tipos de coisas estúpidas. Precisava ocupar a mente com algo além do que esperavam que pensasse. Assim, estranhamente, quanto mais importante Sam ficava aos olhos do mundo, mais importante os jogos se tornavam para ele.

Storybook Brawl reunia tudo o que Sam amava num jogo: competir contra adversários reais e precisar tomar muitas decisões com agilidade. Jogos sem contagem de tempo deixavam Sam entediado. Ele se sentia estimulado com o passar dos segundos enquanto montava seu pelotão de personagens fantásticos — anões, bruxas, monstros, princesas etc. Cada personagem tinha dois números: quanto podia causar de dano aos outros personagens e a quanto dano sobreviveria. Também tinha características mais complexas, como a capacidade de lançar feitiços aleatórios, de interagir de forma peculiar com tesouros específicos coletados pelo caminho ou de fortalecer os camaradas de maneira quantificável. O jogo era complicado demais para determinar com exatidão as melhores jogadas. Exigia habilidade, mas também sorte. Ele precisava estimar probabilidades, mas também adivinhar. Este é um fato importante sobre Sam: ele não liga para jogos como o xadrez, em que os jogadores controlam tudo e, em teoria, a melhor jogada é perfeitamente calculável. Ele gostaria mais de xadrez se vozes robóticas embutidas no tabuleiro berrassem mudanças de regras a intervalos aleatórios. *Os cavalos agora são torres! Todos os bispos, saiam do tabuleiro! Os peões agora conseguem voar!* Qualquer coisa do tipo — desde que a nova regra forçasse todos os jogadores a sair da estratégia que usavam e improvisar uma melhor. Os jogos que Sam adorava só permitiam apenas um conhecimento parcial de qualquer situação — como negociar criptoativos.

"Ahaaaamm", respondeu Sam ao que Anna Wintour tinha acabado de dizer. Seu pelotão de anões, ao qual acrescentou algumas princesas, defendia o Dragão do Tesouro. Ao mesmo tempo, atacava o novo inimigo, herói de seu adversário, um gordo pinguim branco chamado Bamboleio

Maravilha. Um anão chamado Astuto atacou um fracote tristonho chamado Príncipe Solitário. A Princesa Adormecida eliminou o Minotauro do Labirinto. Uma donzela adormecida acordou e lançou um feitiço que fez um personagem moribundo se transformar em três personagens vívidos gerados de maneira arbitrária. Era tanta coisa acontecendo ao mesmo tempo! Seria impossível para ele acompanhar a ação, mesmo que estivesse focado apenas nela.

"Ahaaaaammm", disse Sam. Os ruídos que a mulher fazia ainda eram bastante cerimoniais. Não havia um conteúdo real. Mas cada um dos "aham" de Sam era mais caloroso e animado do que o anterior. E, nitidamente, ela estava gostando dele. Todo mundo gostava, naquela época. As pessoas realmente querem ser amigas de quem tem 22,5 bilhões de dólares. Perdoam qualquer coisa. E esse desejo o libertava da obrigação de prestar atenção a ela, o que era bom, porque Sam tinha atenção limitada para dar. Outra batalha estava prestes a começar. À medida que os segundos se passavam, ele escolheu às pressas um novo exército de anões e árvores assassinas. Ao mesmo tempo, abriu um documento: as anotações que Natalie tinha feito para aquela exata reunião — foi então que Sam as olhou pela primeira vez. Anna Wintour era de fato a editora da revista *Vogue*.

"Muito interessante", disse ele conforme a batalha começava. De novo, acabou em segundos. O Dragão do Tesouro já estava em dificuldade. Seu indicativo de vida declinava mais depressa do que o do adversário. Muitos heróis começavam com tudo; o Dragão do Tesouro era um dos raros que só adquiriam poderes especiais mais tarde na vida. O modo de jogar com o Dragão do Tesouro era comprar tesouros que lhe rendessem mais do que para os outros heróis — mas o rendimento vinha mais adiante, tipo oito batalhas depois. Enquanto isso, tirava-se recursos de cada batalha. Sam não precisava vencer essas primeiras batalhas. Só precisava manter o Dragão do Tesouro vivo por tempo suficiente para usufruir das futuras recompensas colossais dos tesouros que vinha acumulando. Anna Wintour dificultava as coisas. Ela queria tanta atenção! E estava chegando ao motivo daquela videoconferência: o Met Gala, organizado pela revista

Vogue. Mas, em vez de simplesmente lhe explicar tudo e deixá-lo em paz, ela perguntou a Sam o que ele sabia sobre o evento.

Sam se remexeu na cadeira. Tirou o hidratante labial da bermuda cargo amarrotada e girou-o. Segundos valiosos se passaram. Finalmente, ele apertou um botão. O Dragão do Tesouro sumiu e Anna Wintour reapareceu. Curiosamente, quando era ele quem falava, queria vê-la.

"Não sei tanto sobre seu setor quanto você, é claro", disse com cautela. "Tenho algumas informações públicas, mas não sei muito sobre as informações de bastidores." *Algumas* informações. Estritamente falando, era verdade: Sam tinha algumas informações. Sabia que o Met Gala era uma festa frequentada por celebridades. Fora isso, não sabia muita coisa. Por exemplo, não saberia dizer se "Met" era a Metropolitan Opera, o Metropolitan Museum ou, quem sabe, a Metropolitan Police.

Anna Wintour estava obviamente acostumada com isso. Para grande alívio de Sam, ela começou a explicar. No momento em que Anna abriu a boca, Sam trocou seu rosto por uma página da Wikipédia:[1]

> O **Met Gala**, formalmente chamado de **Costume Institute Gala** ou **Costume Institute Benefit** e também conhecido como **Met Ball**, é uma festa de gala anual para angariar fundos para o Costume Institute do Metropolitan Museum of Art, em Nova York. Marca a abertura da exposição de moda anual do Costume Institute.[4] A cada edição, o evento comemora o tema da exposição do ano, que dá o tom dos trajes formais da noite, já que os convidados devem escolher o figurino de acordo com esse tema.

"Interessante!", disse Sam. "Isso é superinteressante." Mas, enquanto exprimia interesse, apertou um botão que fez a página da Wikipédia sumir. No lugar, apareceu uma enorme machadinha dourada. O Dragão do Tesouro estava por um fio. Outra batalha, dessa vez contra um personagem chamado Peter Pants, estava prestes a começar. Peter Pants era o oposto do Dragão do Tesouro. Era um personagem "tudo ou nada" cujo

---

1 Trecho de "Met Gala", Wikipedia, https://en.wikipedia.org/w/idex.php?title=Met_Gala.

poder diminuía com o tempo. Seu objetivo era matar depressa. Peter Pants podia acabar com o Dragão do Tesouro numa só batalha. Sam só tinha alguns segundos para organizar sua força de combate. Precisava se concentrar, e Anna Wintour tornava isso impossível.

"Ahaamm", disse Sam.

Então Anna Wintour disse que queria saber mais sobre o que a FTX tinha feito em termos de doações. Obrigado a falar, Sam permitiu que o rosto dela voltasse à tela do computador. "Fizemos acordos de patrocínio com alguns lugares", disse ele. "Mas a primeira coisa de que participamos foi meio por acaso. Tentamos realmente estudar bem as parcerias que teriam mais impacto. Por isso fizemos parceria com Tom e Gisele." *Parceria*. Outra vez, estritamente verdade, mas que não captava o espírito do relacionamento. Sam tinha concordado em pagar 55 milhões de dólares a Tom Brady e mais 19,8 milhões à então esposa, Gisele Bündchen, por vinte horas do tempo de cada um nos três anos seguintes. Sam pagava a eles mais por minuto do que qualquer um já tinha lhes dado para fazer alguma coisa na vida inteira. Ele pagou 10 milhões de dólares a Larry David para criar um anúncio de sessenta segundos — além do custo de 25 milhões de produção e transmissão do comercial durante o Super Bowl — ao qual Sam tinha assistido na véspera. Era um ótimo anúncio.

O Dragão do Tesouro estava morrendo.

Sam podia não saber exatamente o que era o Met Gala nem qual seria seu papel no evento, mas conseguiu captar o que Anna Wintour procurava. Ela não queria apenas o dinheiro; queria Sam. Ao seu lado, no tapete vermelho do Met Gala, criando burburinho. Sam também entendia o que poderia obter em troca do sacrifício: mulheres. Ou, melhor, acesso às especuladoras em criptoativos. A FTX tinha gastado quantias imensas para capturar a mente dos homens. No modo de pensar de Sam, a moda ocupava, na imaginação feminina, mais ou menos o mesmo lugar dos esportes na imaginação masculina. Ele pediu ao pessoal de marketing uma lista de coisas que poderia fazer na moda para atrair as mulheres. O Met Gala estava na lista. E ali estava ele, numa reunião pelo Zoom com a própria Anna Wintour, que agora parecia insinuar que Sam poderia pagar pela festa inteira.

"Sim, com certeza", disse Sam, mas sua mente estava em outro lugar. O Dragão do Tesouro estava morto. Anna Wintour o matara. O que fazer? Ele fez uma tentativa desanimada de começar outro jogo e escolher outro herói, mas mudou de ideia e fechou o game. O normal era que ele ocupasse os dois mundos ao mesmo tempo e vencesse nos dois. Nesse caso, ele evidentemente não tinha a mínima chance de vencer num mundo se não prestasse menos atenção ao outro. De certa forma, aquela mulher adquiriu um feitiço que interferia na habilidade de Sam de ser multitarefa. Nesse momento, ela não lhe pedia apenas tempo e dinheiro. Ela queria saber tudo sobre suas atividades políticas.

"Minha mãe trabalha em tempo integral na avaliação da eficácia das doações para campanhas políticas, e meu irmão está em Washington com os criadores de políticas", disse Sam, devolvendo à tela do notebook o rosto de Anna Wintour. "Estamos fazendo um trabalho decente para dificultar a fraude eleitoral. É triste que este seja o fórum pelo qual tenhamos de lutar, mas é."

Por um tempo surpreendentemente longo, o gasto de Sam nas eleições estadunidenses passou batido. Em 2020, ele enviou 5,2 milhões de dólares à campanha presidencial de Joe Biden sem que ninguém pedisse ou agradecesse. Foi o segundo ou terceiro maior doador de Biden, e nem assim o pessoal da campanha se deu ao trabalho de lhe telefonar. Desde então, Sam investiu dezenas de milhões de dólares em cem candidatos e comitês de ação política diferentes, de modo a tornar sua identidade difícil de ser reconhecida. Era mais um jogo que ele estava aprendendo enquanto jogava — *como influenciar a política dos Estados Unidos* —, e era bem divertido, ainda mais quando se tinha o poder especial da invisibilidade. Mas aí ele "fodeu tudo", como ele mesmo diz. Deixou escapar, em alguma entrevista, que pensava em investir 1 bilhão de dólares na próxima eleição presidencial. Essa observação despertou a fera. Agora, Anna Wintour professava seu amor por Pete Buttigieg. Ela perguntou onde, exatamente, Sam planejava estar nas próximas semanas, para falar mais sobre Buttigieg.

"Com certeza eu gostaria de uma apresentação", disse Sam. "Gostaria de vê-lo como presidente." Se ele achou que isso satisfaria Anna Wintour, se enganou. Ela queria marcar um lugar no mundo real onde Sam estaria e um horário para se encontrarem.

"Estou nas Bahamas 60% do tempo", disse Sam, fugindo educadamente da pergunta. "De vez em quando, vou a Washington. Para o bem ou para o mal, agora 30% do meu trabalho é explicar aos reguladores como deveria ser a regulamentação dos criptoativos nos Estados Unidos." Sua perna esquerda nua se dobrou sob as nádegas apoiadas na cadeira da escrivaninha do hotel; o calcanhar direito, envolvo numa meia esportiva branca, subia e descia sobre o carpete. Ele mais parecia um aluno da 1ª série que precisava urinar do que um magnata dos criptoativos. *Mas agora Anna Wintour estava falando outra vez, graças a Deus.* Liberado, ele rolou a tela do Twitter. Duas noites antes, Sam tinha sido apresentado a Katy Perry. Ela queria saber tudo sobre criptoativos. Agora, publicava no Instagram: "Vou largar a música e virar estagiária da @ftx_official, ok".

A voz de Anna Wintour estava mudando. Ela conseguiu o que queria e agora encerrava calorosamente a conversa. Para se livrar dela, Sam só precisava fazer seus sons habituais de total concordância com o que ela tinha dito:

"É."

"Incrível!"

"Faz muito sentido."

"Sim, eu adoraria!"

"Até mais!"

Então, Sam apertou um botão e Anna Wintour se foi para sempre — com a compreensível impressão de que Sam Bankman-Fried, o bilionário mais mão-aberta que já caminhou pela Terra, tinha concordado em ser seu convidado especial no Met Gala. Que ele talvez até pagasse pela coisa toda. Sam, por sua vez, nem tinha pensado nisso. Nem sequer tinha começado a fazer a matemática do Met Gala. "Tenho que pensar bem para ver se quero ir", disse enquanto guardava o notebook na mochila com a muda de roupa de baixo e seguia para a porta do quarto de hotel de Los Angeles, a caminho das Bahamas. "Com certeza, vou ficar deslocado. Vou ter que arregaçar as mangas."

Nas semanas seguintes, as mangas de Sam não deram ao pessoal de Anna Wintour razão alguma para levantar dúvidas. O pessoal de marketing da FTX sondou a Louis Vuitton sobre a criação de uma versão do look de bermuda cargo e camiseta de Sam digna do tapete vermelho. Outros funcionários da FTX, talvez para desenhar as apostas da empresa, pagaram Tom Ford para desenhar uma roupa mais convencional, com abotoaduras de 65 mil dólares. Nos bastidores, as engrenagens giravam, mas o próprio Sam nunca se engajou no processo nem disse o que pensava. Ele via com desconfiança toda a lista de peças de moda sonhadas pelo pessoal de marketing da FTX. "Não faço ideia de quais dessas coisas são importantes e quais não são", disse ele. "Não sei se há algum modo de saber."

Desde que se lembrava, Sam se estarrecia com o fato de as pessoas permitirem que a aparência física moldasse sua vida. "Você começa a tomar decisões sobre quem vai ser com base na sua aparência", disse ele. "Aí, por causa disso, faz escolhas ruins sobre religião, comida e tudo o mais. Depois, só fica apostando sobre quem vai ser." Anna Wintour, agora que pensava melhor, representava boa parte do que ele não gostava nos seres humanos. "Há pouquíssimos setores a que faço fortes objeções morais, e o de Anna é um deles", disse Sam. "Na verdade, sinto desdém pela moda. Sinto um desdém generalizado pela importância da atração física, e a moda emana disso."

Por bem pouco tempo, Sam deixou de lado esse desdém pelo setor da moda e tentou fazer algumas contas. *Quatro bilhões de mulheres no planeta. Digamos que uma em cada mil preste atenção ao Met Gala. Digamos que, dessas, uma em cem se interesse pela FTX...* Mas era como tentar pentear o cabelo com chiclete grudado nele. A mente não conseguia nem ultrapassar a necessidade de não vestir as bermudas cargo. Mesmo assim, ele permitiu que a decisão ficasse ali, apodrecendo, durante meses. O Met Gala só aconteceria em 2 de maio. Na mente de Sam, ele tinha até 1º de maio, mais ou menos, para dizer a Natalie o que planejava fazer.

Natalie Tien estava preparada para decepcionar o pessoal de Anna Wintour quando dissesse que Sam não iria. Foi a revolta deles que a surpreendeu. "Eles me ligaram, gritaram e disseram que Sam nunca mais colocaria os pés na moda!", disse Natalie. E lá se foi a tentativa de atrair mais mulheres para os criptoativos. Natalie não entendia por que o Met Gala era tão importante. A decisão de última hora de Sam de não ir ao evento não criaria nada parecido com o caos provocado por alguns outros cálculos internos dele. CEOs tinham ido até as Bahamas com a impressão errônea de que Sam concordara em comprar suas empresas. O Fórum Econômico Mundial teve de correr para pôr outra pessoa no palco e cancelar as entrevistas com a imprensa quando, na véspera de um grande discurso em Davos, Sam decidiu não comparecer. Sam não foi a Dubai fazer a principal palestra da festa da revista *Time* sobre as cem pessoas mais influentes, mesmo depois que a revista o incluiu na lista e o elogiou por escrito. "Numa criptopaisagem cheia de golpes, hedonismo e ganância, Bankman-Fried oferece uma visão mais gentil e impactante produzida pela tecnologia nascente", escreveu a *Time* na semana anterior ao bolo de Sam. Tyra Banks, will.i.am e todo o restante das pessoas mais influentes do mundo foram brindados com observações preparadas às pressas feitas por um funcionário não inteiramente sóbrio da FTX chamado Adam Jacobs, desnorteado por representar Sam. "Fiquei me perguntando: 'O que o diretor de pagamentos está fazendo nesse discurso?'", disse Jacobs. "Por que estou bebendo com will.i.am?"

Mas o pessoal da revista *Time* não fez escândalo. Só o pessoal de Anna Wintour: a regra geral da vida, até 2 de maio de 2022, era que Sam era Sam. Não passou pela cabeça de Natalie se sentir minimamente irritada com ele. Ela nunca ficaria aborrecida com ele pela bagunça que deixava para ela limpar, porque sabia que não era sua intenção fazer bagunça. Natalie perdoava até quem ligava para gritar com ela por causa de Sam. Se ela não conseguia entender Sam completamente, quem conseguiria?

2

O PROBLEMA DO PAPAI NOEL

Quando pedi a Sam uma lista de pessoas que pudessem descrever como ele era antes dos 18 anos, ele inspirou fundo e falou: "Não há muitas opções". Ele sugeriu os pais, Joe Bankman e Barbara Fried. Mencionou que tinha um irmão mais novo, Gabe. Fora isso, disse, não tinha relacionamentos antigos que lançassem luz sobre ele e não havia em sua infância experiências muito importantes. "Pensar na minha infância me deixa um pouco confuso", declarou. "Não consigo pensar sobre ela. Tento lembrar as coisas que fiz e não consigo somar 24 horas por dia. Devaneei um pouco. Li alguns livros. Joguei videogame, mas isso já foi no ensino médio. Tive um ou dois amigos com quem saía de vez em quando." O nome desses amigos, com uma exceção, nunca lhe vinha à mente. Ele não se importou em me dar a data de seu nascimento: 5 de março de 1992. Fora isso, não tinha muito a dizer e achava que a infância nada teria a revelar sobre ele — o que me pareceu esquisito, pois Sam tinha passado cerca de dois terços da vida nela.

Frequentou a escola por treze anos com outras crianças. Foi admitido na faculdade, o que exigiu que os professores lhe escrevessem cartas de recomendação. Os pais eram conhecidos professores universitários. Soube que, quase todo domingo, Joe e Barbara produziam um jantar que os convidados recordam com carinho até hoje. "A conversa era inebriante", recorda Tino Cuéllar, professor de Direito de Stanford que se tornou juiz da Suprema Corte da Califórnia e, depois, diretor do Fundo Carnegie para a Paz Internacional. "Quinze por cento era o que acontecia na vida de cada um, 15% era política, e o restante, ideias. Como pensávamos e sobre o que pensávamos: estética, música, qualquer coisa." Sam esteve nesses jantares, mas não se lembrava de nenhum convidado com quem valesse a pena conversar. Pressionado, sugeriu que eu ligasse para seu irmão, agora contratado por Sam para distribuir dinheiro entre candidatos políticos. Gabe, três anos mais novo, me disse que era perda de tempo. "Não éramos íntimos quando crianças", disse ele quando entrei em contato. "Acho que Sam não gostava muito da escola, mas a verdade é que não sei de fato. Ele não falava. Eu interagia com ele como mais um inquilino na casa."

Os pais de Sam foram só um pouquinho mais prestativos. Sam foi o primogênito, e eles levaram mais tempo do que deveriam até perceber que não fazia sentido tentar criá-lo conforme os livros ensinavam. "A infância de Sam foi uma fase curiosa", disse Joe. "Ele nunca se sentia à vontade com crianças ou com o fato de ser criança." Por pouco tempo, tentaram impor ao filho uma infância normal, até entenderem que não adiantava. A vez que foram a um parque de diversões é um bom exemplo. Quando Sam era pequeno, a mãe o levou ao Six Flags ou Great America. Ela o acompanhou de brinquedo em brinquedo, como manda o figurino, até dar-se conta de que Sam não estava se divertindo. Em vez de correr para os brinquedos, ele observava *a mãe*. "Está se divertindo, mãe?", perguntou ele em dado momento, querendo dizer: "É mesmo essa a sua ideia, ou de qualquer outra pessoa, de diversão?". "Percebi que tinha feito tudo errado", disse Barbara.

Quando Sam tinha 8 anos, Barbara desistiu de acreditar que os desejos e as necessidades do filho fossem parecidos com os de outras crianças, e se recorda do instante em que isso aconteceu. Ela estava em Stanford havia mais de uma década e contribuía com artigos difíceis para revistas acadêmicas. "Eu levava Sam para a escola, e então ele me perguntou o que eu estava fazendo", recordou Barbara. "Eu lhe disse que ia entregar um artigo, e ele perguntou: 'É sobre o quê?'. Eu lhe dei uma resposta simplória, e ele insistiu. No fim da caminhada, tínhamos estabelecido uma conversa profunda sobre a argumentação. Os pontos que ele levantou eram melhores do que os de todos os revisores. Naquele momento, meu estilo de parentalidade mudou."

Para os amigos que iam jantar nas noites de domingo, Joe era um cara leve, e Barbara, mais séria. Joe era engraçado; Barbara, incisiva. Gabe era um menininho alegre e inteligente que todos amavam. Sam era sempre uma presença silenciosa, observadora e menos acessível do que o irmão mais novo. Para os convidados, parecia que Joe e, principalmente, Barbara tinham um pouco de medo do filho mais velho — e temiam por ele. Preocupavam-se com seu lugar no mundo. "Tínhamos medo de que a luz de Gabe brilhasse demais e Sam escondesse seus talentos", disse Barbara.

O próprio Sam levou certo tempo para reconhecer o abismo entre ele e as outras crianças. Ele não sabia por que não tinha amigos. Entre os 8 e os 10 anos, foi atingido por duas percepções que, em conjunto, foram quase uma epifania. A primeira ocorreu num dia de dezembro, quando estava na 3ª série. O Natal se aproximava, e alguns colegas de escola tocaram no assunto crítico do Papai Noel.

Os Bankman-Fried não davam muita importância às festas de fim de ano. Comemoravam o Chanuca, mas com tão pouco entusiasmo, que em certo ano, simplesmente esqueceram e, quando viram que ninguém se importou, abandonaram as comemorações. "Eles meio que perguntaram: 'Alguém se incomodou com o fato de termos esquecido o Chanuca?'. E ninguém se pronunciou", contou Sam. A família tampouco ligava para aniversários, e Sam não sentia nenhuma falta. "Não sei, meus pais chegavam e perguntavam: 'Tem algo que você esteja querendo? Vamos, diga, nós daremos. Mesmo que seja em fevereiro, não tem problema. Não precisa ser necessariamente em dezembro. Se tiver, pode falar abertamente, não tem por que ficarmos tentando adivinhar'." Sam, como os pais, não via motivo para alguém tentar imaginar o que os outros poderiam querer. A indiferença da família frente às convenções era natural e sem constrangimentos. Nunca era algo como: *Vejam como somos interessantes, não cumprimos nenhum dos rituais que definem tantas vidas norte-americanas.* "Não é que julgassem que 'presentes são estupidez'", recordou Sam. "Nunca tentaram fazer nossa cabeça sobre os presentes. Eles simplesmente não eram assim."

Nada do que os Bankman-Fried faziam era para se exibir; eles não eram esse tipo de gente. Apenas pensavam sobre o que faziam antes de fazer. Aos 20 e poucos anos, Sam ficou sabendo que os pais não tinham se casado. Em um protesto silencioso de apoio aos amigos gays que não podiam se casar legalmente, eles formaram uma união civil. E nunca disseram nada sobre isso aos filhos nem a ninguém, até onde Sam sabia. Tempos depois, Sam entendeu que os pais "eram nitidamente movidos por um sistema diferente de crenças". Quando pequeno, ele apenas inferia que havia coisas que as outras crianças tomavam como verdadeiras, mas ele, não. Uma delas era o Papai Noel.

É claro que Sam sabia da existência da ideia de um Papai Noel. "Eu ouvia falar", disse. "Mas não pensava profundamente a respeito." Ele enxergava o Papai Noel mais ou menos da mesma maneira que enxergava personagens de desenho animado. O coelho Pernalonga também existia, em certo sentido, mas não era *real*. Então, aos 8 anos, ele percebeu que as outras crianças acreditavam que o Papai Noel era real, de um modo diferente do Pernalonga, e ficou surpreso. Naquela tarde, quando voltou para casa, ele se fechou no quarto e se pôs a refletir. "Imagine que você nunca foi apresentado à ideia de que Papai Noel era algo real", disse Sam. "Então, certo dia alguém lhe diz que 95% das pessoas do mundo com a sua idade realmente acreditam nele. Que esse sujeito mora no Polo Norte e tem uns elfos. Que voa num trenó puxado por renas. Entra pela chaminé levando presentes. A menos que você se comportasse mal — aí ele traria carvão. Mas, por alguma razão, ninguém conhece uma criança que tenha ganhado carvão. E ele só faz isso uma vez por ano. E aí a gente pensa: *Que merda é essa? De onde veio isso?*"

Ele encontrou uma resposta que lhe deu alívio temporário: só as crianças sofriam dessa loucura. Sim, as crianças acreditavam em Papai Noel. Mas os adultos, não. Havia um limite à insanidade. Mas aí, cerca de um ano depois, um garoto de sua turma disse que acreditava em Deus.

Sam já tinha ouvido falar de Deus. "Deus era como uma coisa na TV", disse ele. "Deus surgia nos assuntos. Mas eu achava que ninguém de verdade acreditava em Deus." O fato de Sam morar quase dez anos nos Estados Unidos da América sem perceber que os outros acreditavam em Deus revela algo não só sobre Sam, mas também sobre sua criação. "Nunca me perguntei: 'Por que falam de Deus se ninguém acredita nele?'. Não passei por esse processo. Não fui treinado a perguntar: 'As pessoas acreditam nele?'." Agora Henry lhe dizia que, além de ele acreditar em Deus, os pais também acreditavam. Assim como muitos outros adultos. "Entrei em pânico", recordou Sam. "E aí, ele entrou em pânico. Ambos entramos em pânico. Eu me lembro de ter pensado: *Espere aí, você acha que vou para o inferno?* Porque parecia algo muito sério. Se o inferno existe, porque a gente, por exemplo, se importa com o McDonald's? Por que falamos dessa merda toda, se o inferno existe? Se realmente existe. O inferno é muito apavorante."

Era o Papai Noel outra vez, só que pior. Deus — ou melhor, o fato de que alguém acreditava nele — abalou o mundo de Sam. Isso atingiu a visão que tinha sobre os outros e o que acontecia na mente deles. Tentou confrontar os adultos — principalmente os amigos dos pais que iam jantar em sua casa — sobre Deus. Sempre achou mais fácil falar com adultos do que com crianças e sempre foi melhor nisso do que as outras crianças — fato que Sam atribuía à infantilidade idiota que os outros tinham. Os amigos dos pais estavam à mesa de jantar todo domingo, disponíveis para inspeção. "Eu lhes perguntava: 'Você acredita em Deus?'. Eles enrolavam: diziam, por exemplo, algo sobre um Ser que deu início ao Relógio do Universo. E eu pensava: *Tá de sacanagem, a pergunta é binária. Sim ou não.*" Ele não entendia o porquê da má vontade até de adultos bem inteligentes para dar a resposta certa à pergunta. "Para mim, era esquisito", disse Sam. "Nunca entendi por que as pessoas se davam ao trabalho de simular qualquer ideia sobre essa merda."

A partir da crença generalizada em Deus e no Papai Noel, Sam tirou uma conclusão: para quase todo mundo, era possível estar nitidamente errado sobre certos temas. "No fim das contas, as ilusões em massa são uma propriedade do mundo", disse ele, que teve de aceitar que não podia fazer nada para mudar aquilo. Não fazia sentido discutir com a crença das outras crianças em Papai Noel. Mas ele não sentia a mínima necessidade de fingir que concordava. Sam simplesmente aceitou o fato de que o mundo podia estar completamente errado e ele, completamente certo. Poderia haver um tipo de equilíbrio em que todos no mundo continuariam errados e ele, certo, e nenhum dos lados sequer tentaria mudar a ideia do outro. "Às vezes, vamos apenas ficar nos entreolhando", disse Sam.

Uma possível interpretação é que Sam estava simplesmente esperando que sua infância acabasse. Era como se ele estivesse prendendo a respiração até que os outros crescessem e fosse possível conversar com eles. "Boa parte da infância simplesmente nunca fez sentido para mim", disse ele. "Se você não acha mágico pensar em Papai Noel, então é só uma puta burrice." Embora ele achasse mais fácil falar com adultos, as conexões que estabelecia com eles não eram mais fortes do que as que fazia com as outras crianças. Ele sentia que permanecia profundamente isolado dos outros seres humanos. Era capaz de ler os outros, que não eram capazes de lê-lo. "Houve coisas que tive de aprender sozinho", disse ele. "Uma delas foi expressões faciais. Como ter o cuidado de sorrir quando é hora de sorrir. Sorrir era a principal coisa que, muito estranhamente, eu não conseguia fazer." Os outros diziam ou faziam coisas às quais ele deveria reagir com alguma demonstração emocional. Em vez de fingir, ele questionou a premissa. *Pra começo de conversa, qual é a razão das expressões faciais? Se quiser me dizer alguma coisa, diga. Por que tenho de sorrir enquanto você fala?*

Bem cedo, Sam percebeu que precisaria adquirir habilidades que, para a maioria, eram automáticas. Mas também sabia que tinha habilidades automáticas que os outros suavam para aprender. Quando o professor dizia que Sally tinha 13 maçãs em sua cesta e depois colheu o dobro das maçãs que já tinha e as pôs na mesma cesta, Sam soube, antes das outras crianças, quantas maçãs havia na cesta de Sally. No jardim de infância, uma professora sugeriu a Barbara e Joe que tirassem Sam da escola pública e o matriculassem numa para superdotados. "Achamos que ela estava maluca", disse Barbara. Nos sete anos seguintes, eles não tiveram nenhuma razão para pensar que tinham cometido um erro. Até o fim do ensino fundamental, Sam foi bom aluno, mas não excelente, definido principalmente pelo desinteresse, segundo os professores. "Eu era obediente, não fazia as merdas que não deveria fazer", disse Sam. "Mas também não fazia necessariamente as que deveria. Só ficava lá sentado num estupor."

Foi no período entre o 6º e o 9º ano que ele tomou consciência do fato de não ser uma pessoa feliz. A depressão assumia muitas formas, e a dele era do tipo que fervilha em um grau baixo. "Acho que, em geral, as pessoas sabem quando estão deprimidas", disse ele. "A minha depressão não era descontroladamente negativa. Era uma falta do lado positivo." Ele tinha uma inquietação por dentro; a pressão foi se acumulando e, um dia, no 7º ano, explodiu. A mãe voltou do trabalho e encontrou Sam sozinho, em desespero. "Voltei para casa e ele estava chorando", recordou Barbara. "Ele disse: 'Estou tão entediado que vou morrer'." Barbara e Joe organizaram um pequeno grupo de pais para suplicar à escola que oferecesse aulas avançadas de matemática. A escola cedeu e contratou um professor especial. "A aula começava às 7 horas", recordou Barbara. "Pela primeira vez, Sam simplesmente pulou da cama às 6h30. Até então, não havia nenhum indício claro de que ele fosse especial." Foi então que Barbara e Joe decidiram gastar mais e mandá-lo para uma escola particular sofisticada, a Crystal Springs Uplands.

A Crystal Springs não fez diferença. "Também odiei tudo aquilo", disse Sam. "O tempo todo. Não gostava das aulas. Não gostava dos colegas. Era um tédio." O corpo discente era um quem é quem dos filhos do Vale do Silício. (Reed, filho de Steve Jobs, era da turma de Sam.) Por todos os padrões, era uma escola de nerds. Para Sam, a escola ainda parecia pouco séria. "Era um monte de garotos muito ricos e de pouca ambição", disse ele. "A única coisa que sabiam era que não precisavam se preocupar com nada. Portanto, não havia muito ímpeto nem muita pressão. Todos iriam para Stanford." Ele queria pensar em coisas que não interessavam aos outros garotos — inclusive pensar — e não se interessava pelo que eles queriam pensar. Sam nem se dava ao trabalho de tentar se encaixar. Todos levavam mochilas; só ele usava uma mala de rodinhas, que fazia barulho nos paralelepípedos quando ele ia de uma aula a outra. Às vezes, quando se reuniam antes das provas, os alunos menos aplicados queriam que ele também fosse, na esperança de que os salvasse. Mas Sam não queria participar. "Ele era do tipo 'que se virem'", recordou um colega.

"Acho que Sam se sentia superior. Nas aulas, sua atitude exalava isso. Ninguém gostava nem desgostava dele. Ele só estava lá." Outro colega disse: "Ele era alvo de piadas feitas por quem fingia estar envolvido com ele, só que ele não estava envolvido com ninguém". No acampamento da escola, Sam nem tentou ir dormir. Todos só acharam isso esquisito. "Eu era considerado inteligente, um nerd, nem bom, nem mau", disse Sam. "Não era visto como uma pessoa de verdade. Inteligente, inofensivo e, talvez, não muito humano." Pior, ele não discordava totalmente da avaliação dos colegas. "Eu não me sentia incompreendido. Achava que os palpites meia-boca deles estavam no caminho certo."

No ensino médio, Sam entendeu que simplesmente não gostava da escola, o que era esquisito para alguém que terminou o colégio como o melhor aluno da sala. Também compreendeu que pelo menos parte da culpa não era dele, mas da própria escola. As aulas de literatura eram um bom exemplo. Suas dúvidas sobre essas aulas vinham do 6º ano. Era então que os professores paravam de se preocupar com a simples alfabetização e dedicavam atenção a questões mais profundas. "Assim que as aulas de literatura passaram de 'ler um livro' para 'escrever um ensaio sobre o livro', perdi completamente o interesse", recorda Sam. Ele achava a crítica literária uma coisa bizarra: que relevância tinha o que você sentia ou pensava sobre determinada história? A história era a história, provavelmente sem um jeito certo ou errado de ser lida. "Se dissessem: 'Fale sobre o que você gosta ou não', tudo bem, eu faria", disse ele. Mas não era o que lhe pediam. Queriam que ele interpretasse o livro e o julgavam por essa interpretação.

No ensino fundamental, leu várias vezes os livros de Harry Potter. No 8º ano, parou completamente de ler. "A gente começa a associar a leitura com um sentimento negativo e para de gostar", disse ele. "Comecei a associar os livros com uma coisa de que não gostava." Ele guardou para si os pensamentos sobre o setor literário industrial durante o ensino fundamental, mas no ensino médio eles começaram a vazar. "Fiz objeções à realidade básica do curso", disse Sam sobre a literatura. "De repente, me diziam que eu estava errado a respeito de uma coisa sobre a qual é impossível se estar errado. O que me ofendia era que o processo não era honesto. Era subjetividade fantasiada de objetividade. Todas as notas eram arbitrárias. Nem sei como atribuir notas a esse tipo de proposta. Eu discordava das afirmações factuais implícitas por trás das coisas que recebiam boas notas." Ele passou a segunda parte do ensino fundamental num estupor, mas no ensino médio tinha segurança suficiente sobre o que pensava para se dispor a questionar as valiosas crenças dos professores de literatura com uma base irreconhecível para professores de literatura. Por exemplo, a crença de que Shakespeare era um excelente escritor.

A virada do enredo de *Muito barulho por nada*, típica de Shakespeare, se baseia, ao mesmo tempo, em personagens unidimensionais e pouco realistas, tramas ilógicas e finais óbvios. Quer dizer, imagine só: matar o sujeito porque ele acha, com boas razões, que a noiva o trai? Beatrice é absurdamente despropositada, nada realista; Benedick é absurdo por lhe dar ouvidos, e querem que a gente leve tudo isso a sério.

No modo de pensar de Sam, a acusação a Shakespeare poderia ser feita com estatística básica:

Eu poderia falar um tempão sobre os defeitos de Shakespeare... mas na verdade nem preciso; as hipóteses bayesianas são bem contundentes. De todas as pessoas nascidas desde 1600, quase metade nasceu nos últimos 100 anos, mas há ainda outro agravante. Quando Shakespeare escreveu, quase todos os europeus se ocupavam plantando e pouquíssimos frequentavam a universidade; pouca gente era alfabetizada, talvez apenas cerca de 10 milhões de pessoas. Por outro lado, hoje há mais de 1 bilhão de pessoas alfabetizadas na esfera ocidental. Qual é a probabilidade de que o maior escritor tenha nascido em 1564? As hipóteses bayesianas não são muito favoráveis.[2]

_____

2 Do texto de um blog que Sam publicou no segundo ano de faculdade, mas ele desenvolveu esse argumento no 3º ano do ensino médio.

Sam ainda recebia boas notas dos professores de literatura, o que não levava a uma redução de seu ceticismo. Por que lhe davam nota máxima? Por que davam notas às pessoas por algo que não passava de opinião? "Convenci os professores de que era bom aluno e, assim, tirava boas notas", disse ele. "Era uma situação razoavelmente satisfatória." Os professores lhe davam nota máxima porque não queriam lhe explicar o motivo de *não* lhe darem a nota máxima. Todas as ciências humanas eram assim para ele: um troço bobo do qual ele queria escapar, mas que, de certo modo, sempre se escondia a cada esquina. Quando escolheu a faculdade, Sam quis assegurar que nunca mais o mandariam escrever um ensaio sobre Jane Austen.

Mas até o Instituto de Tecnologia de Massachusetts, MIT, para onde ele finalmente foi, exigia ciências humanas. Um único crédito em artes liberais, que ele cumpriu fazendo história do cinema, mas que também o irritava. "Toda a tranquilidade que existia antes em minha vida sumiu", disse ele. "Eu começava a sentir um pouquinho do cheiro de 'não preciso mais aguentar isso'." A primeira pergunta da prova final o fez explodir. *Qual é a diferença entre arte e entretenimento?* "É uma distinção de merda sonhada por acadêmicos que tentam justificar a existência de seu emprego", escreveu Sam e entregou a prova.

Ele não sentia nada diante de obras de arte. Achava a religião uma coisa absurda. Considerava meio burras as opiniões políticas de esquerda e direita, menos consequência do pensamento do que identidade tribal da pessoa. Ele e sua família ignoravam os rituais que marcavam a existência da maioria. Sam nem sequer comemorava o próprio aniversário. O que dava prazer, consolo e sensação de pertencimento aos outros, nele só gerava frieza. Quando os Bankman-Fried foram à Europa, Sam se deu conta de que estava simplesmente olhando um monte de prédios sem nenhuma razão específica. "Fizemos algumas viagens", contou ele. "Basicamente, detestei." Em sua implacável alienação, só havia uma exceção: os jogos. No 6º ano, Sam ouviu falar de um jogo chamado *Magic: The Gathering*. Nos quatro anos seguintes, foi a única atividade que o consumiu mais depressa do que ele conseguia consumi-la.

O jogo *Magic* foi criado no início da década de 1990 por um jovem matemático chamado Richard Garfield. Foi o primeiro de um novo tipo de jogo, projetado, talvez, para um novo tipo de pessoa. Garfield partiu de uma pergunta estranha: seria possível projetar um jogo estratégico que permitisse aos jogadores usar equipamentos diferentes? Ele não sabia nem se era possível. Não se permite que os jogadores de pôquer apareçam com baralhos previamente selecionados nem que os jogadores de xadrez se equipem com as peças que lhes convierem. Não é possível que os jogadores simplesmente comprem um material melhor e, assim, conquistem a vitória.

No jogo projetado por Garfield, os jogadores compravam suas cartas e montavam baralhos próprios para a competição. Cada carta tinha a imagem de algum personagem mítico — uma bruxa, um demônio etc. — e cada personagem tinha características especiais e a capacidade quantificada de causar e suportar danos. (Se *Magic* soa parecido com *Storybook Brawl*, é porque *Storybook Brawl* foi um dos muitos jogos baseados em *Magic*.) Mas não era possível comprar apenas as melhores cartas, porque nunca se sabia quais seriam as melhores. O jogo em si era instável. As cartas mudavam constantemente de maneira impossível de prever: cartas novas eram lançadas, cartas velhas eram banidas. A interação entre as cartas era complicada demais para ser plenamente compreendida; em algum momento, Garfield percebeu que nem mesmo ele conseguia prever o que aconteceria em seu jogo e gostou disso. "O jogo fica raso quando você sabe, na hora em que o cria, qual é a melhor jogada", declarou. "Deveria existir dentro do jogo uma situação em que fosse impossível determinar a estratégia vitoriosa."

Era uma ideia radical: em última análise, o jogo era incognoscível. Apenas jogar muito e decorar as melhores jogadas só leva você até certo ponto, pois de uma partida para outra as melhores jogadas mudavam. "A grande questão é que os jogadores têm de adaptar constantemente a estratégia a coisas que ninguém poderia prever", disse Garfield. As pessoas boas em *Magic* eram aquelas que tinham facilidade de readaptar sua estratégia de jogo. Mais do que difícil de descobrir, a melhor estratégia era incognoscível, e as pessoas boas em *Magic* também se sentiam à vontade ao tomar decisões com a certeza de que eram incertas.

Sam era bom em *Magic*. Interagia mais facilmente com os outros dentro do jogo do que fora dele. Durante os jogos, fez seu único amigo de infância importante, um garoto chamado Matt Nass.[3] Para um menino de 12 anos, Matt era tão frio quanto possível. Não era carente, como os outros garotos. "Dado o fato de que, *em primeiro lugar, eu não entendo crianças*, a carência era um problema", disse Sam. Matt não lhe fazia nenhuma exigência social nem emocional. Não precisava que Sam emulasse expressões faciais, não lhe fazia perguntas pessoais nem fazia nada além de jogar *Magic*.

O desinteresse de Matt fez Sam se abrir mais do que jamais havia se aberto com alguém. Sam e Matt compravam as cartas juntos e eram levados juntos pelos pais para jogar em torneios locais contra homens adultos.[4] Eles fizeram juntos o circuito júnior — e, no fim do 2º ano do ensino médio, chegaram aos campeonatos nacionais em Chicago. Matt via Sam como talvez ninguém mais visse. "Acho que pessoas extremamente racionais são facilmente consideradas robóticas", disse ele, "mas acho que isso não se aplica a Sam. Ele era uma combinação raríssima de hiper-racional e extremamente gentil". Os dois se separaram no ensino médio, mas frequentaram faculdades a uma hora de viagem um do outro. No outono do terceiro ano, Sam bateu à porta do dormitório de Matt. "Eu estava jogando videogame, tão distraído que nem vi o celular, e não fazia ideia do que estava acontecendo", recordou Matt. Naquela tarde, o pai de Matt, a quem ele era muito ligado, tinha morrido de enfarte. "Sam me deu a notícia pessoalmente, depois me levou para sua fraternidade de nerds no MIT, onde jogamos videogames e jogos de tabuleiro a noite toda para eu me distrair até pegar o avião para casa no dia seguinte."

A vida se define não só pelo que acontece, mas também pelo que não acontece. O início da vida de Sam é tão espantoso pelo que não aconteceu quanto pelo que aconteceu. Ele percebia que era diferente da maioria das outras crianças. Não fazia esforço para participar de suas brincadeiras,

---

3 Matt se tornou um inventor de jogos. Ele criou *Storybook Brawl*.
4 Esses eventos eram predominantemente masculinos e povoados por determinado tipo de homem. É bem revelador da cultura de *Magic* que as regras dos torneios passassem a incluir padrões de higiene pessoal depois que os jogadores começaram a transformar em arma seu odor corporal.

e elas não entendiam as dele. Ele mantinha uma visão de si mesmo que, mais tarde, chamou de "romanticamente positiva". "Eu não achava uma coisa feliz ser diferente", disse Sam. "Achava que era legal." Sua única arma para se defender da zoação dos colegas era um desprezo raso e um fraco senso de superioridade. "Mas nunca tive uma razão superembasada para isso. Era mais ou menos assim: *Melhor pensar desse jeito, ou então que vantagem eu teria?*" Ele estava na posição perfeita, em termos emocionais e intelectuais, para fazer de si mesmo uma religião. Qual era a probabilidade de um garoto com talento matemático no meio do Vale do Silício no início dos anos 2000 *não* pegar o livro *A nascente* e encontrar sua vida interior lá dentro? Mas isso nunca aconteceu.

Sam via algum mérito num certo tipo de libertarismo. Mas escutava os verdadeiros libertários defenderem, por exemplo, que não deveriam pagar impostos. E ele pensava: *Sim, é claro que ninguém gosta de pagar impostos, mas isso não é exatamente uma filosofia.* "Eles embaçaram o limite entre libertarismo e egoísmo como filosofia", disse Sam. Sua fiação interna não transmitia esse sinal específico. "Soava um exagero a ideia de que os outros não são tão importantes quanto eu", disse ele. "Achei que era bizarro até pensar uma coisa dessas." Uma coisa era se sentir isolado; outra era acreditar que seu lugar de isolamento era o centro do universo. Ou que você e o que lhe acontecia eram as únicas coisas que importavam. "Parecia pouco ambicioso não se preocupar com o que acontecia no restante do mundo", disse Sam. "Era mirar baixo demais pensar apenas no que me afetaria."

Em sua profissão, os pais de Sam enfrentavam com frequência a tensão da legislação dos Estados Unidos entre a liberdade individual e o bem coletivo. De modo geral, ambos se identificavam como utilitaristas: a lei não deveria maximizar uma noção abstrata de liberdade, mas o bem maior para o maior número de pessoas. Nunca impuseram suas opiniões a Sam, mas é claro que o filho as ouvia. E o que os pais lhe diziam geralmente fazia sentido para ele. À época em que parou de ler livros, ele começou a frequentar os fóruns de discussão da internet sobre utilitarismo. Por um lado, Sam não sentia conexão com as pessoas como indivíduos, mas, por outro, isso tornava mais fácil para ele levar em conta o interesse da humanidade como um todo. "Não ser superíntimo de muitas pessoas específicas tornou mais natural para mim não me preocupar com ninguém em particular, mas com todo mundo", disse ele. "Minha programação-padrão era: tudo bem, não há ninguém que não seja importante. Portanto, devo me preocupar igualmente com todos." Certo dia, aos 12 anos, ele saiu do quarto e fez uma defesa apaixonada do utilitarismo. "Fiquei espantada quando me dei conta do que ele estava fazendo no quarto", disse Barbara. Como Sam explicaria depois:

> Quando eu tinha uns 12 anos, comecei a tomar consciência política e a pensar nos problemas sociais. A questão em torno do casamento gay era óbvia; não é preciso ser um utilitarista inveterado para ver que é estupidez tornar a vida dos outros um sofrimento só porque são, inocuamente, um pouco diferentes de você. Mas o aborto me incomodava um pouco. Fiquei em conflito: ter filhos indesejados é ruim, mas o assassinato também é.

Então, Sam elaborou a questão do aborto como um utilitarista faria. Não se deteve nos direitos da mãe ou da criança não nascida, mas avaliou a utilidade de cada ação.

Há muitas razões pelas quais assassinatos são considerados algo muito ruim: você causa angústia aos amigos e familiares do assassinado, faz a sociedade perder um integrante potencialmente valioso, alguém em quem foram investidos muita comida, educação e recursos e tira a vida de uma pessoa que já tinha investido muito em si mesma. Mas nenhuma dessas premissas se aplica ao aborto. Na verdade, se pensarmos nas consequências reais do aborto, à exceção da angústia causada aos pais (pessoas que estão na melhor posição de mensurar o tamanho dessa angústia), há poucas diferenças com a não concepção do feto, antes de mais nada. Em suma, para o utilitarista o aborto se aproxima mais do controle da natalidade. No fim das contas, assassinato é apenas uma palavra; o importante não é aplicar a palavra a uma situação, mas os fatos que levaram você a descrevê-la como assassinato. No caso do aborto, poucos são os argumentos aplicáveis que tornam o assassinato tão ruim.[5]

Foi assim que Sam descobriu quem era: pensando nas coisas por conta própria, sem muita preocupação com o pensamento dos outros. No entanto, houve dois breves períodos em que ele teve alguém por perto para pensar junto. Jogar *Magic* com Matt Nass foi um deles; o acampamento de matemática foi outro. Depois do primeiro ano no ensino médio, ele foi a um acampamento de verão para crianças com talento matemático no campus do Colby College. (Joe o levou lá e se perdeu; então, viu um garoto meio esquisito sentado sob uma árvore mexendo num cubo mágico. "Foi aí que soube que tínhamos encontrado o lugar", disse ele.) Para Sam, o acampamento de matemática foi uma revelação: ali estavam garotos com quem ele tinha algo em comum. Ninguém parecia se importar com sua falta de expressões faciais. No acampamento de matemática, ele conseguiu conversar com outras crianças mais ou menos como conversava consigo mesmo. Quando os garotos falavam de política, não exprimiam opiniões burras; tentavam descobrir a melhor maneira de modelar as eleições e prever o resultado. Quando discutiam a vida e como poderiam viver, tudo realmente fazia sentido para ele. Os garotos do acampamento de matemática conseguiam encontrar suas crenças por meio do pensamento. "E, se você não consegue encontrar sua crença por meio do pensamento, como encontrará o caminho para agir?", perguntou Sam.

No acampamento de matemática, Sam encontrou pessoas atraídas pelo sabor do utilitarismo que o agradava. "Pela primeira vez, eu não era um dos mais inteligentes", disse Sam. "Todos os participantes eram mais interessantes do que a pessoa mais interessante do ensino médio. Eram mais inteligentes em todos os aspectos e também eram mais quantitativos. Mas tinham uma distância maior da cultura-padrão e sentiam menos pressão ou menos capacidade de se adequar."

No centro da vida social do acampamento de matemática estava, não a matemática, mas jogos e enigmas. Sam sabia que adorava jogos; com o

---

5 Mesmo blog do segundo ano de faculdade. Neste caso, os pensamentos datam do 7º ano.

acampamento de matemática, descobriu que também adorava os enigmas. Quando voltou para casa, decidiu criar os próprios enigmas para os outros resolverem. O acampamento de matemática o conscientizou para a existência de pessoas não muito diferentes dele, e Sam passou a usar esses enigmas para encontrá-las. Ele postava um alerta geral em todos os sites de nerds da internet. Em certos fins de semana, cem seres humanos socialmente desajeitados de todas as idades, de toda a Bay Area, apareciam no *campus* de Stanford para procurar Sam, que os aguardava com um enigma. Resolver o primeiro os levava a algum outro lugar do *campus*, onde, aqueles que lá chegassem, encontrariam outro enigma, também criado por Sam. Então, resolver esse novo enigma levaria os participantes a outro lugar do *campus* e, por conseguinte, a outro enigma, e assim por diante. A dinâmica durava horas, até que alguns gênios chegassem, em essência, ao horcrux de Sam. As caças aos enigmas de Sam eram, em geral, complicadíssimas, mas ele também criava algumas charadas mais simples e as publicava na internet. Como esta:[6]

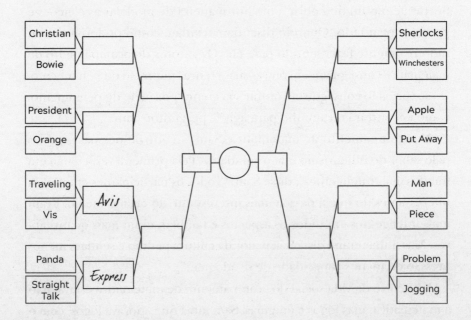

---
6 O texto da charada não foi traduzido para manter o sentido do enigma. [N. E.]

O maior enigma de Sam continuava a ser ele mesmo. Antes do acampamento de matemática, ele dizia ser mais inteligente do que as demais pessoas, e o acampamento de matemática refutou essa teoria. "Parece o lugar certo para mim, mais do que qualquer outro lugar onde já estive", disse ele. "No entanto, no acampamento eu ficava abaixo da média. Lá, não havia nada em mim que me tornasse especial, e isso me incomodava; nada do que eu fazia ou do que eu sabia me destacava." Pelo padrão do acampamento de matemática, ele tinha um nível medíocre nos jogos e enigmas. Mas Sam também desconfiava que o tipo de jogo do acampamento era quadrado demais para sua mente. "Meu ponto forte é aquele em que preciso fazer coisas que os outros achariam chocantes", afirmou ele. Sam ainda não fazia ideia de em que ponto do mundo encontraria um lugar desses. Nem se ele existia.

3

METAJOGOS

Por muitíssimo tempo pouca coisa aconteceu na vida de Sam Bankman-Fried; foi no quarto trimestre de 2012 que duas coisas importantes ocorreram, e foram tão próximas uma da outra que era difícil lembrar que não tinham nada a ver entre si. Sam entrou no terceiro ano no MIT como mais um aluno de física que perdeu o interesse pela física. Praticamente nenhum formando em física no MIT se tornava físico. A maioria ia trabalhar no Google ou em empresas de trading de alta frequência. Jump Trading, Tower Research Capital, Hudson River Trading, Susquehanna International Group, Wolverine Trading, Jane Street Capital: todas essas empresas de Wall Street, das quais Sam nunca ouvira falar, foram à feira de empregos daquele ano no ginásio do MIT. E ele ficou um pouquinho curioso a respeito delas.

Meses antes, essa curiosidade o teria surpreendido. Ele nunca teve o menor interesse em dinheiro; não entendia sobre e nem se preocupava com finanças. Além da ideia arraigada de que devia avaliar suas ações de acordo com os efeitos utilitaristas que causariam, ele não tinha a mínima ideia do que fazer da vida. Sempre achou que se tornaria professor, como os pais. "Eu meio que supus implicitamente que a academia era o centro da moralidade. Era onde as pessoas estavam pelo menos pensando em causar mais impacto no mundo", afirmou ele. Dois anos de faculdade e o estágio do verão anterior, quando Sam ajudou os pesquisadores do MIT com seus projetos, mataram essa suposição. Nas aulas da faculdade, ele sentia um tédio que tinha a intensidade de uma dor física. Sam simplesmente não tinha capacidade de escutar aulas enlatadas. Ele descobria aonde o professor queria chegar e, pronto, caía fora. Quanto mais via a vida acadêmica, mais a considerava uma longa aula enlatada, criada principalmente com propósitos estreitos de carreira. "Meio que comecei a ver aquilo de um ponto de vista diferente e fiquei um tanto desiludido", disse ele. "Havia pouquíssimos indícios de que eles faziam alguma coisa para mudar o mundo. Ou mesmo que pensassem em como causar mais impacto no mundo."

Recém-consciente de que não tinha planos para o futuro, Sam foi à feira de empregos e encontrou todos aqueles estandes de empresas de Wall Street das quais nunca tinha ouvido falar, mas percebeu na mesma hora que, fosse lá o que fizessem, nem todas faziam a mesma coisa, porque procuravam tipos diferentes de pessoas. Algumas pediam "desenvolvedores" ou "programadores", outras procuravam "traders" ou "operadores". Sam não tinha talento para programar; os dois amigos mais íntimos que fez no MIT eram ambos programadores, porém ele ainda não sabia diferenciar os programadores bons dos ruins. Quanto ao trading, tudo o que sabia era que não era obviamente desqualificado. Sam deixou seu currículo com as empresas que procuravam traders, embora tudo isso ainda parecesse uma farsa. "Alguém me disse que muitos formandos em física iam trabalhar em Wall Street, e pensei: *É, pode até ser, mas provavelmente não.*"

Ele ficou surpreso quando três empresas diferentes de negociação de alta frequência lhe mandaram e-mails convidando-o para entrevistas de estágio de verão: Susquehanna, Wolverine e Jane Street Capital. "No fim das contas, a coisa toda era real", disse ele. Exatamente o que era *a coisa toda* continuava um mistério, mesmo depois de as empresas fazerem contato com ele. Não dava para simplesmente digitar "Jane Street Capital" no Google e aprender algo útil sobre a empresa. Quase não havia informações sobre a Jane Street Capital na internet.[7] "Eu não fazia ideia do que esperar", disse Sam. "Eu não sabia nem que tipo de entrevista seria aquela."

Sam fez três entrevistas por telefone com traders da Jane Street; e elas foram diferentes de todas as entrevistas de que já ouvira falar. Algo deve ter chamado a atenção daquelas pessoas em seu currículo, que, no entanto, parecia não ter nenhuma importância para elas. Não lhe perguntaram o que estudava nem como passava as férias de verão. Não pediram referências nem o indagaram sobre seus hobbies — na verdade, nem tentaram saber algo sobre sua vida até então. Parecia que os traders da Jane Street acreditavam que só a avaliação que fizessem dele teria valor para determinar se ele era adequado para fazer o que faziam. Mas as perguntas eram principalmente de matemática mental, e as primeiras delas foram tão triviais que Sam imaginou que só tentavam ver como a mente dele reagia quando estava nervoso. "Quanto é doze vezes sete?", por exemplo; "Você tem certeza da resposta?". Quanto mais Sam dava respostas corretas, mais complicadas ficavam as questões de matemática mental. "Se você rolar dois dados de seis faces, qual é a probabilidade de obter pelo menos um três?" A probabilidade de obter um três com um dado era, obviamente, de um em seis. Se não parasse para pensar, você poderia achar que a probabilidade de tirar um três com dois dados seria de um em três. Pode-se ver o erro dessa resposta quando se reformula a pergunta: qual é a probabilidade de NÃO tirar um três lançando dois dados? Há uma probabilidade de cinco em seis de não obter um três com um dado só; para obter a probabilidade com dois dados, é preciso multiplicar $5/_6$ por $5/_6$. Ou seja: $25/_{36}$. Havia uma probabilidade de 11 em 36 de que, com dois dados, você tiraria um três.

A entrevista presencial, em meados de novembro, foi diferente. A Jane Street emitiu uma passagem de trem para Nova York e providenciou um carro com motorista para levar Sam até uma sede temporária para o caso

---

7 A Jane Street Capital, como as outras empresas de negociação de alta frequência, tinha a opinião arraigada de que seria melhor o público não saber o que ela fazia. "Na primeira vez que o *New York Times* publicou uma reportagem sobre eles, foi como um acidente nuclear", recordou um ex-funcionário da Jane Street — que, como os outros dez funcionários e ex-funcionários da empresa que me ajudaram a entender o que acontecia lá, prefere não ser identificado.

de desastres, em Totowa, Nova Jersey. O furacão Sandy tinha expulsado a Jane Street dos escritórios na baixa Manhattan. A sede temporária tinha um estranho clima industrial — as mesas eram todas iguais, era preciso uma chave para usar o banheiro —, mas Sam mal notou tudo isso. O que o preocupava era o que a Jane Street queria que ele fizesse o dia inteiro: resolver enigmas e jogar. Mas esses jogos vinham com um alerta: o processo de seleção da Jane Street era projetado para minimizar o tempo valioso que os traders passavam avaliando candidatos. No instante em que algum entrevistador desaprovasse o jogo de Sam, tudo estaria acabado e ele seria mandado de volta para casa. Um trader da Jane Street lhe entregou uma pilha de cem fichas de pôquer e explicou que aquelas eram suas apostas para o dia — e que a Jane Street não contratava alguém que perdia todas as fichas nos jogos que ele estava prestes a começar.

No primeiro jogo, Sam foi colocado numa sala com mais dois candidatos e um trader da corretora, que distribuiu uma mão de pôquer e pediu que cada um revelasse uma única carta. Então, ele começou a sugerir várias alterações esquisitas no jogo. Por exemplo: "Você pode pagar quatro fichas para trocar uma de suas cartas por outra nova. Alguém quer fazer isso?". Depois de cada carta nova, o trader parava de jogar e tentava provocar Sam e os outros dois candidatos a fazerem apostas paralelas entre si. "Alguém quer apostar que a próxima carta é de copas? Quantos paus vocês têm, em conjunto, nas mãos?" Aquilo não era pôquer. Era algum tipo de metapôquer. Ou um torneio de justas, mas com cartas de baralho. Sam percebeu na mesma hora que o segredo do jogo era fazer uma avaliação rápida do valor esperado de situações bizarras e agir com base nela. Mas nenhuma das decisões parecia tão estranha assim para ele. "Para mim, o surpreendente era a falta de coisas surpreendentes", disse Sam.

É claro que era impossível saber com que precisão esses jogos identificavam os bons traders, porque quem jogava mal não tinha a oportunidade de tentar nada na área. No fim daquela primeira rodada, Sam acumulara muito mais fichas do que os outros candidatos, e então os entrevistadores o separaram dos dois — e ele nunca mais os viu — e o fizeram passar por mais cinco rodadas de 45 minutos cada. Todos os jogos eram tão peculiares quanto o jogo de cartas. O jogo de cara ou coroa, por exemplo.

Aqui estão dez moedas, cada uma delas com peso diferente. Uma moeda é normal, com peso homogêneo, e tem 50% de probabilidade de dar cara (ou coroa). As outras nove têm peso heterogêneo, embora não haja duas exatamente iguais. Não vamos lhe dizer quais são, só que algumas são viciadas, preparadas para dar mais cara ou mais coroa. Uma moeda pode dar cara 62% das vezes, por exemplo, e outra pode dar coroa 80% das vezes. Você terá trinta minutos para lançar a moeda que quiser. Poderá jogar cem vezes, no total. A cada cara que der, você ganha mais uma ficha de pôquer.

O trader da Jane Street que o entrevistava terminou de explicar o jogo e perguntou: "Quanto você se dispõe a pagar para jogar?". Como era possível pegar a moeda de peso homogêneo e jogá-la cem vezes, o valor esperado era de, pelo menos, cinquenta fichas. Sam imaginou que deveria se dispor a pagar cerca de 65 fichas para jogar, embora não houvesse como saber, pois eles não davam ideia alguma de como as moedas eram viciadas. No pior dos casos, a resposta à pergunta não devia estar errada, porque o trader lhe permitiu jogar. Assim que ele começou a jogar as moedas, o trader o interrompeu outra vez para lhe oferecer apostas ainda mais esquisitas: "Quer apostar qual será o resultado do próximo lançamento? Quer apostar que a moeda que você jogou cinco vezes e deu cara em quatro é viciada?". Sam percebeu que não havia um jeito exatamente certo de jogar, mas que havia alguns jeitos errados. A não ser que a pessoa simplesmente desistisse, não fazia sentido jogar a moeda de peso homogêneo, com 50% de probabilidade, por exemplo, porque ela não daria nenhuma informação nova. Muitas pessoas inteligentíssimas desperdiçavam jogadas em busca da moeda ótima — isto é, a que tivesse maior probabilidade de dar cara. Jogavam cada moeda cinco vezes, digamos, para coletar os dados necessários e fazer cálculos estatísticos decentes — o que, como estratégia, não era uma burrice total. Mas o desejo de maior certeza os levava a desperdiçar muitos lançamentos de moedas ruins. O instinto de Sam foi escolher uma moeda viciada e lançá-la até dar coroa. Com base no número de lançamentos necessários e uma matemática aplicada mal e porcamente, ele decidia se continuaria com essa moeda ou se passaria

METAJOGOS

para outra. Sam começou o jogo desejando nunca encontrar a moeda ótima, desde que achasse uma bastante boa. Ele sentiu que o jogo testava sua relação com as informações: quando as buscava, como as buscava e como atualizava suas crenças em resposta a elas.

O pôquer da Jane Street não era um pôquer normal, e o cara ou coroa, também não. Nenhum dos jogos da Jane Street eram exatamente equilibrados, como jogos dentro de jogos ou jogos a respeito de jogos. A parte mais difícil de cada um era identificar o que era o jogo exatamente. "O estadunidense médio levaria vinte minutos só para descobrir o que era o jogo", explicou Sam. "Um aluno de Harvard entenderia o jogo, e o aluno de Matemática de Harvard entenderia o jogo e a estrutura matemática por trás dele. É muita informação quantitativa, mas não informações quantitativas perfeitas. A ideia é dar à pessoa um conhecimento parcial e relações que só podem ser parcialmente entendidas. E há ainda a pressão do tempo", o que ele achou que o favorecia. Não que ele funcionasse melhor sob pressão; o caso era que ele não a sentia. Não se saía melhor do que o normal quando corria contra o relógio, mas não se saía pior — como a maioria das pessoas. Os outros sentiam emoções; ele, não. A maioria, diante de um problema complicado, com o som do tique-taque, tinha dificuldade de enxergar com rapidez o que era importante ou não, principalmente quando o problema não tinha uma solução perfeita, e poucas perguntas dos traders da Jane Street tinham respostas perfeitamente corretas. O que eles faziam era testar a habilidade de fazer julgamentos complicados e agir com rapidez baseado neles — sem se incomodar muito com perguntas cujas respostas ele não sabia nem podia saber. "Eram as decisões intuitivas que tomamos no *Magic*, condensadas, mas ainda mais complicadas", disse Sam. "Nem *Magic* é garantia de sucesso."

Como os jogos de apostas, as charadas que os traders da Jane Street faziam eram projetadas para expor os pontos cegos de sua mente. A pergunta sobre beisebol foi o exemplo mais contundente: "Qual é a probabilidade de eu ter um parente que seja jogador profissional de beisebol?", perguntou um dos traders.

O primeiro instinto de Sam foi entender o problema. Quando não se entende o problema, não é possível resolvê-lo. "Era isso que ele testava com a pergunta", disse Sam. "Será que eu percebia que a pergunta era ambígua?", "O que conta como 'parente'?", perguntou ele ao trader. "O que significa 'jogador profissional de beisebol'?" Todo ser humano é parente de todos os outros seres humanos, em certo sentido. E muita gente que não está nas grandes ligas recebe para jogar beisebol. "Parente", disse o trader da Jane Street, era qualquer primo em segundo grau ou mais próximo, e "jogador profissional de beisebol" incluía as ligas da primeira e da segunda divisões, não mais. Sam calculou que havia cerca de cem times de beisebol que se encaixavam nessa definição e que cada um teria cerca de trinta jogadores. Portanto, três mil jogadores profissionais de beisebol ativos, além de talvez uns sete mil aposentados. Dez mil jogadores numa população de 300 milhões nos Estados Unidos. Portanto: um em trinta mil norte-americanos jogou ou estava jogando beisebol profissional. Sam não sabia de cor quantos parentes os estadunidenses tinham em média, mas achou que trinta seria um palpite razoável. Portanto, a probabilidade de que aquele sujeito tivesse um parente que jogasse beisebol profissional era mais ou menos de uma em mil.

Obviamente, não eram números exatos, apenas um palpite bastante bom. Mas Sam interrompeu a matemática mental e disse: "Acho que há uma probabilidade decente de você ter feito essa pergunta porque ela é importante para você... porque você tem um parente que joga beisebol profissional".

Aí a situação ficou complicada. O trader talvez previsse que Sam pensaria nisso. Talvez tivesse feito a pergunta intencionalmente, sem razão alguma, só para enganar Sam. Aí estava mais uma façanha da charada: era preciso descobrir quantos níveis você deveria descer antes de parar de pensar. Sam decidiu, como quase sempre fazia, que mais do que um nível era se mostrar mais esperto. Era muito mais provável que o sujeito tivesse alguma razão para fazer a pergunta. Ele não sabia exatamente quanto mais provável, mas o mero fato de o trader fazer a pergunta mudava a probabilidade de que tivesse um parente que jogasse beisebol profissional para algo melhor do que uma em mil. "Essa era a outra coisa que ele testava", disse Sam. "Será que eu percebia que havia informações na pergunta feita?"

No fim, Sam calculou a probabilidade de 1 em 50. E acontece que o trader da Jane Street realmente tinha um primo em segundo grau que tinha jogado beisebol profissional. Mas o cerne do problema não era esse. A questão era como Sam expressava ou deixava de expressar o problema. "Não havia respostas certas", disse Sam. "Só havia respostas erradas."

No fim do dia de entrevistas, Sam achou que tinha descoberto algo sobre si mesmo. "Pensei: *Esse é o teste correto para algo que tem bastante relevância, mesmo que eu ache difícil articular o que é*", disse ele. Nada da vida normal, nem mesmo os jogos e enigmas que sustentaram Sam durante a infância, serviriam de substituto para seja lá o que os "traders" faziam na Jane Street. "A infância não nos dá uma versão disso capaz de revelar que você é bom", disse Sam. A infância lhe deu a matemática, na qual ele era muito bom, mas não ótimo. A infância lhe deu vários jogos estratégicos de cartas e tabuleiro, nos quais ele também era muito bom, mas não ótimo. Os traders da Jane Street testaram sua mente atrás de qualidades que nunca foram testadas com exatidão. E pareceu a Sam que Deus tinha alterado o trading em vários aspectos, ou pelo menos os jogos que pretendiam simular o trading, para que ficasse diferente da matemática e dos jogos de tabuleiro. Cada uma dessas alterações tornou os jogos mais congruentes com sua mente. "No fim das contas, ficou claro que foi o melhor resultado que já tive em alguma coisa", disse ele.

A Jane Street lhe ofereceu um estágio de verão. Aliás, as outras empresas de negociação de alta frequência que o convidaram a se candidatar fizeram o mesmo. Uma delas interrompeu o processo de entrevista no meio e anunciou que Sam fora tão melhor do que os outros candidatos nos estranhos jogos e charadas que não fazia mais sentido que ele continuasse jogando. Mais tarde, no pregão da Jane Street, uma trader seguiu inventando jogos e enigmas só para ver Sam jogar. Os outros não tinham ideia do que ela estava falando nem compreendiam como o jogo funcionava. Já Sam, além de entender o jogo na mesma hora, jogava lindamente.

Perfume no correio, disse ela a Sam certa vez.

Sent scent (mande cheiro), respondeu ele.

Britney Spears não trabalha mais.

Idle idol (ídolo ocioso).

Um analista da Goldman Sachs descobre um modelo de fluxo de caixa que prevê o futuro.

Profit prophet (profeta do lucro).[8]

Exposto a novos e estranhos jogos, os processos de pensamento relevantes pareciam surgir em Sam.

Outro evento importante e estranho que aconteceu com Sam no início do terceiro ano de faculdade foi um professor de filosofia de 25 anos da Universidade de Oxford chamado Will Crouch, completamente do nada, fazer contato e pedir um encontro. Sam nunca soube como o sujeito chegou até ele — provavelmente através dos vários fóruns de discussão sobre utilitarismo dos quais Sam participava. MacAskill[9] pertencia a um pequeno grupo de Oxford que adotava as ideias geradas havia muito tempo pelo filósofo australiano Peter Singer. Queria que Sam o encontrasse para um café e depois fosse a uma palestra que ele daria ali perto, em Harvard. Na época, Sam talvez fosse a pessoa de Cambridge, Massachusetts, com a menor probabilidade de comparecer voluntariamente à palestra de algum acadêmico aleatório. Mas o fato de esse professor procurá-lo (demonstrando o que Sam lia, de forma justificável, como certa humildade), somado à menção do nome de Peter Singer, chamou sua atenção. Em parte, Singer era responsável pelas ideias que Sam tinha sobre o que fazer com a vida.

Essas ideias, em sua expressão moderna, datavam de 1971, quando Singer era um professor de filosofia de 25 anos da Universidade de Oxford. O gatilho foi a fome iminente em Bangladesh. A ideia de haver pessoas morrendo de fome e que poderiam ser salvas se os mais ricos mandassem alimentos tocou Singer. Então, em um ensaio chamado "Fome, riqueza e moralidade", ele tentou encontrar uma dramatização da natureza dessa falha moral: "Eu tentava pensar em uma situação em que seria errado não oferecer ajuda, mesmo que você não fosse, de forma alguma, responsável pelo problema", disse ele. O exemplo que encontrou foi o de uma pessoa que saiu para caminhar e encontrou uma criança se afogando num lago.

---

8 As duas palavras das respostas sempre têm o mesmo som. [N. T.]

9 Mais tarde, ele mudou seu nome para Will MacAskill, então farei isso no livro também.

Singer questionou: O que *você* faria nessa situação? *Você* nem pensaria duas vezes, pularia no lago e salvaria a criança, mesmo que isso significasse estragar seus caros sapatos novos. Então, por que, perguntou Singer, somos tão reticentes sobre enviar o equivalente a esses caros sapatos novos para impedir que uma criança bengali morresse de fome? "Todo o modo como vemos as questões morais — nosso conceito moral — precisa ser alterado e, com ele, o modo de vida que passou a ser pressuposto em nossa sociedade", escreveu ele, na primeira rajada de uma vida inteira de questionamentos a respeito. Precisávamos ir muito além de arruinar os sapatos novos. Ele enfim chegou à conclusão de que precisávamos oferecer o que tínhamos até que o custo para nós superasse o benefício para os outros. Precisávamos parar de pensar na caridade como algo bonito de se fazer, mas prescindível, e começar a pensar nela como um dever.

O próprio Singer passou a fazer exatamente isso e doou uma parte cada vez maior dos próprios proventos. Como era de se esperar, o ensaio provocou mil refutações de outros filósofos. "Os professores passavam o artigo aos alunos e pediam como tarefa encontrar o erro do argumento", recordou Singer. Houve muitas contestações óbvias: o exemplo de sua história era sobre uma única criança; não era fácil salvar todas. Uma vez no caminho de doar tudo, com exceção do mínimo necessário para sobreviver, onde se traça a linha do que é suficiente? ("Às vezes não há nada errado em deixar uma criança se afogar" era o título de uma das refutações.) Sob boa parte das críticas estava a sensação de que Singer dificultava demais que as pessoas ricas comuns tivessem uma vida moral. "Alguns escritores argumentaram [...] que precisamos de um código moral básico que não fique muito além da capacidade do homem comum, ou haverá o descumprimento generalizado do código moral", escreveu Singer no artigo original, numa de suas refutações a essa ideia. "Em termos rudimentares, o argumento indica que, se dissermos que as pessoas devem se abster de assassinar e doar tudo aquilo de que realmente não precisam para diminuir a fome no mundo, elas não seguirão a ideia, mas se lhes dissermos que devem se abster de assassinar e que é bom doar para aliviar a fome do mundo, mas que não está errado não doar, elas pelo menos se absterão de assassinar."

O debate acadêmico não teve muita importância no mundo real, pois os ricos solenemente ignoraram Singer. Ao longo de quase quarenta anos, sempre que as ideias de Singer vinham à tona, ninguém fazia muito além de se remexer com desconforto. Em Princeton, a universidade cheia de gente rica onde Singer acabou dando aulas, ele só teve permissão de criar um curso de ética prática depois que os alunos clamaram por isso. Em 2009, um pequeno grupo de jovens filósofos da Universidade de Oxford resolveu pôr em prática as ideias de Singer. Um aluno de pós-graduação e pesquisador chamado Toby Ord deu o pontapé inicial anunciando que doaria um terço de seu salário a entidades que se mostrassem eficazes em países pobres e explicou sua linha de raciocínio. (Com poucos inconvenientes, o dinheiro, no decorrer da vida de Ord, salvaria da cegueira oitenta mil crianças africanas.) Will MacAskill seguiu a iniciativa com a cativante ofensiva de recrutar jovens em *campi* universitários para se unir à causa. "O que Toby e Will fizeram foi dizer: 'Não, achamos que o argumento é sólido'", falou Singer. O novo movimento social brotou diretamente da argumentação de Singer de quarenta anos antes. Na falta de um nome melhor, os filósofos de Oxford chamaram o movimento de *altruísmo efetivo.*

O argumento que MacAskill apresentou a Sam e a um pequeno grupo de alunos de Harvard no outono de 2012 era mais ou menos assim: você, aluno de uma universidade de elite, passará cerca de oitenta mil horas da vida trabalhando. Se você for o tipo de pessoa que quer "fazer o bem" no mundo, qual é a maneira mais eficaz de usar essas horas? Parecia uma pergunta à qual só havia respostas qualitativas, mas MacAskill a fez em termos quantitativos. Ele sugeriu aos alunos que julgassem a eficácia de sua vida computando o número de vidas que salvariam nessas oitenta mil horas. A meta era maximizar o número.

Na sequência, ele apresentou aos estudantes um slide que listava as carreiras que poderiam seguir e usar para salvar vidas. Ele as agrupou em quatro categorias amplas e deu exemplos de cada uma: beneficiador direto (médico, funcionário de ONG), produtor de dinheiro (banqueiro, consultor administrativo), pesquisador (pesquisa médica, estudo de ética) e influenciador (político, professor). Os estudantes, em dado momento, teriam de escolher qual tipo de carreira seguiriam, e cada tipo continha

METAJOGOS

a oportunidade de salvar vidas, mas a matemática era diferente para cada uma delas — um pouco como a matemática de qual herói adotar em *Storybook Brawl*. O pesquisador e o influenciador tinham a probabilidade de salvar um número imenso de vidas. O agrônomo Norman Borlaug (pesquisador), por exemplo, inventou o trigo resistente a doenças, que salvou da fome cerca de 250 milhões de pessoas. No entanto, pesquisador e influenciador eram opções complicadas de carreira: era difícil prever quem seria bom nelas e ainda mais difícil prever seu efeito. A probabilidade de algum pesquisador ou influenciador salvar um número imenso de vidas era absurdamente pequena.

A escolha mais óbvia — de que MacAskill tratou na palestra — era entre beneficiador direto e produtor de dinheiro. Em suma: fazer o bem ou ganhar dinheiro e pagar outras pessoas para que fizessem o bem? Era melhor se tornar médico ou banqueiro? MacAskill fez um cálculo rápido do número de vidas salvas por um médico que trabalhasse num país pobre, onde era mais barato salvar vidas. Então, fez a pergunta: "E se eu me tornasse um *banqueiro altruísta* e buscasse uma carreira lucrativa para doar meus proventos?". Até um banqueiro de investimentos medíocre poderia esperar ganhos suficientes no decorrer da vida para pagar vários médicos na África — e assim salvar várias vezes mais vidas do que um médico isolado.

Então, ele elaborou um pouco mais sobre o banqueiro de investimentos. "Fazer diferença exige realizar algo que, de qualquer modo, não aconteceria", disse ele. Se você não se tornasse médico, outra pessoa ocuparia seu lugar, e o serviço ainda seria prestado. É claro que, se você não se tornasse banqueiro, outra pessoa também ocuparia seu lugar, mas essa pessoa gastaria o dinheiro em casas, carros, escolas particulares para os filhos e, talvez, algumas doações a Yale, coisa que não salvaria vidas. Uma mínima fatia do ganho desse banqueiro chegaria aos médicos na África, e todas as pessoas que você salvaria caso se tornasse banqueiro e doasse seu dinheiro morreriam. Portanto, quem tivesse capacidade de ir para Wall Street ganhar altos valores tinha quase a obrigação moral de fazê-lo, mesmo que achasse Wall Street um pouco desagradável. "A verdade é que muitas carreiras lucrativas são bastante inócuas", contribuiu MacAskill.

Ganhe para doar, era como MacAskill chamava a ideia. O último slide era um convite: "Se em alguma medida os argumentos apresentados acima foram convincentes, venha falar comigo". Antes mesmo de acabar ele já sabia o tipo de pessoa que iria falar com ele: os que tinham tirado 800 nas provas gerais de avaliação e percebiam que a prova era grosseira demais para registrar toda sua aptidão. Como a Jane Street Capital, o movimento do altruísmo efetivo foi a Cambridge, Massachusetts. Cerca de três em cada quatro pessoas que procuravam MacAskill depois das palestras eram rapazes com histórico de Matemática ou Ciência. "Os dados demográficos de quem se sente atraído por isso são os dados demográficos dos programas de doutorado em Física", disse ele. "O nível de autismo é dez vezes maior que a média. Há muita gente no espectro."

Dias depois, MacAskill escreveu um e-mail a outro recente altruísta efetivo que esperava apresentar a Sam.

Conheci Sam em Cambridge, Massachusetts, no dia seguinte; ele está no terceiro ano de Física no MIT. Embora ele tenha o endereço de e-mail mais geek do mundo,[10] fiquei superimpressionado com ele. Foi criado pelos pais, professores de Stanford, como utilitarista; é sério, dedicado e comprometido em fazer o bem, e parece muito inteligente e sensato (isto é, leva a sério algumas ideias esquisitíssimas, mas não é fanático por elas). Está pensando em ganhar dinheiro para doar ou entrar na política.

Sam estava só um passo atrás dos primeiros que responderam a essa convocação. Naquele outono de 2012, um aluno de Peter Singer em Princeton tinha acabado de se tornar o primeiro estudante universitário, até onde Singer sabia, a arranjar emprego em Wall Street com o propósito explícito de ganhar dinheiro para doar. Ele se chamava Matt Wage e foi contratado pela Jane Street Capital.

* * *

---

10 O e-mail de Sam era uma sequência de Fibonacci, um conjunto de números que, a partir do terceiro número, é a soma dos dois anteriores: 0 1 1 2 3 5 8 13 e assim por diante.

Diante de jogos novos e estranhos, os processos de pensamento relevantes pareciam surgir em Sam. Já diante de pessoas estranhas, nem tanto — embora a Jane Street Capital tenha levado um pouco mais de tempo para perceber isso, por ser algo que eles não testavam nos entrevistados. No início do terceiro trimestre de 2013, nove meses depois de contratá-lo, os executivos da Jane Street chamaram Sam para discutir seu desempenho. Os pontos fortes de Sam revelados nas entrevistas ainda eram nítidos; ele era melhor do que a maioria dos outros estagiários em todos os jogos de negociação. Era óbvio que sua mente era adequada ao mercado financeiro moderno — tanto que, em poucas semanas de estágio, os executivos da Jane Street o chamaram para lhe oferecer um emprego em tempo integral.

A novidade eram os pontos fracos de Sam. No momento da contratação, ninguém da Jane Street testou as habilidades sociais dele. Nenhum dos entrevistadores se preocupou com o modo como ele se relacionava com os outros. Os executivos da Jane Street disseram então a Sam que muitas pessoas dentro da empresa estavam fazendo a pergunta que muitas vezes faziam sobre ele: "Quem é esse sujeito?". Eles compilaram algo que se assemelhava a uma ficha criminal. Uma série de coisas ocorrera naquele verão para levar os executivos da Jane Street a terem um pouco menos certeza de seus sentimentos por Sam. E todas envolviam interações sociais. Alguns funcionários fixos da Jane Street achavam a inquietude de Sam incômoda, em especial sua mania de embaralhar cartas compulsivamente. Um alto executivo da Jane Street estava muito ofendido porque fez a uma turma de estagiários uma pergunta que Sam, com certa indelicadeza, revelara ser tola. O mais alarmante talvez fosse que vários Jane Streeters se incomodavam com a indiferença de Sam em relação aos sentimentos dos outros. Como exemplo, os executivos da Jane Street citaram o que Sam fez com um colega estagiário, aqui chamado de Asher Mellman.

Os estagiários da Jane Street eram incentivados a apostar entre si e com os funcionários fixos. Durante todo o verão, os estagiários fizeram apostas uns com os outros sobre tudo: que time ganharia um jogo, quantas jujubas um estagiário conseguiria comer em 45 segundos, quais estagiários receberiam ofertas de emprego fixo e por aí vai. Para evitar que a situação saísse do controle, a Jane Street estabelecia um limite de 100 dólares de prejuízo por dia por estagiário. As apostas eram uma ferramenta de ensino. Ensinava os estagiários a transformar apostas que a maioria não faria ou só faria por total inexperiência em números que pudessem ser analisados, e os forçava a pensar quantitativamente em coisas qualitativas. Ensinava a pensar sobre tudo com rigor, até sobre um concurso de comer jujubas. Afinal de contas, o que a Jane Street procurava eram traders capazes de pensar melhor e mais depressa do que todos os outros no mercado financeiro global.

No dia em questão, Sam não estava procurando encrencas, foi Asher Mellman que o procurou, o que o surpreendeu, porque Sam não o suportava. Asher foi de Harvard para a Jane Street, e Sam julgou bem depressa que ele era "falso, convencido e inexpressivo". ("Ele meio que fez algum serviço para Nate Silver e fez questão de que todos soubessem.") Sam percebia que seus sentimentos eram mais um reflexo de seu gosto pessoal do que alguma repugnância universal de Asher. "Não é que ele seja um sujeito desagradável", disse Sam. "Boa parte das pessoas gostam dele. Mas quem não gosta de Asher, realmente não gosta nada dele." O que incomodava Sam era, principalmente, os meios pelos quais Asher tentava impressionar os outros, porque o que Asher achava impressionante eram exatamente as qualidades de que Sam menos gostava nos outros. Asher ostentava aquilo que comia e pensava mais sobre as roupas que usava do que a maioria dos estagiários da Jane Street. "Ele tinha opiniões sobre o que era ou não um bom suéter." Sam sabia que muita gente, inclusive ele, tinha dificuldade de distinguir implicância de crítica legítima. "Ele me incomodava de um jeito específico a que sei que sou sensível", disse Sam. "Parte minha dizia: 'Deus do céu, Sam, por que você liga para o fato de que ele se importar com o suéter que está usando?'." Mas ele ligava.

E Asher o abordou. Certa manhã, na sala de reuniões. Antes da aula para os estagiários da Jane Street.

"Vamos fazer uma aposta", disse ele.

"Que aposta?"

"Quanto qualquer estagiário perderá apostando hoje."

A primeira ideia de Sam foi sobre seleção adversa. Seleção adversa era o tema favorito na Jane Street. Naquele contexto, significava que a pessoa que mais queria apostar com você é a pessoa com quem você mais deveria se preocupar. Quando as pessoas querem apostar — ou negociar ativos — com você, a razão para isso, em geral, é saberem algo que você não sabe. (Que tinham um primo em segundo grau que jogou na segunda divisão, por exemplo.) Assim, a primeira coisa a fazer quando alguém lhe propunha uma aposta era se assegurar de não deixar de enxergar qual informação a pessoa tinha. Algum dado. Algum ângulo pouco óbvio do problema. Olhando de perto, muitas apostas soavam imbecis porque a pessoa a quem se propunha a aposta não percebia o princípio que a motivava. Jane Street insistia nessa amarga realidade todos os dias, e aqueles jogos de apostas eram a ferramenta.

Um trader fixo da Jane Street podia chegar para um grupo de estagiários e lançar: "Tenho alguns dados no bolso. Alguém quer apostar quantos?". Por sua vez, os estagiários, treinados para apostar, ansiavam por impressionar os traders fixos da Jane Street, e algum estagiário menos astuto poderia de fato apostar. Pensaria bastante e, por ter lido o guia da Jane Street sobre como operar no mercado, diria algo como *Two at five, one up* — dois a cinco, um a mais (isto é, ele "compraria" em dois dados ou "venderia" em cinco dados.) Algum outro estagiário que "vendesse" para o estagiário menos astuto apostaria que o trader fixo da Jane Street tinha menos de dois dados no bolso — e o mais esperto ganharia 1 dólar para cada dado a menos do que os dois que o trader realmente tinha ("*one up*"). Se o trader não tivesse dado algum no bolso, o estagiário que fez o negócio ficaria devendo 2 dólares ao estagiário mais esperto. Quem "comprasse" do estagiário a cinco apostava que o trader tinha mais de cinco dados no bolso e ganharia 1 dólar a cada dado além dos cinco. Portanto, se você "comprasse" a cinco e o trader só tivesse dois dados no bolso, você deveria 3 dólares ao estagiário. Por outro lado, se o trader tivesse nove dados no bolso, o estagiário lhe deveria 4 dólares.

O trader fixo não estava testando a habilidade de dar palpites inteligentes sobre o maior e o menor número de dados de alguém que andasse por aí com dados no bolso. Ele testava o bom senso do estagiário de fazer perguntas em metanível: "Por que esse trader está me perguntando quantos dados ele pode ter no bolso? Que risco ele está disfarçando?". "*Two at five, one up*" pareceria sensato... se você não fizesse essas perguntas. Afinal de contas, provavelmente o trader tinha *alguns* dados no bolso, caso contrário, por que perguntaria? E, se tivesse mais de cinco, com certeza daria para ver o volume. Mas *two at five, one up* não era sensato. Seria o suficiente para se saber que o estagiário em questão nunca seria convidado para uma vaga de trader na Jane Street, e foi o que aconteceu; um estagiário disse *two at five, one up* e o outro estagiário mais esperto "comprou" a cinco. Então o trader tirou do bolso sacos que continham o total de 723 dados minúsculos.

Sejamos claros, disse Sam a Asher Mellman. *Não pode ser mais de cem nem menos de zero, certo?* (Isto é, o máximo que qualquer estagiário pode perder num dia são 100 dólares, e o mínimo é zero.)

"Certo", disse Asher.

"Você quer mesmo apostar comigo?", perguntou Sam.

"Quero."

"Por quê?"

"Vai ser divertido."

"Você é comprador ou vendedor?"

"Depende do preço", respondeu Asher.

Agora Sam sabia o necessário: Asher não tinha pensado bem nessa aposta que inventou. "Se eu fosse mais maduro, não teria aceitado a aposta", disse Sam. Em vez disso, ele declarou: "Sou comprador em cinquenta". (Como "comprador", Sam apostava na perda de mais de 50 dólares por um estagiário naquele dia. Se o maior perdedor do dia só perdesse 40 dólares, Sam deveria 10 dólares a Asher. Se o maior perdedor perdesse 60 dólares, Asher deveria 10 dólares a Sam.)

"Sessenta e cinco", contrapôs Asher. Sam aceitou prontamente, e então propôs aos outros estagiários na sala: "Quem quer jogar cara ou coroa comigo por 98 dólares?". A aula do dia ainda não tinha começado, mas a sala de reuniões já estava começando a encher. Vários estagiários estavam por ali, aguardando. "Pago 1 dólar a quem aceitar!", gritou Sam. ("Os estagiários estavam todos viciados em apostas e, acima de tudo, em apostar com valor esperado positivo", comentou Sam) Segundo a linha de pensamento instaurada na Jane Street, Sam oferecia dinheiro grátis.

METAJOGOS

Um estagiário da Jane Street tinha praticamente obrigação profissional de aceitar qualquer aposta com valor esperado positivo. O lançamento da moeda em si era uma proposta 50-50, e o valor esperado para a pessoa que aceitasse a aposta de Sam era um dólar: (0,5 × US\$ 98) − (0,5 × US\$ 98) + US\$ 1 = US\$ 1. O valor esperado da posição de Sam era ainda melhor, graças à aposta paralela com Asher, que lhe pagava 1 dólar a cada dólar acima dos 65 perdidos naquele dia por qualquer estagiário. Depois de lançada a moeda, Sam ou o estagiário que entrasse na aposta perderia 98 dólares; ganhasse ou perdesse, Sam receberia 33 dólares de Asher (diferença entre 98 e 65).

Só Asher tinha uma prospecção negativa de valor, de qualquer jeito ele perderia, o que o deixou óbvia e profundamente constrangido.

Sam ganhou o primeiro lance de moeda, mas este foi só o começo. Para piorar a agonia de Asher, algum estagiário precisava perder 100 dólares.

"Pago 1 dólar a quem jogar cara ou coroa comigo por 99 dólares", gritou Sam.

Ele tinha agora uma máquina de criar apostas em que os dois lados gozavam de valor esperado positivo. Essa máquina se chamava Asher. Os estagiários fizeram fila para a aposta. "Quando articulada da maneira correta, as pessoas ficam obcecadas com a proposta de ganhar dinheiro a troco de nada", disse Sam. Ele estava em pleno modo de obsessão. "Não havia nada capaz de me deter. Eu adoraria passar o resto do estágio lançando aquela moeda." E pareceu que ele de fato deveria, pois também venceu o segundo lançamento da moeda.

"Pago 1 dólar a quem jogar cara ou coroa comigo por 99,50 dólares", gritou Sam.

Os outros estagiários claramente se sentiram obrigados a aceitar a aposta, mas o clima na sala mudava em resposta aos sentimentos de Asher. Além disso, o trader da Jane Street que daria a aula havia chegado e observava a cena toda. Mas Sam ganhou o terceiro lançamento da moeda, e, em seu modo de pensar, o jogo ainda não tinha chegado ao fim.

"Pago 1 dólar a quem jogar cara ou coroa comigo por 99,75", gritou.

Só na quarta rodada Sam perdeu — e nisso todos, menos Sam, estavam incomodados com a humilhação de Asher. Sam só ficou um pouquinho desconcertado semanas depois, quando seus superiores exprimiram consternação pelo que ele fizera. "Eles achavam que o segundo lançamento da moeda já era um exagero", explicou Sam. Não foi surpresa alguma saber que Asher Mellman se sentiu ferido, o que o surpreendeu foi os chefes da Jane Street pensarem que ele não conseguia perceber como afetava os outros. Ao contrário, ele sabia exatamente o que estava fazendo, e o que fez com Asher não foi pior do que o que a Jane Street fazia todo dia com os concorrentes no mercado financeiro. "Eu estava ciente de que estava sendo um merda com Asher", disse ele. "A questão para mim era: deveria dar prioridade a fazer os outros se sentirem melhor ou a provar meu ponto de vista?" Sam acreditava que os chefes leram erradamente seus problemas de socialização; eles achavam que Sam precisava aprender a ler os outros, e Sam acreditava no contrário: "Eu li os outros bastante bem, eles é que não me liam direito".

4

A MARCHA DO PROGRESSO

O pregão da Jane Street acontecia em uma única e enorme sala preenchida de efeitos sonoros que alertavam os traders de que havia algum problema ou questão que eles precisavam resolver: o barulho estridente de vidro se estilhaçando avisava os traders de que suas máquinas tinham feito alguma operação a um preço estranhamente ruim, por exemplo. Havia sons como o de "1-Up" do jogo *Super Mario Bros.*, Homer Simpson dizendo "Dã!", uma voz do jogo *StarCraft* original que ribombava "You Must Construct Additional Pylons!" ("Você precisa construir colunas adicionais!") — se não soubesse o que estava acontecendo, o lugar soava como um fliperama. O ruído chegava a tal ponto nos momentos mais movimentados que uma candidata a emprego, entrevistada por telefone, reclamou que o entrevistador da empresa estava jogando videogame — depois disso, a Jane Street instruiu os traders a explicar, antes de todas as entrevistas telefônicas, que não estavam jogando. "O som enlouquece algumas pessoas, mas eu adorava. Fazia a gente mergulhar nas negociações", disse Sam.

Havia uma espécie de dança entre os mercados financeiros e quem trabalhava neles. As pessoas configuravam os mercados, mas estes, por sua vez, configuravam as pessoas. Os mercados que estavam prestes a configurar Sam Bankman-Fried tinham, na década anterior, se reconfigurado de um modo que reduziu muito os sons que faziam. A crise financeira de 2008 não foi exatamente responsável pelo que estava acontecendo, mas teve seu papel. Os bancos de investimentos, como Goldman Sachs e Morgan Stanley, que antes assumiam os riscos mais interessantes do trading, ficaram mais desajeitados, sob uma regulamentação mais pesada. Foram enquadrados no entediante papel de Wall Street, antes desempenhado pelos grandes bancos comerciais. A atividade do mercado passou para uma nova classe de empresas privadas envoltas em sigilo. Em 2014, quando Sam começou a trabalhar como trader fixo da Jane Street Capital, as instituições financeiras no centro do mercado, as que estabeleciam o preço dos ativos globais, não eram os antigos bancos de investimentos, mas as obscuras empresas de negociação de alta frequência como a Jane Street, das quais ninguém tinha ouvido falar. As quantias apuradas por quem administrava essas empresas tinham uma magnitude acima do que ganhavam os administradores dos grandes bancos de investimentos. Em 2013, Vinnie Viola, que criou a Virtu Financial, desembolsou 250 milhões de dólares pelo time de hóquei Florida Panthers. Ken Griffin, que criou a Citadel Securities, valia 5,2 bilhões de dólares, segundo a revista *Forbes*. A Jane Street não divulgava seu lucro nem mesmo para os funcionários, mas Sam podia ver todo o registro das negociações e calculou que, em cada um dos cinco anos anteriores, a empresa tinha, provavelmente, lucrado pelo menos um par de bilhões de dólares para um punhado de sócios. "Em 2014, bastava olhar o QI médio de quem ia trabalhar no Morgan Stanley e de quem ia para a Jane Street para saber o que estava acontecendo", disse Sam.

Os novos mercados financeiros tinham algumas características peculiares. Para começo de conversa, eram cada vez mais automatizados, as pessoas não negociavam diretamente com outras pessoas, mas programavam computadores para negociar com outros computadores. A remoção dos seres humanos permitiu que as negociações financeiras acontecessem mais depressa e com mais frequência do que nunca. A velocidade talvez tenha se tornado o atributo mais valioso dos sistemas de negociação. Os mercados estavam engajados num tipo de desmatamento das informações — uma tentativa de reduzir a zero o tempo necessário para uma informação se registrar no preço dos ativos financeiros. "É o jogo mais complexo e eficiente do mundo. Houve mais esforço para otimizar o jogo do que qualquer outra coisa", declarou Sam. Pelos valores extraídos do jogo e os entregues pelas empresas de negociação de alta frequência às bolsas de valores norte-americanas para ter acesso mais veloz a seus dados, podia-se ver que a vantagem de alguns milissegundos valia claramente bilhões de dólares por ano a quem os possuísse. Se a velocidade acrescentava algo de valor à economia era outra questão: era realmente importante que o preço dos ativos se ajustasse às novas informações em dois milissegundos em vez de em um segundo? Provavelmente não, mas nitidamente a nova tecnologia possibilitou que o setor financeiro aumentasse o aluguel que cobrava da economia real.

Também mudou o tipo de pessoa que recebia esse aluguel. No verão de 2014, ainda era possível ver, no formato dos corpos no pregão da Jane Street, a mudança ocorrida nos mercados financeiros. Os traders mais velhos, com mais de 30 anos, tinham uma compleição diferente dos mais jovens. Eram maiores, mais altos e tinham a voz mais potente. As pessoas que fundaram a Jane Street lá em 1999 eram homens brancos de vários lugares, e chegaram à maioridade numa época em que os negócios ainda eram feitos entre seres humanos, em pregões ou bolsas. No meio de uma multidão, seu corpo precisava ser visto; sua voz, ouvida. Também tinham dons intelectuais menos óbvios, tendiam a ser rápidos na matemática mental, mas não eram tão bons no pensamento analítico de nível mais alto. Num daqueles gráficos de "Marcha do Progresso", que dramatizam a evolução do símio ao homem, representavam talvez o penúltimo estágio do *Homo financeirus*: quase sem pelos, quase ereto, mas ainda carregando um porrete no ombro, para impor o gosto pela hierarquia aos traders mais jovens e igualitários.

Os mais jovens seriam plenamente *Homo sapiens*. Tinham sido coletados na minúscula fatia da população identificada bem cedo como portadora do dom do pensamento de ordem superior. Muitos foram a acampamentos de matemática no ensino médio. Quase todos se destacaram em Ciência da Computação ou Matemática no MIT, em Harvard, Princeton ou

Stanford. Tinham menos habilidade social do que os traders mais velhos, porque podiam se dar a esse luxo; agora que a negociação se fazia entre máquinas, era menos importante que os traders negociassem bem com outras pessoas. O que importava era a capacidade de ajudar a máquina a substituir seres humanos nos mercados financeiros — diretamente, com a programação, ou indiretamente, com instruções as quais fosse possível codificar. Para eles, era tolice não deixar o computador fazer toda a matemática mental.

Mas havia limites de quanto um trader poderia ser socialmente desagradável na Jane Street, e Sam os pôs à prova. Depois do estágio de verão, ele se dispôs a resolver as críticas dos superiores. Tinha reconhecido havia muito tempo que sua incapacidade de transmitir emoções criava uma distância entre ele e os outros. Não sentir a emoção não significava que não pudesse exprimi-la. Ele começou com as expressões faciais, treinou forçar a boca e os olhos a se mover de maneira não natural. "Não é tão simples, era fisicamente doloroso. Parecia antinatural e eu não era bom nessa simulação, era difícil acertar", disse Sam.

De início, ele não tinha muita certeza de que seus esforços melhorariam o *status quo*, mas também desconfiava que não era possível piorar a situação. Aprender a sorrir não mudaria o modo como tratou Asher Mellman, mas poderia mudar a maneira como os outros se sentiram. No mínimo, a capacidade de demonstrar aos outros como se sentia a respeito do que tinham dito ou feito evitaria muitos mal-entendidos. E, realmente, ele começou a ver uma suavização na superfície de suas relações com os outros no pregão. "Só na Jane Street comecei a fazer isso de forma decente", disse ele. "Ficou mais fácil, como se os músculos começassem a se afrouxar. E as pessoas passaram a gostar mais de mim. Consegui me encaixar melhor."

A Jane Street o instalou na mesa mais lucrativa da empresa na época, a que negociava ETFs internacionais. Os exchange-trade funds, ou fundos de índices, reuniam ativos (ações, títulos, commodities) que talvez os investidores tivessem dificuldade de comprar por conta própria. O primeiro ETF negociado nos Estados Unidos, gerado em 1993, ainda era o maior: um fundo criado pela American Stock Exchange e pela State Street Global

Advisors que continha todas as ações do índice S&P 500. Mais tarde, haveria ETF para tudo. ETFs que só continham ações de pequenas empresas indianas ou grandes empresas brasileiras; ETFs cheios de ações do setor pesqueiro, de empresas de maconha ou só das empresas em que Warren Buffett investia. Qualquer ideia de investimento que se sonhasse poderia ser expressa sob a forma de um ETF e vendida ao público investidor; em 2021, alguém criou um ETF que investia em empresas cujos produtos eram amados por estadunidenses de classe média alta. Sem jamais utilizar capital externo, a Jane Street passou de um punhado de traders com alguns milhões de dólares em 1999 para cerca de duzentos traders que trabalhavam com vários bilhões de dólares em 2014. Uma grande razão eram os ETFs, cujo valor global passou de menos de 100 bilhões de dólares para 2,2 trilhões (a caminho de mais de 10 trilhões em 2022). Quando os ETFs trocavam de mão, em geral a Jane Street estava presente para tirar uma casquinha do negócio.

O papel do trader da Jane Street, uma das maiores fontes de lucro, era manter o preço de todos esses ETFs alinhado aos ativos que havia dentro deles. Em teoria, o preço de qualquer grupo de ativos deveria ser sempre igual à soma dos ativos no grupo. Negociar ETFs era como negociar sanduíches de queijo e presunto, como explicou um trader da Jane Street. Quem soubesse o preço da fatia de presunto, da fatia de queijo e da fatia de pão sabia qual deveria ser o preço do sanduíche: a soma dos ingredientes. Se o custo dos ingredientes excedesse o preço do sanduíche, comprava-se o sanduíche para vender os ingredientes. Se o preço do sanduíche excedesse o custo dos ingredientes, compravam-se os ingredientes para vender o sanduíche.

Sam passava parte do dia alinhando o preço dos vários sanduíches de queijo e presunto ao custo dos ingredientes. Os primeiros noventa minutos de seu dia de negociação serviam apenas para descobrir o que havia dentro do sanduíche, já que, da noite para o dia, o conteúdo exato dos ETFs mudava. O jogo do sanduíche, a parte menos empolgante do serviço, não deixava de ter seus momentos. Em essência, as empresas que criavam ETFs exportavam o problema de precificar suas criações à Jane Street e a outras empresas de negociação de alta frequência. O investidor que aparecesse dizendo que queria comprar, digamos, 100 milhões de dólares de ETFs cheios de ações indianas seria direcionado para Sam, que lhe daria o preço. Para determinar o preço, Sam não podia fazer cálculos simples usando o preço atual das ações dentro do ETF depois de descobrir quais eram. Ele acabaria tendo de comprar individualmente as ações, e essa demanda elevaria o preço em algum valor difícil de descobrir. Também era preciso levar em conta que teria de pagar os impostos indianos sobre transações financeiras.

A bolsa de valores indiana só abria às 9h15 da manhã, horário de Mumbai, ou 23h45 no horário de Nova York. Até que abrisse, Sam não poderia comprar ações indianas e ficaria exposto a qualquer notícia que afetasse o mercado. Precisaria levar em conta a identidade do comprador final, pois alguns compradores provavelmente teriam informações melhores do que ele sobre as ações indianas. Também precisaria levar em conta a possibilidade de que uma ou mais empresas de negociação de alta frequência solicitadas a oferecer a ação estivessem prestes a passar à frente na negociação e fazer o preço das ações indianas subir. Além disso tudo, ele tinha, talvez, quinze segundos para dar o preço — embora, com sorte, pudesse receber algum alerta e talvez algumas horas para pensar. Fosse como fosse, outros traders sempre competiam na mesma negociação. Em qualquer uma delas, nunca havia muita gordura.

Assim, essas negociações de ETFs não eram isentas de risco. Em geral, Sam estava sempre escolhendo qual moeda viciada lançar, mas o mundo real raras vezes oferece moedas drasticamente viciadas a seu favor. Ninguém jogava moedas 80-20; com sorte, jogaria uma moeda 60-40; o mais provável era passar a maior parte do dia jogando moedas 53-47. É claro que até a moeda viciada a favor dele daria o lado errado em muitos lançamentos, e, mesmo que fizesse o serviço direito, a possibilidade de perder dinheiro era real. A ideia no âmago da Jane Street era garantir que nenhum lançamento ou lançador fizesse muita diferença. Todos os duzentos traders da empresa tinham alguma aptidão incomum para identificar moedas viciadas. Em conjunto, lançavam as moedas milhões de vezes por dia. A lei das médias finalmente se impunha. Mas havia dias em que a Jane Street perdia no trading, semanas em que perdia no trading e até, raramente, meses em que perdia no trading.[11] "O maior risco era não acharmos moedas suficientes para lançar", disse Sam.

Como todos os traders da Jane Street, Sam vivia à procura de maneiras de automatizar suas decisões. Como explicou o escritor Byrne Hobart, os traders da Jane Street se dedicavam a "um processo constante de encontrar e ampliar a fronteira eficiente em que os computadores podem substituir os seres humanos no setor financeiro". O serviço do trader da Jane Street não era apenas otimizar o mercado financeiro, mas se otimizar e manter a atenção concentrada na decisão mais valiosa a ser tomada. Ensine a máquina a tomar determinadas decisões e você fica livre para procurar novas moedas viciadas para jogar. Para empoderar a máquina, só era preciso identificar os padrões do mercado que pudessem ser registrados na programação do computador; conseguindo isso, quando os investidores lhe pedissem que oferecesse 100 milhões de dólares em ETFs indianos, você não precisaria calcular as taxas de transações financeiras a pagar, até que ponto o cobrador era tóxico nem quanto o preço

---

11 Isso revela algo sobre a Jane Street. Em 2014, ano em que Sam entrou na empresa, a Virtu Financial solicitou permissão à Securities and Exchange Commission (Comissão de Títulos e Valores Imobiliários) dos Estados Unidos para vender ações ao público. O folheto revelava que, em 1.238 dias de trading, só houve exatamente um dia de prejuízo. A corretora tinha acabado de encerrar um ano em que ganhou dinheiro todos os dias negociando no mercado de ações. "Como uma empresa faz isso?", perguntaria o leitor inteligente. A resposta está além do alcance desta história, mas surge parcialmente num livro que escrevi em 2014 chamado *Flash Boys: revolta em Wall Street*. A questão aqui é que, embora parecessem intercambiáveis a certa distância — o trading era automatizado, todas atuavam como intermediárias no mercado financeiro —, as empresas de negociação de alta frequência diferiam no modo de ganhar dinheiro. Empresas como Virtu e Citadel pagavam as bolsas de valores norte-americanas para obter vantagens na velocidade que lhes permitissem negociar contra os outros no mercado com pouquíssimo risco, o que explicava por que nunca perdiam dinheiro. Elas encerravam cada dia de trading sem nenhuma posição no mercado. Sua habilidade, no caso, era criar para si um quadro mais rápido do mercado de ações do que os outros; por isso, quando procuravam jovens talentos, queriam mais programadores de computador capazes de acelerar as máquinas do que traders capazes de tomar decisões de risco. A Jane Street nunca entrou a sério nos jogos de velocidade do mercado acionário norte-americano e, talvez, se arrependesse disso. Seu relativo ponto forte sempre foi em mercados sabidamente mais justos, nos quais não se pudesse simplesmente comprar as vantagens oferecidas a traders de alta frequência por, digamos, a Bolsa de Valores de Nova York. Enquanto empresas como a Virtu e a Citadel estavam no jogo de velocidade, empresas como a Jane Street estavam no jogo cerebral.

das várias ações indianas provavelmente subiria quando a bolsa abrisse. Bastava apertar um botão; a máquina faria as avaliações e a negociação ocorreria ou não.

É claro que ainda era preciso ficar de olho. Digamos que uma bomba nuclear explodisse em Mumbai depois do fechamento da bolsa de valores indiana. Não seria bom que uma máquina pré-programada comprasse e vendesse ações. O trader da Jane Street tratava as máquinas como um braço robótico; elas permitiam fazer muito mais do que seria possível com os braços humanos, mas ainda era preciso que o humano metesse o braço no aparelho para que funcionasse. Na maior parte das vezes, a máquina era muito melhor do que o ser humano nas decisões de trading, especialmente quando o humano só tinha quinze segundos para pensar. "Eu me sentia mais valioso quando identificava áreas que não tinham sido automatizadas, mas que poderiam ser. Um sistema automatizado era mais eficiente do que pessoas, porque tudo tinha que ser feito muito rapidamente", disse Sam.

A Jane Street ganhava dinheiro no negócio de sanduíches. Também ganhava dinheiro procurando os padrões estatísticos que os outros não enxergavam no mercado. Os traders obviamente procuram padrões não percebidos no mercado desde que alguém negociou alguma coisa. A diferença entre o que acontecia na Jane Street e o que acontecia, digamos, no pregão de Wall Street na década de 1980 era de grau, não de espécie. Os dados substituíram plenamente os palpites. O procedimento-padrão da empresa era que os traders observassem de canto de olho as máquinas negociarem enquanto eles executavam pequenos projetos de pesquisa. (O trading ocupava na atenção de Sam mais ou menos o mesmo lugar dos videogames mais tarde.) Um trader no balcão de ETFs internacionais poderia questionar, por exemplo: quando o preço do petróleo muda no horário da bolsa dos Estados Unidos, o que acontece com os ETFs cheios de ações de empresas de países produtores de petróleo, cuja bolsa está fechada? Se o preço do petróleo subir na hora do almoço em Nova York, as ações, digamos, das empresas nigerianas provavelmente vão subir também —, mas a bolsa de valores nigeriana está fechada. No entanto, os ETFs cheios de ações nigerianas estão bem vivos e são negociados nas bolsas estadunidenses. Será que esses ETFs listados nos Estados Unidos

A MARCHA DO PROGRESSO

não reagiam tão depressa quanto reagiriam ao movimento do preço do petróleo? Será que há a probabilidade de prever a subida que inevitavelmente ocorrerá nas ações nigerianas quando a bolsa da Nigéria abrir amanhã? Será que alguém já pensou nisso? Não havia como responder a essas perguntas sem fazer um estudo do movimento histórico dos preços. Os traders da Jane Street passavam muito tempo dedicados a esses projetos de pesquisa financeira.

Para o trader, não bastava ganhar dinheiro, era preciso explicar o porquê. Um ótimo trader da Jane Street só seria considerado de fato ótimo se soubesse explicar por qual motivo o era — e por que existiam algumas operações ótimas. Como disse um ex-trader, "era assim: 'Por que você é bom e como podemos duplicá-lo?'. Se você não conseguisse responder, eles duvidavam de você". Mas esses pequenos projetos de pesquisa não precisavam começar de forma certeira, com alguma teoria sobre o motivo de alguns mercados serem ineficientes. Em geral, eram disparados por algum evento esquisito que o trader observou durante as negociações. Por exemplo, talvez um trader notasse, como Sam certa vez notou, que, exatamente doze horas depois que o preço de determinadas ações da Coreia do Sul subia na bolsa de valores de Seul, o preço de outras ações japonesas subia na bolsa de Tóquio. A primeira hipótese poderia ser que não passava de mera coincidência. Mas esse evento continuou acontecendo. Ao procurar dados antigos, ele descobriu que a mesma coisa acontecia com essas ações havia vários meses. É possível negociar com base nisso — comprar as ações japonesas no instante em que as ações sul-coreanas sobem. É possível até ganhar dinheiro.

Mas isso não seria o suficiente para satisfazer o sistema da Jane Street, porque não se sabia *por que* as ações japonesas subiam doze horas depois das ações sul-coreanas. Então, era prudente examinar melhor o fato — como fez Sam. Ele descobriu que o preço dos ETFs sul-coreanos e japoneses era impulsionado por um único trader de um banco alemão. De tantos em tantos dias, o trader do banco alemão recebia várias ordens de compra a executar na Coreia do Sul e no Japão. Ele fazia as compras sul-coreanas antes de encerrar o dia e passava as ordens do Japão para os colegas asiáticos fazerem quando acordassem em Tóquio. Aí, o trader da Jane Street poderia detectar a subida dos ETFs sul-coreanos e, alegre e contente, comprar os ETFs japoneses até que o alemão morresse, se aposentasse ou descobrisse quanto sua preguiça custava.

Sam encontrou muitas negociações cujo sucesso girava em torno da idiotice de algum trader ou algoritmo. Negócios tipo Asher. Ao longo de duas semanas, Sam notou que havia um comportamento estranho da principal bolsa de valores do Canadá quando esta abria. Às 9h30, subia ou caía muito com uma violência incomum; às 9h31, voltava ao nível normal. Não era assim que o mercado geralmente se comportava em resposta às notícias, o que significava que outra coisa estava acontecendo. Sam fez um estudo e descobriu que, um mês antes, alguém tinha negociado um contrato multibilionário em opções do índice da bolsa de valores canadense. O trader responsável precisava proteger sua posição sempre que o preço do índice canadense mudava e, para isso, criou um bot que, sem analisar, comprava o índice canadense quando este subia e vendia quando baixava, provocando uma subida ou uma queda maior do que o normal. Nos dias em que a bolsa de valores canadense abria a um preço mais alto do que no dia anterior, o bot comprava o índice e fazia o preço subir ainda mais, o que lhe exigia comprar mais ainda. E o inverso acontecia quando o índice abria a um preço mais baixo do que no dia anterior. Durante duas semanas, o balcão de trading de Sam ganhou uma pequena fortuna simplesmente vendendo o índice canadense depois que o bot o comprava e comprando o índice canadense depois que o bot o vendia, até que o trader que criou o bot se deu conta e o desligou. "Em essência, foi a engenharia reversa do algoritmo burro de alguém", disse Sam.

A constante caça a padrões estatísticos do mercado provocou vários tipos de ideias estranhas. Sempre que o Brasil vencia um jogo da Copa do Mundo, a bolsa de valores brasileira despencava, porque se achava que a vitória aumentaria a probabilidade de reeleição da presidenta brasileira Dilma Rousseff, percebida como corrupta. Uma noção mais rápida e melhor da probabilidade da seleção brasileira no próximo jogo oferecia uma moeda viciada para jogar na bolsa de valores brasileira. No fim de outubro de 2016, para dar outro exemplo, as bolsas de

A MARCHA DO PROGRESSO

valores globais visivelmente se moviam em resposta a qualquer notícia que parecesse alterar a probabilidade de Donald Trump se tornar presidente. Naquele momento, parecia que a eleição iminente seria a mais importante do mercado financeiro global nos tempos modernos. Os traders do balcão de ETFs internacionais da Jane Street trocavam ideias sobre o modo de negociar e alguém ressaltou a lentidão, pelo padrão da negociação de alta frequência, com que o resultado das eleições chegava ao mercado financeiro.

Sam assumiu a liderança desse projeto de pesquisa específico. Não havia sistema nacional padronizado para noticiar a apuração das eleições presidenciais norte-americanas. Cinquenta estados decidiam como e quando divulgar seus dados eleitorais, e alguns eram mais lentos do que outros. Certos estados tinham sites decentes para apurar o total; outros, não. "A maioria dos estados tinha, digamos dezessete sites diferentes", disse Sam. Mesmo que, de algum modo, os estados tivessem eficiência máxima na coleta de dados, era provável haver uma demora até o resultado chegar ao mercado financeiro. "Na Jane Street, quase todo mundo tinha a mesma intuição. Que seria surpreendente se não conseguíssemos", falou Sam — isto é, seria surpreendente se a Jane Street não descobrisse o resultado da eleição presidencial antes do restante do mercado financeiro ou, aliás, do mundo inteiro. Afinal de contas, o mercado financeiro ainda descobria os acontecimentos da mesma maneira que o público em geral: assistindo a John King na CNN. John King não estava lá para maximizar o lucro dos traders de alta frequência. "Eles tinham comerciais, e John King não podia se preocupar com atrasos de dois minutos", disse Sam. "Além disso, ele levava quinze segundos para atravessar a sala até o mapa." Os traders da Jane Street estavam tão acostumados a obter informações mais depressa do que os outros no mercado financeiro que acharam que conseguiriam fazê-lo no mercado político também.

Em curto prazo, construíram um modelo semelhante ao usado pelas redes de notícias e pelo site de previsões políticas FiveThirtyEight para compreender antes do que os outros as informações que estavam prestes a obter. Sam recrutou traders jovens de outros balcões para se se tornarem especialistas em dados de votação local. Ele atribuiu um trader da Jane Street para cada estado com o objetivo de localizar a fonte mais rápida de dados da eleição. Um trader cuidava do Michigan; outro, da Flórida, e assim por diante. Sam e seus colegas traders da Jane Street acharam que obter os dados da votação com mais rapidez do que os outros seria o mais difícil. A estratégia de trading inteligente parecia tão óbvia que eles nem pensaram muito nela. Nas semanas anteriores à eleição, houve um padrão: as bolsas do mundo inteiro despencavam com as notícias boas para Trump e subiam com as boas para Clinton. As notícias boas para Trump constituíam más notícias principalmente nos mercados emergentes, como o México. O plano de trading da Jane Street não era tão intricado assim. Eles obteriam o resultado da votação antes dos outros, os dados alterariam a probabilidade da eleição num sentido ou no outro e, em resposta, eles comprariam ou venderiam ações dos Estados Unidos e de mercados emergentes.

Na noite de 8 de novembro de 2016, a máquina que Sam projetou e supervisionou funcionou lindamente. Os traders da Jane Street conseguiram até passar na frente da CNN, às vezes em segundos, mas em geral em minutos, outras vezes em horas. "Trump subiu!", gritava um trader da Jane Street, e outro trader vendia ações. Cinco minutos depois, John King confirmava o fato, e o mercado reagia.

No decorrer da noite, reduziu-se a preocupação da Jane Street de que outras empresas de negociação de alta frequência estivessem fazendo a mesma coisa. "Os mercados reagiam na velocidade da CNN, não na velocidade dos dados", disse Sam. "Confiávamos que tínhamos informações melhores do que o mercado. Tínhamos a sensação de que, se alguém estivesse fazendo aquilo, seria alguém muito pequeno." Sete vezes naquela noite chegaram resultados da votação que mudaram a probabilidade em até 5% num sentido ou no outro, e sete vezes a Jane Street estava à frente da mudança do mercado. O resultado do Panhandle da Flórida foi o mais dramático. Depois da contagem inicial dos votos, parecia que Clinton tinha ganhado na Flórida e, portanto, provavelmente a eleição. A Flórida era tão importante e o Panhandle tão poderoso para Trump que o modelo da Jane Street elevou sua probabilidade de ganhar a presidência de 5% para 60%. "Vimos o Panhandle da Flórida antes de John King", disse Sam. "Tivemos tempo até para surtar, achar que era um erro, ver que não era e dizer: 'Foda-se, vamos vender!'."

Quando terminaram, a Jane Street tinha feito uma aposta de vários bilhões de dólares contra as quinhentas maiores empresas da S&P e cerca de 250 milhões contra as bolsas de valores de outros países, principalmente do México, cuja economia tinha mais probabilidade de ser prejudicada pelo governo Trump. Por volta de 1 hora da manhã, depois de emocionantes 24 horas ininterruptas, Sam deixou o balcão de negociação para dormir. O mercado parecia ter digerido plenamente a notícia da vitória de Trump. A Jane Street talvez estivesse envolvida na negociação mais lucrativa já feita. "Foi meu dia mais emocionante na Jane Street", disse Sam.

Três horas depois, ele voltou e descobriu que o mercado tinha mudado de ideia sobre o provável efeito de Donald Trump sobre as bolsas de valores do mundo. "Deveria ser o fim do mundo", disse Sam. "E talvez fosse. Mas não foi o fim do mundo para o mercado norte-americano." O mercado dos Estados Unidos realmente se recuperou, e a maior parte da aposta da Jane Street era contra a bolsa de valores norte-americana. "O que seria um lucro de 300 milhões de dólares para a Jane Street era agora um prejuízo de 300 milhões de dólares", disse Sam. "Passou de negociação mais lucrativa à pior negociação da história da empresa." Além disso, agora Donald Trump era presidente dos Estados Unidos, fato que não agradou a Sam nem a ninguém que ele conhecia na Jane Street. "O universo era uma piada de mau gosto", disse ele.

Sam se espantou com o que a Jane Street fez a respeito: quase nada. Não houve uma grande autópsia formal da empresa toda, ninguém foi punido, nem sequer questionado. Sam admirou o modo como a empresa distinguia processo de resultado. O mau resultado sozinho não indicava que alguém tivesse feito algo errado, assim como o bom resultado não indicava que alguém tivesse feito algo certo. "A Jane Street realmente não era afeita a culpar as pessoas", disse Sam. "Eles meio que perguntavam: 'Alguém fez algo contrário às instruções recebidas?'. Quando a resposta era não, eles diziam que o próprio CEO poderia ter feito o mesmo."

Por outro lado, essa corretora obscura e sigilosa conseguiu, antes de todo mundo, o resultado de uma eleição presidencial que talvez fosse a mais importante dos tempos modernos, e perdeu uma fortuna. Pensando a respeito, eles passaram tempo demais obtendo informações e tempo insuficiente pensando em como usá-las. Só supuseram que a vitória de Trump seria um desastre financeiro global. Olhando para trás, a negociação que deveriam ter feito era óbvio (em retrospecto, sempre é): apostar que o dano aos pequenos mercados estrangeiros seria maior do que o dano ao mercado dos Estados Unidos. Deveriam ter comprado os S&P 500 e vendido quantidade maior, digamos, da bolsa de valores mexicana. "Havia um negócio extremamente bom e nós fodemos tudo", disse Sam. "Achei que o resultado da autópsia seria de que quase acertamos. Tudo em que investimos muito pensamento fizemos muito bem."

Em vez de tentar descobrir como melhorar a negociação na próxima vez, os chefes da Jane Street decidiram que tinham errado ao tentar fazer aquele tipo de negociação. "A ideia foi: não temos intuição para isso e não vamos fazer, não vamos falar em negociar nas eleições por um tempo, até que isso não fique marcado na memória", o que incomodou Sam e levou-o a questionar se a Jane Street estava mesmo preparada para maximizar seu valor esperado.

Espantosamente, poucos deixavam a Jane Street para ir para outras empresas de Wall Street ou qualquer outro lugar. "Quando uma pessoa importante saía e ia para algum concorrente, havia uma sessão de choro e bebida, porque era muito traumático", disse Sam. A empresa atraía jovens que, em todos os outros momentos da história humana, seria improvável que chegassem a Wall Street e os mantinha interessados o suficiente, engajados e bem pagos para que não imaginassem desempenhar outra atividade na vida que não fosse operar na Jane Street. Transformaram o pessoal da matemática em pessoal do dinheiro sem nenhuma perda óbvia de felicidade humana. Até os funcionários que não eram assim tão bons no emprego ficavam e se sentiam parte da coisa. "A Jane Street nunca demitia alguém. Era mais barato pagar para não fazerem nada do que permitir que fossem negociar num concorrente", disse Sam.

A empresa fez o possível para deixar Sam feliz. Entrevistaram os dois amigos mais íntimos que Sam tinha feito no MIT e contrataram um deles. Chegaram a contratar Gabe, irmão mais novo de Sam, que tinha acabado de começar no pregão da empresa. Deixaram Sam assumir um papel central na criação e na execução das operações na eleição presidencial de 2016, que fez a empresa perder mais dinheiro do que em todas as negociações de sua história, sem que ninguém lhe dissesse nenhuma palavra desagradável. Nas revisões anuais, os chefes lhe diziam que o tinham colocado no topo de sua turma na Jane Street. Ele não era o trader mais lucrativo da empresa, mas ainda era jovem e estava indo muito bem. A empresa lhe pagou 300 mil dólares no fim do primeiro ano, 600 mil dólares no fim do segundo e, depois do terceiro ano, quando ele estava com 25 anos, estavam prestes a lhe pagar um bônus de 1 milhão. Nas devolutivas, Sam pressionava os chefes para que pintassem um quadro de seu futuro financeiro na Jane Street. Era claro que dependeria do desempenho geral da empresa, lhe disseram, mas, em dez anos, se ele continuasse indo tão bem, ganharia algo entre 15 milhões e 75 milhões de dólares por ano. "A ideia da Jane Street era deixar as pessoas tão felizes que não fossem embora", disse um ex-trader.

Mas, somando tudo isso, Sam ainda não estava feliz. Sua infelicidade não era uma questão simples; Sam era infeliz de tantas maneiras que poderia criar novas palavras para esse sentimento, como, supostamente, o povo inuíte cria várias palavras para gelo. De vez em quando, geralmente quando tomava banho, os pensamentos de Sam sobre si e sobre a situação se aglutinavam e ele os escrevia. O tom desses textos particulares, nos quais, com efeito, ele apresentava a si mesmo, era muitíssimo diferente do tom com que se apresentava aos outros. "Não sinto prazer", escreveu ele certo dia, no fim de sua carreira na Jane Street. "Não sinto felicidade. De alguma maneira, meu sistema de recompensas nunca foi ligado. Os pontos mais altos, os momentos de maior orgulho, vêm e vão e não sinto nada a não ser o buraco dolorido no cérebro onde a felicidade deveria estar." Ele sabia que devia se sentir agradecido à Jane Street por enxergar nele um valor que ninguém mais enxergava, mas também sabia que não sentia gratidão. "Para ser verdadeiramente grato, é preciso sentir no coração, no estômago, na cabeça — a onda de prazer, de conexão, de gratidão", escreveu ele. "E não sinto essas coisas. Mas não sinto nada, ou, pelo menos, nada de bom. Não sinto prazer, amor, orgulho nem devoção. Sinto a estranheza do momento me envolvendo. A pressão de reagir de maneira adequada, de mostrar que também os amo. E não amo porque não consigo."

A Jane Street era a única instituição com a qual Sam teve contato e não sentiu algum nível de desaprovação. Passava o dia cercado de centenas de pessoas unidas por um propósito comum, que jogavam o melhor jogo de tabuleiro já inventado, e, ainda assim, sentia-se isolado. Para ser lido melhor, tinha aprendido a simular reações ao que os outros diziam ou faziam. Na prática, ele só criou uma máscara que talvez dificultasse ainda mais para os outros saberem o que de fato acontecia por detrás dela. "Gosto dos colegas", escreveu, "mas eles não demonstram nenhum interesse em ver quem sou de verdade, em ouvir os pensamentos que guardo. Quanto mais franca tento tornar a amizade, mais elas acabam. Ninguém é curioso. Ninguém se importa, não de verdade, com o 'eu' que vejo. Eles se importam com o Sam que veem e com o que significa para eles. E parece que não entendem quem é esse Sam: um produto dos pensamentos que decido que os outros devem ouvir. Minha conta do Twitter na vida real".

Ele via a si mesmo como uma máquina de pensar, não de sentir. Via a si mesmo como alguém que pensava sobre como agir. Nisso, não estava completamente errado. As grandes mudanças que fez na vida tendiam a acontecer depois que alguém lhe apresentava um argumento que ele não conseguia refutar. Dias depois de sua chegada ao MIT, por exemplo, ele conheceu outro calouro, Adam Yedidia — o amigo que a Jane Street acabou contratando —, e começaram a conversar sobre utilitarismo. Sam argumentou que era a única filosofia de vida sensata e que a principal razão para os outros não a verem assim era o medo de aonde ela os levaria. ("O que mais assusta as pessoas no utilitarismo é que ele incentiva o altruísmo.") Adam escutou Sam falar sobre suas crenças e disse: "Se realmente acredita nisso, você não deveria comer carne. A um pequeno custo, você reduziria muito sofrimento". Sam falava sério sobre minimizar o sofrimento — e também gostava muito de frango frito, mas este não era de fato um argumento. "O que ele disse ficou reverberando em minha cabeça, mas eu evitava porque era um pensamento que eu não queria ter: *Passo trinta minutos saboreando um frango, e o frango aguenta cinco semanas de tortura*", disse ele. Não havia nada a fazer senão mudar a alimentação, e foi o que ele fez. "Há vegetarianos mais flexíveis e vegetarianos rígidos, e ele era um dos rígidos", disse Adam. "É raro mudar algo tão difícil."

Coisa parecida aconteceu quando Sam conheceu Will MacAskill. O argumento do filósofo de Oxford simplesmente pareceu correto para Sam. Ele já tinha decidido, havia muito tempo, que a pessoa deveria julgar sua vida pelas consequências. MacAskill tornou essas consequências dramáticas e quantificáveis: ele deveria maximizar o número de vidas salvas. Sam adotou isso no mesmo instante. "Foi muito rápido e objetivo. O que ele falava me pareceu obviamente certo. E me deu um rumo prático para agir: há coisas reais a fazer e eu posso fazer. Há pessoas que fazem", disse Sam. Com três anos na Jane Street, ele permanecia plenamente comprometido em gerar o máximo possível de dólares e canalizá-los para as causas que salvavam vidas com mais eficiência. Ele doou a maior parte do dinheiro que ganhou no pregão a três entidades identificadas pelos filósofos de Oxford como muito eficientes para salvar vidas (duas delas, a 80,000 Hours e o Centre for Effective Altruism, foram criadas pelos próprios filósofos de Oxford. A terceira era a Humane League).

Ainda que ele mesmo não fosse capaz de sentir felicidade, Sam dedicou a vida a maximizar a felicidade no planeta. Entre o verão de 2014, quando começou na Jane Street, e o verão de 2017, não tirou férias. Chegou a trabalhar dez dias quando as bolsas dos Estados Unidos estavam fechadas — a movimentação nas bolsas estrangeiras era bem maior quando os traders norte-americanos não estavam prestando atenção —, e assim, na contabilidade da Jane Street, ele tirou férias negativas. No pregão, fazia-se a seguinte pergunta: *Qual é a probabilidade de que esse emprego em que por acaso vim cair gere o valor mais alto em mim?* Aparentemente, ele achou implausível. Sam chegou a fazer uma lista das coisas que poderia fazer em vez de operar na Jane Street: *Trabalhar na política, fazer jornalismo, vender a outras pessoas a ideia de se tornarem altruístas efetivos, abrir uma empresa aleatória de tecnologia (embora eu não tenha nenhuma ideia do que seria), operar por conta própria.* "Havia umas dez dessas coisas", recordou Sam. "Tentei estimar o valor esperado de cada uma, e todas eram muito semelhantes. A escolha entre a Jane Street e qualquer uma delas era uma decisão complicada, mas a escolha entre a Jane Street e *todas elas* não era. Eu me perguntava: 'Qual é a probabilidade de que a Jane Street seja a melhor opção?' Baixa. Mas era bastante claro que eu não descobriria isso na Jane Street. A única maneira de descobrir era fuçar por aí e experimentar algumas."

No fim do verão de 2017, ele finalmente tirou férias. Livre para experimentar, Sam levou pouco tempo para ver que uma das opções da lista não era como as outras. Neste mesmo ano, os criptoativos passaram de brinquedo bizarro em que ele não tinha interesse algum a mercado financeiro semissério, totalmente separado dos outros. Só naquele ano, o valor de todos os criptoativos explodiu e passou de 15 bilhões de dólares para 760 bilhões. A Jane Street não negociava criptoativos. Até onde Sam sabia, as outras empresas de negociação de alta frequência também não. A Jane Street desconfiava tanto dos criptoativos que não permitia nem que seus traders os negociassem em suas contas pessoais (Sam perguntou). Mas, todo dia, cerca de 1 bilhão de dólares de criptoativos era negociado, de maneira tão primitiva que dava para pensar que a negociação de alta frequência nem tinha sido inventada.

Sam fez um cálculo rápido: se conseguisse capturar 5% do mercado inteiro (um número modesto, pelo padrão da Jane Street), ele ganharia 1 milhão de dólares ou mais por dia. Como esse mercado nunca fechava, isso significava um lucro de 365 milhões ou mais por ano. "Essa foi minha estimativa aproximada", disse ele. "Parecia loucura. Então, dividi por um fator de 10. Estava pensando em 30 milhões por ano. Mas tive vergonha de mostrar esse número por aí. Todos diriam: 'Vá se foder, Sam'."

Mas ele não se sentiu *tão* envergonhado assim. Antes de pedir demissão na Jane Street, falou com o amigo de faculdade que o provocou e o fez largar a carne. "Sam era diferente de todo mundo, pois, quando expressava sua opinião, ele o fazia do mesmo modo que seu nível de confiança, que, em geral, era altíssimo", recordou Adam Yedidia. "Antes de sair da Jane Street, ele disse com um belo ar de confiança: 'Posso ganhar 1 bilhão de dólares'. E retruquei: 'Você não vai ganhar 1 bilhão de dólares'."

2º ATO

2ª ATO

5

COMO PENSAR SOBRE BOB

Caroline Ellison precisou de apenas duas semanas trabalhando com Sam para ligar para a mãe e chorar ao telefone, dizendo que tinha cometido o maior erro de sua vida. Ela conheceu Sam na Jane Street, no verão anterior a seu último ano em Stanford, quando deram a ele a responsabilidade de ensinar à turma dela como operar na bolsa. "Eu tinha pavor dele", disse ela. Como Sam, Caroline era filha de acadêmicos: o pai, Glenn Ellison, foi diretor do Departamento de Economia do MIT. Como Sam, a matemática logo teve para ela um papel importante; ela ouviu falar da Jane Street pelas competições de matemática que a empresa patrocinava para encontrar jovens exatamente iguais a ela. Como Sam, ela descobriu o altruísmo efetivo na faculdade e o considerou uma noção de propósito com coerência intelectual. Talvez ainda mais do que Sam, permitiu que a matemática a guiasse para uma postura moral. "Eu me sentia atraída por pessoas que pensavam no que fazer de maneira quantitativa e rigorosa", disse ela. "Antes, não achava que tivesse muita garra para fazer o bem no mundo."

E como Sam, ela foi contratada como trader fixa da Jane Street. Mas, ao contrário de Sam, era insegura e suscetível à influência da opinião dos outros, principalmente dos homens com quem se envolvia. Ao contrário de Sam, queria uma vida normal, com emoções, filhos e, talvez, uma minivan para transportá-los. Depois de um ano na Jane Street, ela sentiu que era no máximo mediana e, de qualquer modo, não tinha a compreensão de Sam sobre o lugar nem seu fanatismo pelo trabalho. "Eu me sentia um pouco insatisfeita", disse ela. "Faltava alguma coisa. Eu não tinha certeza de que fazia tanto bem assim." Na mesma época, ela desenvolveu um apego preocupante a Eric Mannes, outro trader da Jane Street, ao mesmo tempo cheio de promessas e desprovido de esperanças. "Recordar meu relacionamento com Eric Mannes me dá certa vergonha", ela escreveria mais tarde na tentativa de explicar sua jornada emocional, para a qual ela fez uma lista para apreender a pouca capacidade de atenção de Sam:

- ele me disse que provavelmente nunca me amaria;
- isso me deixou muito triste e me sentindo mal comigo mesma;
- eu não queria que ele soubesse como me sentia mal, porque tinha medo de que isso o fizesse romper comigo;
- assim, escondi meus sentimentos e tentei agir com alegria e frieza;
- tentei não falar nem pensar sobre as coisas que me deixavam mal;
- por exemplo, saber de suas ex me deixava insegura e com ciúmes, e eu nunca perguntava sobre elas.

"Com Eric, eu tinha a sensação de que, se ele me conhecesse profundamente, não iria me querer e, portanto, eu precisava me esconder", acrescentou ela.

No outono de 2017, ela foi enviada a Stanford pela Jane Street para recrutar os amigos com talento matemático para fazer negociação de alta frequência. Ao chegar, ela ligou para Sam e pediu para se encontrar com ele. Em Berkeley,[12] tomando um café, Sam foi reservado sobre o que pretendia. "Foi tipo: 'Estou trabalhando em algo secreto e não posso falar

---

12 No fim de 2017, Berkeley tinha substituído Oxford como capital financeira do altruísmo efetivo. Uma das razões disso foi que Dustin Moskovitz, cofundador do Facebook, e sua esposa, Cari Tuna, declararam a intenção de doar a maior parte de sua fortuna de vários bilhões de dólares a causas altruístas efetivas —, mas houve outros. Oxford ainda era o centro intelectual do movimento, mas a Bay Area se tornou o lugar mais provável para obter o dinheiro necessário para criar o equivalente a um fundo de hedge altruísta efetivo.

a respeito'.", recordou Caroline. "Ele estava com medo de recrutar gente da Jane Street. Mas, depois de conversarmos um pouco, ele disse: 'Talvez eu possa lhe contar'." No fim da conversa, Caroline pensou que talvez devesse sair da Jane Street e entrar na empresa de trading de criptoativos que Sam estava montando em segredo. O trabalho era conhecido; ela faria para o novo fundo quantitativo de Sam o mesmo tipo de pesquisa de criptoativos que fazia em títulos para a Jane Street. Elaborar perguntas como: o preço do Bitcoin varia de forma significativa de acordo com a hora do dia? Ou: como o preço do Bitcoin muda em relação ao preço de todas as outras moedas? Mas o propósito subjacente do trabalho seria muito diferente, porque ela só o faria com outros altruístas efetivos. Nas palavras de Sam, a Jane Street era "apenas um lugar onde as pessoas vão trabalhar todo dia para praticar alguns jogos e aumentar o saldo bancário, porque o que mais vão fazer da vida?". A Alameda Research, como ele chamava a nova empresa, seria diferente: um barco para salvar um grande número de vidas.

Caroline disse a Sam que precisava pensar. Pensar significava voltar à Jane Street e perguntar uma última vez a Eric Mannes se ele a amava. No final das contas, Mannes não a amava, o que, embora de certo modo triste, liberou Caroline para sair da empresa e entrar na Alameda Research.

Sair da Jane Street não foi tão indolor quanto Caroline achou que seria. No primeiro ano de casa, os traders, a quem a Jane Street acabara de pagar 200 mil dólares, simplesmente não pediam demissão, principalmente para trabalhar numa suspeita startup de criptoativos. Caroline sentiu corretamente que sua partida alertou a Jane Street para uma nova e alarmante ameaça. A Jane Street e as outras empresas de negociação de alta frequência pescavam traders nos mesmos lagos em que Will MacAskill e os outros filósofos de Oxford pescavam altruístas efetivos. As pessoas capazes de calcular o valor esperado de apostas financeiras complicadas eram as mesmas que se sentiam atraídas pela crença de que conseguiriam calcular o valor esperado de toda a sua vida. Pelos padrões de Wall Street, a Jane Street não era um lugar ganancioso. Seus diretores não ostentavam riqueza, como os fundadores de outras empresas de negociação de alta frequência adoravam fazer, não compravam times esportivos profissionais nem colocavam dinheiro nas principais universidades do país para calcar seu nome, também *não se opunham* a salvar algumas vidas. Mas a Jane Street ainda fazia parte de Wall Street. Para sobreviver, precisava que os funcionários se apegassem aos bônus anuais e se acostumassem aos apartamentos de cinco quartos em Manhattan e às casas de veraneio tranquilas e discretas nos Hamptons.

A inundação de altruístas efetivos na empresa era um sinal preocupante. Essas pessoas carregavam sistemas de valor próprios. Tinham lealdade profunda a algo que não era a Jane Street e não tinham a relação com o dinheiro tal como era comum no pessoal de Wall Street; não davam ao bônus a mesma importância que o pessoal de Wall Street daria. Sam Bankman-Fried conseguiu largar o emprego lucrativo na Jane Street em troca de um plano maluco de ganhar ainda mais dinheiro por não ter apego material. "Isso não prejudicaria seu estilo de vida porque ele não tinha estilo de vida", explicou um ex-trader da Jane Street.

Em questão de meses, Caroline era a segunda altruísta efetiva a largar o escritório da Jane Street em Nova York e dizer, a caminho da porta, que saía para maximizar seu valor esperado. Dessa vez, eles estavam preparados. Seu gerente, sócio da empresa, a puxou para sua sala. "Ele estava irritado", disse ela. "Foi bem frio." Então, questionou as crenças mais profundas dela. O altruísmo efetivo não fazia sentido, argumentou, e detalhou seus muitos aspectos insensatos: não havia como medir com precisão as consequências das ações presentes no futuro distante; se essa medida existisse, provavelmente seria melhor que o mercado a fizesse; ninguém lhe pagaria tanto quanto a Jane Street e seu valor mais elevado era naquela empresa, e assim por diante. Eis uma novidade: uma empresa de Wall Street cujo negócio se baseava na capacidade de contratar as mentes matemáticas mais brilhantes agora era forçada a discutir os limites da matemática. "Foi uma conversa de uma hora em que ele tentou me convencer a ficar porque o utilitarismo era papo-furado", recordou Caroline. "Pensei: *Isso não é um assunto que será resolvido em uma hora de conversa.*"

Ela se surpreendeu com a falta de empatia do sócio da Jane Street quando seus argumentos não geraram o efeito esperado. "Quando ele viu que eu não mudaria de ideia a respeito do utilitarismo, minhas coisas

COMO PENSAR SOBRE BOB

foram para uma caixa", disse ela. Ninguém do pregão lhe deu sequer um abraço. Com sua caixa de pertences, Caroline Ellison saiu pelas ruas do Lower Manhattan e ali, sozinha, seu primeiro pensamento foi: *Meu Deus, cometi um erro imenso.*

Mas o pensamento passou. Em março de 2018, ela se mudou para a Bay Area, na Califórnia, e tirou algum tempo de folga antes de se apresentar no novo emprego. Em seu blog, ela descreveu o sentimento de libertação.

eu depois de morar uma semana na Bay Area: a monogamia não tem esperanças e está moribunda. posso ser um bom prato pros caras alfa enquanto for bastante jovem e gostosa e congelar meus óvulos para depois

No fim de março, ela começou no emprego. A situação na Alameda Research não era nada como Sam pintara. Ele tinha recrutado cerca de vinte assessores especializados, a maioria de 20 e poucos anos, todos, com exceção de um, sem experiência de trading no mercado financeiro. A maioria não conhecia nem se importava com criptoativos; simplesmente tinham aceitado o argumento de Sam de que era nesse mercado insano e ineficiente que poderiam usar uma abordagem parecida com a da Jane Street para extrair bilhões. Agora, todos viviam no mundo de Sam e não escondiam sua infelicidade. "Ele era exigente e esperava que todos trabalhassem dezoito horas por dia e abrissem mão de tudo, como a vida normal, enquanto ele mesmo sequer aparecia nas reuniões, passava semanas sem tomar um banho, sujava tudo com comida velha e dormia sentado na escrivaninha", disse Tara Mac Aulay, jovem matemática australiana que, em teoria, administrava a empresa com Sam. "Ele não administrava nada e achava que, se alguém tivesse alguma dúvida, bastaria lhe perguntar. Além disso, nas reuniões individuais com a equipe, ele jogava videogame."

As finanças da empresa já estavam um caos. A Alameda começou pequena alguns meses antes, com os 500 mil dólares que restaram do bônus de Sam na Jane Street depois da dedução dos impostos, mas em poucos meses outros altruístas efetivos mais ricos foram convencidos a lhes emprestar 170 milhões de dólares para negociar criptoativos. A Alameda já tinha perdido milhões, mas quantos ninguém saberia dizer com certeza. Em fevereiro, o sistema de trading perdia meio milhão de dólares *por dia*. Além desses prejuízos, alguns milhões a mais tinham simplesmente evaporado, ninguém sabia aonde fora o dinheiro — e os funcionários estavam em pânico total. "Não é que praticamente toda a equipe administrativa quisesse sair. A equipe administrativa *inteira* queria sair", disse Ben West, um de seus cinco integrantes. Os outros quatro fizeram uma série de reuniões cada vez mais tensas com Sam. Na primeira, Ben perguntou a Sam qual era seu papel ideal na empresa. "Ele disse que era ser o centro nevrálgico, a aranha no meio da teia", recordou Ben. "Que as pessoas lhe levariam ideias e que ele decidiria se eram boas ou não." Sam via que seu trabalho era escutar o que os outros tinham a dizer, mas, mesmo assim, os membros da equipe administrativa, como praticamente todo o restante da nova empresa, sentiam que ele não dava ouvidos a palavra alguma que dissessem.

No meio do torvelinho, Sam habitava quase uma realidade própria. Sua atitude diante do dinheiro desaparecido era meio que "Ah, provavelmente vai aparecer em algum lugar. Portanto, vamos negociar!". A primeira tentativa de criar um sistema de negociação automática causou prejuízos num ritmo alarmante, mas ele criou outro, supostamente melhor. Chamava-se Modelbot e era programado para esquadrinhar o câmbio mundial de criptomoedas atrás de ineficiências a serem exploradas. Se, por alguns segundos, fosse possível comprar bitcoins numa bolsa de Cingapura por 7,9 mil dólares e vender por 7.920 numa bolsa do Japão, o Modelbot o faria repetidamente, milhares de vezes por segundo. Mas esse exemplo faz o Modelbot soar mais simples do que era. Ele foi programado para negociar cerca de quinhentas criptomoedas diferentes em umas trinta bolsas, a maioria delas na Ásia, todas basicamente não reguladas. A explosão dos criptoativos no ano anterior, parecida com a mania das tulipas na Holanda do século XVII, incentivou a criação de centenas de moedas novas. O Modelbot não fazia distinção entre as moedas mais conhecidas com mercados profundos, como Bitcoin e Ether, o token de blockchain da Ethereum, e as chamadas "Shitcoins" ("moedas de merda") dificilmente negociadas, como Sexcoin, PUTinCoin e Hot Potato Coin.[13] O Modelbot só caçava as moedas que conseguisse comprar a um preço num lugar e vender em outro por preço mais alto.

Talvez o Modelbot fosse o maior ponto de discórdia entre Sam e a equipe administrativa. A fantasia de Sam de liberar o Kraken era apertar um botão e deixar o Modelbot sair matando pelos mercados de cripto-ativos, 24 horas por dia, sete dias por semana. Ele não conseguiu deixar o Modelbot trabalhar como gostaria porque praticamente todos os outros seres humanos dentro da Alameda Research faziam o possível para impedir. "Estava inteiramente dentro do terreno de possibilidades que perdêssemos *todo* o nosso dinheiro em uma hora", disse um deles. *Cento e setenta milhões de dólares que poderiam ir para o altruísmo efetivo poderiam simplesmente sumir.* Era um pensamento que aterrorizava os outros quatro altruístas efetivos encarregados da Alameda Research. Certa noite, Tara discutiu acaloradamente com Sam até ele ceder e concordar com uma concessão que ela achava sensata: ele poderia ligar o Modelbot, desde que Sam e pelo menos mais uma pessoa estivessem presentes para vigiá-lo e que o desligasse caso começasse a perder dinheiro. "Então eu disse: 'Está bem, vou para casa dormir'. Assim que saí, Sam ligou o Modelbot e adormeceu", recordou Tara. A partir daquele momento, toda a equipe administrativa desistiu de confiar em Sam.

Desde o início, Caroline soube dos detalhes sangrentos pelos sócios descontentes de Sam. "Eles me disseram: 'É bom você saber, para seu próprio bem, que há problemas aqui'", recordou ela mais tarde. No fim da segunda semana de Caroline, convocaram uma reunião para anunciar que tinham convencido os altruístas efetivos ricos que emprestaram os 170 milhões a pedirem o dinheiro de volta — ou seja, em poucas semanas a

---

13 De acordo com a CoinMarketCap, havia 2.177 moedas diferentes em circulação no fim de 2018. Em valor, iam do Bitcoin, com uma capitalização de mercado por volta de 60 bilhões de dólares, a um token chamado SHADE, com capitalização de mercado de pouco menos de 20 dólares. Pelo menos, as diversas moedas fingiam servir a algum propósito ou projeto especial; normalmente, seus criadores publicavam quase uma declaração de missão. O Sexcoin, por exemplo, alegava facilitar a compra de brinquedos sexuais. O PUTinCoin dizia apoiar a economia russa e que "tinha sido criada para homenagear o povo russo e seu presidente". A Hot Potato era a melhor e, de certo modo, a mais franca. Puro mecanismo de jogo de apostas, ela se autodestruía em 30 dias.

Alameda Research não teria dinheiro para operar. Caroline não sabia em quem acreditar. Sentiu-se enganada por Sam não ter lhe avisado, antes que ela saísse da Jane Street, de que a Alameda Research ia tão mal. No entanto, ela não conhecia qualquer uma daquelas pessoas. Achava que conhecia Sam, mas também pensava que, se a administração toda queria sair em protesto e os investidores exigiam seu dinheiro de volta, alguém devia saber algo que ela não sabia sobre Sam. Foi nesse momento que Caroline ligou para a mãe e chorou.

A empresa nem foi ideia de Sam, mas de Tara. Ela administrava o Centre for Effective Altruism (Centro pelo Altruísmo Efetivo), em Berkeley, e Sam, ainda na Jane Street, se tornou um dos maiores doadores. Na primavera e no verão de 2017, os dois se telefonavam constantemente. Em algum momento, Sam revelou seu interesse romântico por ela; em outra ocasião, Tara revelou que negociava criptoativos em sua conta pessoal. Tara não correspondia à ideia que se faz de um trader de criptoativos; antes de administrar o Centro pelo Altruísmo Efetivo, ela modelava a demanda farmacêutica da Cruz Vermelha. Não tinha histórico financeiro nem dinheiro digno de nota, mas gerava um lucro de dezenas de milhares de dólares negociando criptoativos. Quanto mais Sam conversava com Tara, mais seu interesse passava da atração romântica para a habilidade dela no trading. Tara não se limitava a comprar bitcoin e observar o preço subir, ela explorava o mesmo tipo de ineficiência do mercado de criptomoedas que, para ser explorado em outros mercados financeiros, exigia talento, velocidade e especialização no nível da Jane Street.

Sam preencheu um cheque de 50 mil dólares e lhe enviou, sem nenhuma exigência, para que ela aumentasse suas apostas. Ela nunca descontou o cheque. O dinheiro a deixava pouco à vontade, e não porque tinha vindo de Sam. "Eu ficava perguntando: *E se eu só tive muita sorte?*", recordou Tara. Sam por fim a tranquilizou usando a matemática para lhe mostrar que era estatisticamente improvável que sua taxa de sucesso fosse apenas sorte. As negociações de Tara eram parecidas com as que a Jane Street fazia com outros ativos: apostas no valor relativo de diversas criptomoedas. Seu sucesso levou Sam à crença secreta de que poderia ganhar 1 bilhão de dólares se criasse um fundo de hedge para negociar criptoativos do jeito como a Jane Street negociava tudo.

Mas não conseguiria fazer isso sozinho. O trading de criptoativos nunca fechava. Para ter duas pessoas acordadas 24 horas por dia, sete dias por semana, seria preciso contratar pelo menos mais cinco traders. Ele também precisaria de programadores para transformar em código as ideias dos traders para que as negociações fossem automatizadas e aceleradas. Tara fazia um punhado de negociações por semana em seu notebook; o que Sam tinha em mente era um exército de robôs que fizessem um milhão de negociações por dia. Ele precisaria contratar algumas pessoas de QI mais baixo para fazer as tarefas chatas, como procurar escritórios, alimentar os traders, pagar contas de serviços públicos e, provavelmente, muitas outras atividades em que não tinha pensado.

O acesso a um reservatório de altruístas efetivos dispostos era sua arma secreta. Sam não sabia quase nada sobre criptoativos, mas sabia como era fácil roubá-los. Quem abrisse uma empresa de trading de criptoativos precisaria confiar profundamente nos funcionários, pois qualquer um poderia apertar um botão e ligar o criptoativo a uma conta pessoal sem que ninguém mais tivesse a mínima ideia do que tinha acontecido. As empresas de Wall Street não eram capazes de gerar esse nível de confiança, mas o altruísmo efetivo era.

Até aquele momento, Sam não tinha comandado praticamente nada na vida nem fora vagamente responsável por outras pessoas. Na casa dos pais durante o ensino médio, ele organizou a caça aos enigmas. Passou anos como "comandante" de uma irmandade de 25 pessoas no MIT. Agora que abria a própria empresa, lhe passou pela cabeça que deveria ler mais sobre como administrar pessoas. Mas toda vez que folheava livros ou artigos sobre administração ou liderança, tinha mais ou menos a mesma reação que teve na aula de literatura. Um especialista dizia X, o outro dizia o contrário de X. "Era tudo bobagem", disse ele.

Por outro lado, ele tinha faro para o talento. Sua avaliação dos outros era sempre muito mais precisa do que a avaliação que os outros faziam dele. O primeiro telefonema, que deu antes mesmo de sair da Jane Street, foi para Gary Wang. Sam esbarrou com Gary no acampamento de matemática do ensino médio, mas só o conheceu melhor na faculdade. Nascido na China, mas criado principalmente nos Estados Unidos, estava um ano atrás de Sam no MIT e morou na mesma república de nerds. Mesmo lá ele se destacava: entre os introvertidos tímidos e com dificuldades sociais, Gary era sempre o mais tímido, o que tinha mais dificuldade social e o mais introvertido. Tinha um rosto claro e despreocupado e um sorriso angelical, mas... nenhuma palavra. As pessoas que trabalhavam a seu lado durante meses se convenciam de que ele simplesmente não falava. Alguns achavam esse silêncio rude, mas estavam enganados. Ele era inevitável. Em resposta à tentativa dos outros de engajá-lo, o máximo que ele conseguia era um sorriso de desculpas. Fora isso, Gary ficava de costas para o mundo, com os olhos fixos na tela do computador.

Com Sam, por alguma razão, ele fez uma exceção. Sam observou Gary vencer competições de codificação no MIT e escutou pessoas que sabiam muito mais programação do que ele falarem sobre Gary ser um gênio. Sam também participou de partidas intermináveis de jogos de tabuleiro com Gary. Talvez esse jogos fossem a única maneira de conhecê-lo. "Em última análise, vi o que ele era e não desdenhei dele; muita gente só desdenhava dele", disse Sam. "Apesar de muito calado, Gary não tinha tanto medo assim do mundo. Era muito inteligente. Era bom nos jogos e podia trabalhar com coisas que não fossem superliterais."

Dali a algum tempo, quando estavam a sós, Gary falou com Sam. Quando Gary abriu a boca, Sam ficou tão impressionado que tentou fazer a Jane Street contratá-lo. Mas Gary arruinou as entrevistas por não falar. Depois de formado no MIT, ficou em Boston e trabalhou como programador no Google Flights. Em suas últimas semanas na Jane Street, Sam foi a Boston só para contar a Gary seu plano de ganhar 1 bilhão de dólares negociando criptoativos para causas altruístas efetivas (Sam tinha convertido Gary ao altruísmo efetivo). "Ele estava superentediado no Google Flights", disse Sam. "Em poucas horas, ele respondeu que provavelmente toparia." Então, Sam ligou para Tara e lhe disse que tinha encontrado o diretor de tecnologia e que ela precisava conversar com Gary. Tara ligou para Gary e... bom, foi uma experiência estranha. É complicado falar ao telefone com alguém que não fala. Tara disse isso a Sam, que respondeu: "Sabe, você não está conseguindo ver todo o panorama. Espere até conhecê-lo pessoalmente".

Isso aconteceu em outubro de 2017, quando Sam, Tara e Gary se reuniram numa casa em Berkeley e usaram o bônus de Sam na Jane Street para fazer as primeiras negociações — com Sam se encarregando de falar. Nisso, já se espalhava pela comunidade crescente de altruístas efetivos a notícia dessa nova e estranha aventura altruísta para ganhar dinheiro. Todo tipo de gente, sem experiência no trading e nenhum interesse específico em dinheiro, começou a aparecer e oferecer seus serviços. Um dos primeiros foi alguém que acabaria tendo um papel central no mundo de Sam: Nishad Singh.

Nishad tinha 21 anos e era recém-formado no *campus* de Berkeley da Universidade da Califórnia. Também havia sido o melhor amigo do irmão caçula de Sam no ensino médio. Como colegas em Crystal Springs Uplands, Gabe e Nishad se tornaram veganos juntos; depois, na faculdade, passaram a ser altruístas efetivos. Depois de concluir a faculdade, Nishad seguiu o caminho do altruísmo efetivo preconizado por Will MacAskill e procurou o emprego com o maior salário possível para doar seus ganhos a causas que salvassem vidas. Ele começou com 300 mil dólares por ano no Facebook, mas, depois de apenas cinco meses, perdeu o gosto pelo trabalho. "A dinâmica era toda um troço muito retardado", disse ele. Ele soube que Sam Bankman-Fried tinha saído da Jane Street para gerar ainda mais dinheiro para o altruísmo efetivo e foi todo ouvidos. Ligou para Sam e lhe perguntou o que estava fazendo. "Apareci no apartamento deles", recordou Nishad. "Eram só Sam, Gary e Tara. Eles me mostraram a coisa e Sam falou: 'Observe como faço essas negociações'. Ele deu alguns cliques e disse: 'Acabei de ganhar 40 mil dólares'. E eu fiquei: 'Caramba! É sério?'."

Como Gary, Nishad era filho de imigrantes. Os pais foram da Índia para o Vale do Silício com pouco dinheiro, transformaram-se em norte--americanos de classe média alta e nunca pararam de avançar. O fato de ignorarem as pessoas famintas à beira da estrada quando visitavam a Índia incomodava Nishad, e ele disse isso aos pais. Nishad ficou ainda mais incomodado quando tomou consciência de como os animais eram tratados para acabarem como jantar da família, e também lhes disse isso.

"Ninguém é moderado quando criança. A gente sente como é horrível. Não há muito que uma criança possa fazer, mas isso eu podia." No ensino médio, ele lia Peter Singer e estava numa jornada moral que os pais consideravam levemente ridícula. "A atitude de meus pais era: 'Se ninguém se preocupa com essas coisas; deve significar que não há com o que se preocupar'. A verdade é que parei de falar sobre o assunto, porque eles só saíam de perto." Os pais ficaram ainda mais desnorteados com a virada do filho para o altruísmo efetivo na faculdade. "Achavam que doar as coisas era loucura", contou Nishad.

Talvez por essa razão, Joe e Barbara, os pais de Gabe, se tornaram figuras importantes para Nishad. "Foram os primeiros adultos a me levar a sério", disse ele. "E isso fez com que eu me levasse a sério." Por outro lado, era como se o irmão mais velho de Gabe nem existisse. No ensino médio, Sam teve quase nada a ver com Gabe nem com nenhuma outra pessoa; ele raramente saía do quarto. "Eu só pensava em Sam como um gênio recluso", disse Nishad. "Era como se ele não pertencesse à adolescência."

Agora como jovem adulto, frente a frente com o gênio recluso, Nishad tinha algumas perguntas a fazer. A primeira foi: "Como é que o mercado de criptoativos permitiu a você fazer 40 mil dólares?". Sam explicou como a Jane Street ganhava dinheiro e acrescentou que os mercados de criptoativos eram dominados por negociantes de varejo que não prestavam muita atenção às discrepâncias de preço entre as exchanges ou bolsas de cripto. A isso, Nishad respondeu: "Por que a Jane Street ou qualquer outra empresa de negociação de alta frequência não assume o mercado de criptoativos?". Sam explicou que a Jane Street e, provavelmente, as outras estavam começando a despertar para os criptoativos, mas que levariam meses para atenuar o medo de que fosse um imenso empreendimento criminoso. "Sou engenheiro", disse Nishad. "Não sei nem a diferença entre uma ação e um título. Como poderia ser útil?" Ao que Sam respondeu: "Não se preocupe, não importa que você nunca tenha negociado títulos. É só mais um problema de engenharia e, quando adquirir um pouquinho de conhecimento, você será capaz de ajudar a codificar o sistema de negociação".

"Então, quais são os riscos?", perguntou Nishad.

COMO PENSAR SOBRE BOB

"Falirmos", declarou Sam.

Eles não faliram, pelo menos não no começo. Naquelas primeiras semanas, não ganharam dinheiro de verdade, tinham poucas pessoas e o dinheiro do bônus de Sam. No fim de dezembro, contrataram várias pessoas e aumentaram o capital para 25 milhões de dólares. Gary, sozinho, escreveu o código de um sistema quantitativo inteiro. Naquele mês, eles geraram vários milhões de dólares de lucro. Em janeiro de 2018, o lucro subiu para meio milhão de dólares *por dia*, sobre uma base de capital de 40 milhões — quando um altruísta efetivo chamado Jaan Tallinn, que fez fortuna com o Skype, lhes entregou mais 130 milhões de dólares para brincar.

O trading foi, desde o começo, caótico. Boa parte do dinheiro que ganharam nos dois primeiros meses veio de apenas duas operações. O frenesi da demanda de bitcoin criou distorções estranhas no mercado global de criptoativos. Em dezembro de 2017, os especuladores varejistas da Coreia do Sul levaram o Bitcoin a preços 20% mais altos do que nas bolsas norte-americanas, às vezes até mais. Quem desse um jeito de vender criptoativos na Coreia do Sul e, ao mesmo tempo, comprar fora dela obtinha vastos lucros. Mas não era fácil fazer isso. Para começo de conversa, se o intuito era abrir uma conta em criptoativos numa bolsa sul-coreana, era preciso ser sul-coreano. "Encontramos na Coreia do Sul um amigo estudante de pós-graduação e negociamos em seu nome", recordou Nishad, que agora via por que a Jane Street levaria algum tempo para exportar a eficiência radical para o mercado de criptoativos. A Jane Street farejava problemas com a lei; se saísse no *New York Times* que tinha contratado um aluno de pós-graduação sul-coreano como laranja de seus negócios, a situação seria no mínimo constrangedora. "A coisa ficava no limite da ilegalidade, mas, na prática, quem vai atrás de quem faz isso?", perguntou Nishad. "Ninguém." Foi o comecinho da educação financeira de Nishad: havia leis que, em teoria, governavam o dinheiro; e havia o que as pessoas realmente faziam com o dinheiro. "Foi aí que aprendi o que é a lei", disse Nishad. "A lei é o que acontece, não o que está escrito."

Fingir que eram sul-coreanos era a parte fácil. Era ilegal que sul-coreanos vendessem mais de 10 mil dólares em wons sem permissão do

Banco Central. Mesmo que encontrassem um estudante de pós-graduação sul-coreano para servir de laranja, ainda era preciso dar um jeito de transformar os wons em dólares. Senão, você acabava com um monte de wons na Coreia do Sul (dos bitcoins que vendeu na bolsa sul-coreana) e um monte de bitcoins que comprou em alguma bolsa norte-americana de criptoativos. A operação não seria concluída. O ideal seria vender ao mesmo tempo os bitcoins em won na Coreia do Sul, trocar os wons por dólares, usar esses dólares para comprar bitcoins (com 20% de desconto) nos Estados Unidos e remeter esses bitcoins de volta à Coreia do Sul, ficando sem bitcoins e com um lucro de 20% na operação. Mas o governo sul-coreano não deixava vender os wons.

Não foi a primeira coisa que passou pela cabeça de Sam, mas ele pensou em comprar um avião jumbo, enchê-lo de sul-coreanos com pastas que contivessem, cada uma, 10 mil dólares em wons e ir e voltar de Seul a uma ilhota no litoral do Japão. "O problema é que isso não era escalável", disse Sam. "Para valer a pena, precisaríamos de dez mil sul-coreanos por dia, o que provavelmente chamaria tanta atenção que seríamos impedidos. Assim que detectasse alguém com dez mil sul-coreanos levando pastas cheias de wons, o Banco Central sul-coreano determinaria: 'Vamos fazer uma regra nova'."

Mas era tentador. Houve momentos em que o preço do Bitcoin na Coreia do Sul ficou 50% mais alto do que nos Estados Unidos. Naquele ponto, nem moeda era necessário. Bastava comprar com os wons uma imensa quantidade de *qualquer coisa* que pudesse ser vendida fora da Coreia do Sul por uma imensa quantia em dólares. Por um breve período, Sam pensou em criar uma empresa de importação e exportação de Tylenol. Comprar os comprimidos com wons na Coreia do Sul e vendê-los por dólares nos Estados Unidos.

Sam e seus colegas altruístas efetivos tiveram uma dúzia de ideias como essa até se decidirem pela Ripple. A RippleNet era uma plataforma que foi criada em 2012 por alguns empreendedores de criptoativos e que prometia desempenhar na vida financeira cotidiana o papel que o Bitcoin deveria ter. Boa parte do apelo teórico do XRP, a moeda da Ripple, era ser neutra em carbono, ao contrário do Bitcoin, que gastava imensa energia para se manter. O apelo real da Ripple era o mesmo do Bitcoin: o preço da moeda subia e descia muito, tornando divertido apostar nela. No fim de 2017, muita gente negociava XRP em todas as principais bolsas de criptoativos. Nas bolsas sul-coreanas, comparadas às bolsas dos Estados Unidos, o XRP era negociado a valores ainda maiores do que o Bitcoin.

Se um Bitcoin custasse 20% mais na Coreia do Sul do que nos Estados Unidos, a moeda da Ripple custava 25% mais. A Ripple oferecia um caminho para aproveitar a insanidade do mercado sul-coreano de criptoativos: vender XRP na Coreia do Sul, usar o won para comprar bitcoins, enviá-los para os Estados Unidos, vendê-los por dólares e usar os dólares para comprar XRP, que então poderiam ser enviadas de volta à Coreia do Sul. O Bitcoin ainda custava 20% mais na Coreia do Sul do que nos Estados Unidos, mas o ganho de 25% com os tokens da Ripple mais do que compensavam. Os 20% que se poderia ganhar em cada negociação encolhiam para 5%, mas o lucro ainda era absurdo, até mesmo, digamos, pelo padrão da Jane Street. O único risco eram os cinco a trinta segundos que a negociação levava.

Ou pelo menos assim parecia quando a Alameda fez a operação pela primeira vez. Então, em certo dia de fevereiro, alguém — não Sam, que operava freneticamente — notou as Ripple desaparecidas. Quatro milhões de dólares tinham desaparecido. Para falar a verdade, na época não ficou claro se tinham sumido para sempre. Sam e seus traders, com o sistema criado por Gary, faziam 250 mil operações por dia. Eram tanta Ripple e tanto Bitcoin voando de lá para cá a cada segundo que seria minimamente possível que alguma Ripple sumida estivesse simplesmente em trânsito. Sam desconfiou que os 4 milhões de dólares em Ripple tinham sido enviados da bolsa dos Estados Unidos (e debitados da conta da Alameda) e chegado à bolsa da Coreia do Sul, mas que a bolsa sul-coreana estava demorando para creditar o valor na conta da Alameda. Os outros integrantes da equipe administrativa não se convenceram. Insistiram que Sam parasse de negociar para que descobrissem onde estavam as Ripples.

Sam enfim concordou. Parou de negociar por duas semanas. Os outros integrantes da equipe administrativa confirmaram que milhões de dólares em Ripple tinham de fato sumido. Nesse momento, todos, menos Sam e talvez Gary, ficaram aborrecidos. "Achamos que precisávamos contar aos investidores e aos funcionários para que reconsiderassem suas opções, mas Sam detestou a ideia", disse um dos administradores da empresa. Ele continuava a insistir que o sumiço de Ripple não tinha muita importância. Não achava que alguém tivesse roubado. Na verdade, nem acreditava que estivessem perdidas nem que devessem registrá-las como perdidas. Ele disse aos administradores que, em sua estimativa, havia uma probabilidade de 80% de que aparecessem. Portanto, deveriam contar que ainda tinham 80% delas. A isso, um dos outros administradores respondeu: "Se nunca recebermos nenhuma das Ripple de volta, ninguém vai achar sensato termos declarado que tínhamos 80% das Ripples. Todos vão dizer que mentimos e os investidores nos acusarão de fraude".

Essa linha de pensamento deixou Sam irritadíssimo. Ele detestava que situações inerentemente probabilísticas fossem interpretadas em preto ou branco, bom ou ruim, certo ou errado. Boa parte do que tornava sua abordagem da vida diferente da visão da maioria era a disposição de atribuir probabilidades e agir com base nelas e a recusa de se influenciar com qualquer ilusão de que o mundo seria mais cognoscível do que era na realidade. As Ripple sumidas lhe lembravam uma de suas situações hipotéticas favoritas. "Você tem um amigo íntimo chamado Bob", dizia ele. "Ele é ótimo, você o adora. Então, Bob vai a uma festa e alguém é assassinado. Ninguém sabe quem matou. Há vinte pessoas na festa e nenhuma delas é criminosa. Mas, para você, Bob é o que tem menos probabilidade de matar alguém. No entanto, você não pode dizer que há zero chances de Bob ser o assassino. Alguém foi morto, e ninguém sabe quem foi o responsável. Você pensa que há uma probabilidade de 1% de ter sido Bob. Como encara Bob agora? O que Bob é para você? E não há atualização: não há informação nova sobre Bob."

Uma das conclusões era de que você não deveria se aproximar de Bob nunca mais. Pode haver uma probabilidade de 99% de que Bob seja o santo que você sempre pensou que fosse, mas, se estiver errado, você morre. Soava problemático tratar o caráter de Bob como uma questão de probabilidade. Bob era um assassino a sangue-frio ou não. Em perspectiva, qualquer probabilidade atribuída antes de descobrir a verdade sobre Bob parecia injusta e até absurda. "Não se pode dar um palpite que tenha imensa probabilidade de estar mais ou menos correto", disse Sam. "Bob é completamente inocente ou muito culpado." Mas, na opinião de Sam, atribuir uma probabilidade ao caráter de Bob era a única maneira de pensar sobre ele ou, na verdade, sobre qualquer situação incerta. "Não é suficiente dizer: 'Bob é o tipo de sujeito de quem não quero me aproximar'. Portanto, qual é a probabilidade de dizer: 'Tudo bem, vou me afastar de Bob até a situação se resolver'?", perguntou Sam. "Isso dá um nó na cabeça. Não há uma forma justa de lidar com Bob." Em geral, as incertezas da vida zombam da abordagem probabilística, mas, na opinião de Sam, na verdade não havia qualquer outra abordagem. "Muitas coisas são como Bob", disse Sam. "Achei que as Ripples eram como Bob. Nós as receberíamos de volta ou não."

No início de abril, os executivos da Alameda Research deixaram de se interessar pelos experimentos de Sam. "Depois da pausa nas negociações, eu esperava que Sam melhorasse, mas isso não aconteceu", disse um deles. "Algo como: 'Ei, temos um grande problema. Não sabemos onde está o dinheiro. Mas sabemos que não temos tanto quanto pensávamos'." Todos estavam fartos da teimosia de Sam, que não gerenciava ninguém. Passaram a temer o fato de ele não se preocupar em descobrir onde exatamente estava o dinheiro. A empresa fazia 250 mil operações por dia, e o sistema perdeu ou deixou de registrar um grande número delas. Entre os muitos problemas dessa contabilidade fajuta estava a dificuldade de fazer uma declaração tributária honesta. "Como vamos passar por uma auditoria se perdemos 10% de nossas transações?", perguntou Tara. As Ripples sumidas foram a gota d'água. "A possibilidade de perder algumas centenas de milhões de dólares que serviriam para resolver os problemas do mundo era uma aposta alta demais", disse Ben West. Naquelas circunstâncias, eles acharam insanidade continuar as negociações, mas Sam insistiu. Os mercados de criptoativos não ficariam ineficientes por muito tempo. Precisavam aproveitar os bons ventos.

Infelizmente, o vento parou de soprar. Quando o preço dos criptoativos despencou em fevereiro, o frenesi asiático passou e a lacuna de preço entre as bolsas asiáticas e norte-americanas sumiu. Ao mesmo tempo, as Ripples continuavam desaparecidas, e o lucro das negociações se transformou em prejuízo. Em janeiro, ganharam meio milhão de dólares de lucro por dia ao negociar 40 milhões de dólares de capital; em fevereiro, com um capital quatro vezes maior, perderam meio milhão de dólares por dia. Além do alarme de todos com a imprudência de Sam, os integrantes da equipe administrativa não estavam em perfeito consenso com relação à opinião que tinham sobre ele. Fazia tempo que Tara tinha decidido que Sam era falso e manipulador. Ben ainda o considerava bem-intencionado, mas péssimo no trabalho. Uma coisa era certa: todos se sentiam numa missão suicida. "Conversei com Tara e Peter [McIntyre, outro executivo]", recordou Ben, "e estávamos falando sobre ajudar Sam; a conversa mudou para: 'Como nos livrar de Sam?'".

Como tudo na Alameda Research, a aposta de se livrar de Sam se mostrou complicada. Para começar, Sam era dono da empresa inteira; ele a estruturou de modo que ninguém mais tivesse participação, só promessas de participação mais adiante. Numa reunião tensa, os outros administradores se ofereceram para comprar a parte dele, mas por uma fração do que Sam achava que a empresa valia, e a oferta vinha com letrinhas miúdas diabólicas: Sam continuaria responsável por todos os tributos sobre qualquer lucro futuro da Alameda. Alguns colegas altruístas efetivos queriam que Sam falisse, quase como um serviço à humanidade, para que ele nunca mais pudesse operar no mercado. "Ele parecia sentir muita pena de si mesmo", escreveu Ben sobre Sam depois da reunião. "Eu lhe lembrei que todos na empresa tinham se sacrificado muito."

Entra em cena Nishad. Ele era um rapaz quase dolorosamente atencioso: o tipo de pessoa que, depois de dar sua opinião, a reexplica de quatro maneiras diferentes para se assegurar de não ter ofendido ninguém. Ele via mérito nos dois lados de qualquer discussão. E, por mais jovem que fosse, agora assumia o incômodo papel de barreira humana entre Sam e as pessoas que, talvez, não o compreendessem plenamente — ou seja, todo mundo, menos Gary. "Acho que foi porque priorizo a pessoa acima do trabalho, e Sam é o exato oposto", disse Nishad. "Apesar de emocionalmente desatento, sou muito mais atento do que Sam." Nishad seria o primeiro a admitir naquele momento que não sabia coisa alguma sobre gestão de pessoas — em especial pessoas tão fixadas na carreira como ferramenta para maximizar o valor esperado da vida. "Tentei pensar em como representaria o papel de um bom gestor", argumentou ele. "Achei que talvez precisasse fazer reuniões semanais com cada um para verificar seus sentimentos, dar bom feedback e coisas do tipo. Sam não atendia a nenhum desses critérios. Todos continuavam se queixando que ele olhava o computador enquanto falava e dava meias respostas. E resistia à ideia de que alguém poderia lhe dizer algo que ele não saiba."

Quando o desentendimento entre Sam e os outros diretores ficou feio, Nishad foi trazido para fazer a mediação. "Em suma, eu concordava que Sam era um péssimo gestor. Era indiscutivelmente terrível." Mas, enquanto Sam ficava carrancudo e isolado, os outros membros da equipe administrativa, na opinião de Nishad, estavam excessivamente ofendidos. "As discussões eram absolutamente malucas", recordou ele. "Uns achavam que Sam deveria ser excomungado por enganar os altruístas efetivos e desperdiçar seu talento. E que 'a única maneira de Sam aprender era realmente falindo'. Eles disseram a nossos *investidores* que Sam fingia ser altruísta efetivo, porque foi a pior coisa em que puderam pensar." Mas arruinar Sam não era suficiente; eles esperavam ser pagos na saída. "Queriam indenização, embora estivessem se demitindo e fosse uma operação deficitária na qual não tinham participação", disse Nishad. "Diziam que Sam tinha de comprar a saída deles e que valiam mais do que 100% do valor da empresa toda porque Sam era uma influência negativa."

Ocorreu a Nishad que a relação dos altruístas efetivos com o dinheiro era bem bizarra. Basicamente, todos os funcionários e investidores da Alameda Research estavam comprometidos a doar todo o seu dinheiro mais ou menos às mesmas causas beneficentes. Assim, pode-se supor que não se preocupavam muito com quem ficaria com o dinheiro, pois ele serviria para salvar a vida das mesmas pessoas que nenhum deles jamais conheceria. No entanto, esta seria uma suposição errada; nos tratos financeiros, os altruístas efetivos eram mais implacáveis do que os oligarcas russos. Seus investidores lhes cobravam uma taxa de juros de *50%*. "Não era um empréstimo normal", disse Nishad. "Era um empréstimo leonino."

Num empreendimento que deveria ser colaborativo, Sam se recusou a dividir as ações com os outros. Agora, todos esses altruístas efetivos nada lucrativos exigiam receber milhões para sair — e faziam o possível para destruir a reputação de Sam no mundo externo até serem pagos. "Foi superesquisito", disse Nishad. "Parecia maluquice que o dinheiro fosse o nosso foco. Eu achava que se preocupar com o dinheiro em si era falência moral."

No fim, para Sam sair era preciso que ele quisesse fazer isso, e a verdade é que Sam não queria. Assim, em 9 de abril de 2018, toda a equipe administrativa e metade dos funcionários saíram pela porta com algo entre 1 e 2 milhões de dólares de indenização. Naquele momento, os investidores externos ficaram na mesma posição incômoda do amigo de Bob. Ouviram duas histórias radicalmente diferentes sobre Sam, uma da equipe administrativa, outra de Sam. Mas, como disse um deles, "não havia uma prova concreta". Não havia o que pudesse efetivamente condenar Sam; como disse Tara, foram "cem pequenas coisas". Os investidores não sabiam em que ou quem acreditar, nem mesmo como descobrir em que ou quem acreditar. "Pode haver razões para eu não confiar em Sam, mas é algo meio sutil", disse um deles. Todos tinham ganhado dinheiro com startups; todos sabiam que startups são caóticas. Agora, tinham de decidir: Sam era um falso altruísta efetivo e uma pessoa implacável que iria roubar ou perder todo o dinheiro deles ou aquelas outras pessoas eram simplesmente inadequadas para trabalhar num fundo de hedge iniciante? Não havia uma terceira alternativa, e eles chegariam a uma conclusão de forma probabilística. Praticamente todos mantiveram dinheiro investido na Alameda, mas reduziram o tamanho do aporte. O capital à disposição de Sam despencou de 170 milhões para 40 milhões de dólares. Ele não poderia operar tanto quanto antes, mas ainda poderia operar.

Os funcionários restantes também estavam na posição do amigo de Bob, porque a maioria deles não entendia o que tinha acontecido. Sam tinha absorvido plenamente a técnica administrativa da Jane Street de só deixar os soldados rasos verem um pedacinho do quebra-cabeça e reservar para si a visão do todo. Gary, embora sem querer, fez algo parecido com o programa de computador, que era indecifrável para todos, menos para ele. "Gary era a única pessoa que sabia como programar, e ele não falava com ninguém", disse Nishad. A empresa parecia uma caixa-preta para quase todo mundo que ainda estava dentro dela. Por algum tempo, Nishad ficou em cima do muro quanto a permanecer, mas decidiu que, por mais inepto que Sam fosse com seres humanos e por menos que entendesse o que Gary tinha criado, preferia apostar em Sam e Gary e ver o que aconteceria. Ele faria o possível para ensinar a Sam sobre os sentimentos dos outros. "Uma coisa que acho que faria as pessoas se sentirem ouvidas nas reuniões individuais", escreveu ele a Sam pouco depois de metade da empresa sair, "é você lhes perguntar sobre seu estado emocional geral e sobre suas interpretações emocionais".

O que aconteceu depois parece vagamente inacreditável. Sem mais ninguém para discutir com ele, Sam ligou o interruptor e deixou o Modelbot trabalhar. "Nós o ligamos e, no mesmo instante, ele começou a ganhar muito dinheiro", disse Nishad. Então, eles enfim encontraram os 4 milhões de dólares em XRP sumidos. Primeiro, descobriram seu itinerário: foram mandadas da Kraken, uma bolsa norte-americana de criptoativos, a uma bolsa sul-coreana chamada Bithumb. Então, viram que a linguagem de computador usada nas duas bolsa não era perfeitamente compatível. A Bithumb recebeu os XRP da Kraken, mas não o nome do proprietário dos tokens. A bolsa sul-coreana não percebeu o problema porque era específico das moedas da Ripple — não acontecia com nenhuma outra criptomoeda — e só havia um único grande trader no mercado enviando uma quantidade imensa delas da Kraken para a Bithumb. Dentro da Bithumb, na Coreia do Sul, os funcionários viram uma quantidade imensa de XRP se empilhar sem nenhuma indicação de quem fosse o dono. Quando descobriu onde estariam os XRP sumidos, Sam telefonou diretamente para a Bithumb. A ligação foi transferida cerca de três vezes dentro da empresa até que uma voz finalmente disse: "Você é o filho da puta que nos mandou uns 20 milhões de tokens Ripple? Por que só agora está nos ligando?". Ao fundo, Sam ouviu alguém gritar: "Cacete, achamos!".

Eles até pagaram seus impostos (Sam buscou o pai para ajudar nisso). E a Alameda voltou a apurar um lucro de milhões de dólares por mês no trading. Mas não era mais a mesma empresa. Não era mais um sortimento aleatório de altruístas efetivos. Era uma equipe pequena que passou por um drama alarmante e que agora confiava em Sam. Ele estivera certo o tempo todo! Para os que ficaram — e até para alguns que saíram —, Sam passou de alguém que não inspirava muita confiança para um líder a ser seguido, mesmo que não se compreendesse por completo o que fazia nem o porquê. ("No fim, eu estava errado, e deveríamos nos dispor a ter um apetite de risco mais alto", disse mais tarde um dos integrantes da equipe administrativa que deixou a Alameda.) Uma empresa esquisita desde o princípio ficou ainda mais esquisita. As pessoas de lá eram as mais capazes de ajustar pensamentos e sentimentos aos de seu criador.

"Para Sam: Desculpe eu escrever tudo isso em terceira pessoa. Decidi lhe enviar apenas depois de terminar a mensagem", escreveu Caroline no fim de 2018. O torvelinho foi estressante para Caroline; mas ela largara o emprego na Jane Street e não tinha um lugar óbvio para onde ir. Assim, embora não soubesse direito em que ou quem acreditar, Caroline ficou. A poeira baixou sobre o que foi chamado de Cisma, e só Sam ainda ruminava o significado daquilo tudo. A Alameda Research se endireitou e era sempre lucrativa. Mas, para Caroline, não estava tudo bem. Por isso, agora ela escrevia ao chefe.

"Qual é o problema?", perguntou ela, no que, à primeira vista, parecia um memorando de negócios.

Tenho sentimentos românticos muito fortes por Sam.

Não era um memorando! Só estava escrito em "corporativês".

Por que isso é um problema?

Esses sentimentos consomem uma tonelada de espaço cerebral.

Isso me impede de pensar em outras coisas importantes e ocupa boa parte de meu tempo.

Esses sentimentos muitas vezes são bons e positivos, mas, em termos líquidos, são desagradáveis.

Afetam minha capacidade de trabalhar.
– Principalmente por amplificar sentimentos ligados ao trabalho de maneira inútil, como: "Fiz um serviço ruim nisto aqui" –> "agora Sam vai me odiar" –> triste

O memorando tinha quatro páginas. Ela claramente queria ser ouvida e, com a mesma certeza, sentia que era provável que o público-alvo jogasse videogame enquanto meio que escutava. Mas continuou mesmo assim e soou lógica, ou pelo menos sensata, a respeito do que, no fundo, eram necessidades emocionais.

Eu me sinto envergonhada porque a situação atual só parece o resultado óbvio de todas as escolhas que fiz. Mas não tenho certeza do que deveria ter feito de outra maneira. É possível que não devesse trabalhar na Alameda, para começar, embora, francamente, na época eu não achasse que seria um problema ("meio atraída por meu chefe" também era uma questão quando trabalhei com Turner e 100% não foi um problema). Talvez não devesse ter dormido com Sam, embora naquele momento parecesse um sentimento/ desejo que piora com o tempo e se torna insuportável, a menos que eu fizesse alguma coisa.

Quanto a Sam, ela imaginou o que ele podia estar pensando dela. ("A última coisa que me disse foi que se sente 'conflitado'. Imagino que os desejos conflitantes aqui sejam querer dormir comigo etc. contra a preocupação com consequências profissionais negativas.") Ela listou as coisas que Sam fez que a incomodaram, entre elas dar "sinais confusos, por exemplo, me dizer que se sentia conflitado por fazer sexo comigo, depois fazer sexo comigo, depois me ignorar por meses". Ela tentou uma análise de valor esperado da relação clandestina que tinham, começando com o custo:

- *escândalo se revelada*

- *conflito de interesse*
- *tensões ligadas ao trabalho*

Ela terminou se perguntando se não seria melhor largar o emprego na Alameda Research e cortar todo o contato com Sam. Por outro lado...

- *Seria ideal eu e Sam termos uma conversa para entender os sentimentos um do outro e chegar a uma conclusão sobre o que fazer.*

Ideal, talvez. No entanto, improvável, na melhor das circunstâncias, e logo as circunstâncias pioraram. Pouco depois de Caroline escrever o memorando a si mesma e em seguida mostrá-lo a Sam, ele partiu para Hong Kong numa viagem que deveria ser breve. Depois de ler o memorando, ele ligou para as cerca de quinze pessoas que ainda trabalhavam para ele no centro da cidade de Berkeley para dizer que não voltaria.

6

AMOR ARTIFICIAL

No fim de outubro de 2008, alguém que se intitulava Satoshi Nakamoto
— e que surpreendentemente até hoje conseguiu manter sua identidade
em segredo — publicou um artigo que apresentava a ideia do Bitcoin. Era
principalmente uma descrição técnica daquela que seria a primeira criptomoeda do mundo. O Bitcoin era uma "moeda eletrônica"; existia num
livro-caixa público chamado "proof-of-work chain" (cadeia de prova do
trabalho); toda vez que fosse transferida de uma pessoa a outra, a autenti-
cidade seria verificada por programadores que acrescentariam a transação
ao livro-caixa público; esses programadores, que acabariam chamados de
"mineradores" de bitcoins, eram pagos pelo trabalho em bitcoins novos; e
assim por diante.[14] (É interessante que a palavra "blockchain" não aparece
no artigo.) O funcionamento do Bitcoin interessava em particular aos
tecnólogos; o que ele podia fazer interessava a um público muito maior.
Ele permitiria que pessoas comuns saíssem do sistema financeiro existente

---

14 Por enquanto, isso basta como explicação dos criptoativos, pois é praticamente tudo o
que Sam Bankman-Fried sabia sobre eles ou, aliás, precisava saber para negociar bilhões
de dólares deles. Além disso, tantos escritores tentaram explicar ao público leigo o que é o
Bitcoin que não tem por que fazê-lo de novo. Veja, por exemplo, o excelente artigo "The
Crypto History", de Matt Levine, na revista *Bloomberg Businessweek*. O curioso é o Bitcoin
ser tão esquivo como coisa a entender. É comum ser explicado, mas, de certo modo, ele
nunca se mantém explicado. A gente faz que sim e acha que entendeu, mas, na manhã
seguinte, precisa ouvir toda a explicação outra vez.

e nunca mais confiassem na integridade dos seres humanos financeiros. "É necessário um sistema de pagamentos eletrônico embasado em provas criptográficas e não na confiança", escreveu Satoshi.

A confiança ou sua necessidade incomodava Satoshi, fosse quem fosse. O artigo não menciona a crise financeira global de 2008, mas, obviamente, aquela invenção foi uma resposta à crise. Se o Bitcoin se concretizasse, os bancos e governos não controlariam mais o dinheiro, afinal o Bitcoin podia ser armazenado e movido sem necessidade de bancos e seu valor não poderia ser erodido pelos governos. Não exigia confiar em nada nem ninguém, a não ser, é claro, na integridade e no projeto dos programas de computador. Era ao mesmo tempo um apelo ao dinheiro sólido e à desconfiança. Era ao mesmo tempo inovação financeira e protesto social. Os criptoativos eram como a pessoa que só vira sua amiga porque vocês dois têm um inimigo em comum. O tipo de pessoa atraído por ele, pelo menos no começo, era o que desconfiava dos grandes bancos, dos governos e de outras formas de autoridade institucional.

Zane Tackett era um bom exemplo desse tipo, embora chamar Zane de tipo seja deixar de lado a alegria e a razão de Zane. "The OG" ("O original"): era assim que os outros chamavam Zane. Em abril de 2013, com o preço do Bitcoin oscilando por volta de 100 dólares, Zane, então estudante da Universidade do Colorado, leu um texto estranho numa revista. O autor anunciava que ia se esconder e oferecia 10 mil dólares de prêmio a quem o encontrasse. O prêmio seria pago em bitcoins — que, explicou o autor, tinham a virtude de serem irreversíveis e impossíveis de rastrear.[15] Por algum motivo, o texto não fez Zane procurar o autor, mas despertou sua curiosidade sobre Bitcoin. Recentemente, tinha sofrido um golpe: vendeu pela internet um cartão colecionável da camiseta de Michael Jordan e o comprador cancelou a transação no cartão de crédito, mas ficou com o cartão colecionável. Zane ficou furioso com o sistema financeiro por permitir que isso acontecesse. Além disso, não gostava muito da ideia de ir para a faculdade e talvez estivesse mais suscetível a

---

15 Era verdade na época. Hoje, é o contrário, pois os rastreadores de criptoativos criaram ferramentas para explorar o fato de que toda transação com bitcoins é preservada para sempre na blockchain.

determinadas pessoas que lhe diziam o que fazer da vida em vez de ficar na faculdade. "Meu avô disse que era preciso ir à China aprender chinês porque os chineses vão dominar o mundo", contou Zane.

Ele aceitou o conselho e, depois do ensino médio, passou um ano na China; ao voltar, foi para a Universidade do Colorado. Comprou então alguns bitcoins, largou a universidade e se mudou para Pequim, onde arranjou emprego em uma bolsa de criptoativos chamada OKEx, onde foi a primeira pessoa não chinesa a trabalhar. As empresas chinesas eram impérios privados. Os funcionários eram tratados mais como vassalos do que como ativos valiosos. "Os empregados podem se foder, porque, se você é funcionário e se foder, vai fazer o quê?", perguntou Zane. "Não há qualquer tipo de proteção." O avô aprovou a fluência crescente no chinês, embora os pais temessem cada vez mais que ele se envolvesse com algo que não devia. E Zane continuou a adquirir mais bitcoins, e o preço do Bitcoin continuou a subir, e certo dia Zane ficou rico. "Ganhei um dinheiro absurdo, e aí fui citado no *Wall Street Journal* e meus pais concluíram que eu devia estar bem", disse Zane.

Em 2016, o preço do Bitcoin chegou a 400 dólares, e, além de rico, Zane era respeitado o suficiente para fazer negócios com bolsas de criptoativos e trabalhar onde quisesse no mundo. No mundo cripto, todo mundo conhecia e confiava em Zane. Ele tinha nome de pistoleiro, magreza de pistoleiro e agora perambulava, sem apego a nada nem ninguém, de um lugar a outro, como os pistoleiros supostamente perambulavam pelo Velho Oeste. Num mês, podia estar na Indonésia; no outro, na Argentina. Zane, como o Bitcoin, não tinha um lugar definido. Por princípio, ele administrava toda a sua vida financeira em bitcoins. Era pago em bitcoins e só pagava os outros em bitcoins. Gostava de afirmar sua fé no movimento em que entrara. "Eu meio que queria tirar do governo o poder sobre o dinheiro", disse ele. Zane, como o Bitcoin, tinha um código.

Em 2017, houve uma mudança no espírito do movimento em que ele entrou. Os entusiastas do Bitcoin acreditavam que Satoshi tinha criado um substituto do dinheiro respaldado pelo governo, mas não foi o dinheiro que o Bitcoin substituiu com mais facilidade, e sim as apostas. O aumento louco do preço do Bitcoin em 2017 atraiu uma geração de novos especuladores. Não era como a bolsa de valores: qualquer pessoa do mundo que soubesse usar um computador poderia negociar criptoativos a qualquer hora, em qualquer dia da semana. A nova demanda de objetos especulativos incentivou a criação de centenas de novas criptomoedas. Elas eram em geral vendidas a especuladores como investimento em alguma nova empresa, mas raramente a empresa tinha valor real. A venda inicial de uma nova criptomoeda chamada EOS rendeu 4,4 bilhões de dólares. Sem nada de útil para fazer com o dinheiro, os fundadores anunciaram que ele seria usado para a "gestão de ativos". A ganância incomodou Zane: "Ei, quer dizer que posso afirmar que vou montar um projeto, que receberei dinheiro para isso e que posso ficar com o dinheiro mesmo que não monte o projeto?". Provavelmente, a ganância deixaria Satoshi perplexo, assim como a própria ideia de uma bolsa de criptoativos. A vantagem original do Bitcoin era eliminar a necessidade de intermediários financeiros. Isso removia a credibilidade das negociações. Você poderia negociar seus bitcoins direta e facilmente, algo que você não poderia fazer com francos suíços, ações da Apple ou gado. No fim das contas, as pessoas que decidiram eliminar intermediários financeiros simplesmente criaram os seus próprios; até o início de 2019, havia 254 bolsas de criptoativos.

Em geral, os fundadores dessas primeiras corretoras não eram especialistas financeiros. Eram uma miscelânea de tecnólogos, libertários, idealistas e caubóis solitários, como Zane. As instituições criadas por eles — muito mais até do que, digamos, a Bolsa de Valores de Nova York — requeriam que os clientes confiassem neles plenamente. Se a Bolsa de Valores de Nova York roubasse o dinheiro, seus executivos iriam para a prisão. De qualquer modo, seria difícil para a Bolsa de Valores de Nova York roubar todo o dinheiro, porque ninguém guarda dinheiro na Bolsa de Valores de Nova York, e sim numa conta de investimentos gerenciada por um banco e supervisionada por outros órgãos reguladores. Já as novas bolsas de criptoativos não tinham órgãos reguladores. Atuavam como corretora e custodiante; além de possibilitar que você comprasse bitcoins, também guardavam os bitcoins comprados.

A coisa toda era esquisita: essas pessoas que se uniram pelo medo da confiança construíram um sistema financeiro paralelo que exigia ainda mais confiança dos usuários do que o sistema financeiro tradicional. Externas e muitas vezes hostis à lei, elas descobriram várias maneiras de entrar em conflito com a legislação. Era comum as bolsas de criptoativos extraviarem ou perderem o dinheiro dos clientes. Era comum as bolsas de criptoativos falsificarem dados de operações para parecer que tinham negociado muito mais do que na realidade. As bolsas de criptoativos eram alvo de hackers ou de traders desonestos que burlavam sua gestão de riscos.

Eis um exemplo dos jogos que aconteciam: várias bolsas asiáticas ofereciam um contrato em bitcoins com alavancagem de cem vezes. De vez em quando, algum trader descobria que podia comprar 100 milhões em bitcoins ao mesmo tempo que vendia a descoberto outros 100 milhões em bitcoins — e desembolsar apenas 1 milhão de dólares em cada operação. Não importava o que acontecesse com o preço do Bitcoin; uma das operações ganharia, a outra perderia. Se o Bitcoin subisse 10%, o trader desonesto ganhava 10 milhões na compra e sumia, deixando que a bolsa cobrisse os 10 milhões que tinha perdido na venda a descoberto. Mas a bolsa não tinha capital para cobrir o prejuízo; ele era socializado. Os clientes, em geral os que estavam no lado vencedor da negociação, é que pagavam. E o prejuízo podia ser imenso. A bolsa chinesa Huobi sofreu um prejuízo tão grande que cortou metade dos ganhos de todos os traders no lado lucrativo das operações.

Nas finanças tradicionais, baseadas no princípio da confiança, ninguém precisa confiar em ninguém de verdade. Nas criptofinanças, baseadas no princípio da desconfiança, as pessoas confiavam vastas quantias a desconhecidos. A situação estava longe de ser a ideal — e isso ficou claro para Zane Tackett em agosto de 2016. Naquele mês, a Bitfinex, bolsa na qual trabalhava, perdeu mais de 70 milhões de bitcoins para dois hackers que trabalhavam em Nova York. (Quando eles foram presos, o Bitcoin valia 4,6 bilhões de dólares.) Zane, que estava morando na Tailândia, teve de responder a mensagens de pessoas cujo dinheiro a Bitfinex perdeu. "Recebi muitas ameaças de morte e bilhetes suicidas por causa daquilo. As ameaças de morte soaram vazias, mas os bilhetes suicidas, não. Eram de cortar o coração: 'Entreguei a vocês o dinheiro de minha nova casa e agora ficaremos sem teto'." Zane detestou aquilo. Para ele, era questão de orgulho ser digno da confiança das pessoas que investiam em criptoativos.

Depois disso, Zane procurou um trabalho mais seguro num novo tipo de empresa de criptoativos. A companhia era especializada no mercado de balcão — isto é, compra e venda particular de grandes blocos de criptoativos a especuladores que, por várias razões, não queriam revelar o que faziam nas bolsas públicas. O cara que abriu a empresa tinha trabalhado no Goldman Sachs e sabia o que estava fazendo. Nos dezoito meses seguintes, Zane ganhou dinheiro fácil em mercados com spreads polpudos, de um ponto percentual ou mais, entre lances e ofertas. No fim de 2018, de repente o mercado mudou outra vez. Os spreads se reduziram drasticamente e passaram de 1% para *sete centésimos* de 1%. Algum trader enorme tinha entrado no mercado. Seja lá quem fosse, praticamente se estabeleceu na mesma hora como a influência oficial sobre o mercado de criptoativos. "Foi muito rápido", disse Zane. "E fiquei: *Que merda foi essa que aconteceu?*" A empresa de Zane estava no meio dos mercados de criptoativos e, por muitíssimo tempo, não teve a mais remota ideia de quem seria esse novo trader. "Então alguém disse: 'É um vegano que deseja doar todo o dinheiro a instituições de caridade'", disse Zane. "Então outro disse que esse mesmo vegano tinha se mudado para Hong Kong a fim de abrir sua própria bolsa de criptoativos."

Zane ficou curioso. Ele achou um *white paper* que o tal vegano tinha publicado e que propunha um novo tipo de bolsa de criptoativos. Ficou espantado. Com surpresa, viu que queria muito trabalhar para o tal vegano.

Tempos depois, Sam não se lembrava exatamente da razão de ter concordado em ir para a Ásia. Não era para ver paisagens em que não tinha interesse algum. Voar o atemorizava tanto que, antes da decolagem, precisava se medicar e ouvir música calmante. "Tinha uma descrença visceral de que um pedaço de metal pudesse voar", disse ele. O propósito declarado da viagem era comparecer a uma conferência sobre criptomoedas em Macau, mas, quando lá chegou, ele descobriu razões para ficar. Pela primeira vez desde sua entrada no mercado, Sam se viu na mesma sala que todos os grandes traders de criptoativos, muitos deles asiáticos. Também pela primeira vez, permitiu que pessoas fora de seu pequeno círculo de altruístas efetivos soubessem quem era e o que pretendia; o que causou alguns efeitos potentes.

Até aquele momento, no fim de novembro de 2018, a Alameda Research operava nas sombras. Negociava mais de 5% do volume total do mercado de criptoativos, mas ainda era um segredo. A Jane Street deu a Sam a opinião de que não havia lado bom na publicidade e que o melhor caminho era evitá-la. Ele negociava bilhões de dólares em criptoativos, mas nunca em seu próprio nome nem no da Alameda Research (cujo nome foi escolhido em parte para esconder o fato de que a empresa tinha algo a ver com criptomoedas). As bolsas de cripto asiáticas já estavam tão acostumadas a clientes que não queriam expor sua identidade que algumas davam pseudônimos a quem começava a operar com elas. A BitMEX, uma das maiores bolsas da época, conferiu nomes fictícios, que eram palavras geradas de forma aparentemente aleatória, às contas de trading da Alameda Research. Shell-Paper-Bird ("concha-papel-pássaro") era um deles. Hot-Relic-Fancier ("apreciador de relíquias quentes") era outro, tão engraçado que os traders da Alameda encomendaram a pintura de um Hot Relic Fancier. No ranking de traders de criptoativos mais lucrativos do mundo na BitMEX, Shell-Paper-Bird e Hot-Relic-Fancier estavam entre os dez mais. Ninguém fazia ideia de que eram o mesmo trader nem de que trader seria. Isso mudou em Macau.

"Sou Hot-Relic-Fancier", dizia Sam ao ser apresentado a quem considerasse importante na conferência.

"Ah, não é mesmo", era a reação típica.

O próprio Sam sabia que não era digno de crédito: afinal ele era um sujeito branco de 26 anos com corte de cabelo de lunático, bermudas largas e camiseta amarrotada. Era preciso que Sam pegasse o celular, abrisse a conta e lhes mostrasse o dinheiro para que as pessoas acreditassem. Depois de fazer isso algumas vezes, muita gente quis conhecer Sam. Ele nunca foi bom em encontros cara a cara, mas agora tinha de admitir que o efeito era espantoso. Semanas antes de ir para a Ásia, uma das grandes bolsas de cripto chinesas tinha, sem uma razão óbvia, congelado a conta da Alameda com um monte de dinheiro. O atendimento ao cliente não retornou as ligações. Depois de encontrar Sam em pessoa, os chefes da bolsa lhe devolveram o dinheiro. "De repente, estou numa sala com pessoas importantes de todas as empresas de criptoativos", disse Sam. "Minha agenda está cheia de reuniões, todas mais interessantes do que a reunião mais interessante que tive na Bay Area." Com muita frequência, as pessoas que encontrava não sabiam o que pensar dele nem da Alameda Research. "Não havia ninguém como nós por aí", disse Sam.

Naquele momento, o próprio Sam não tinha muita certeza do que pensar sobre a empresa de trading de criptoativos que tinha criado. Agora ele via a guerra civil com os colegas altruístas efetivos como "a pior coisa que me aconteceu na vida". Ele havia reunido um grupo de pessoas que admirava, todos compartilhando os mesmos valores, e virou um pária para metade deles, que ainda o detonavam diante de outros altruístas efetivos. "Isso me levou a me questionar. Foi a primeira vez na vida em que estive cercado de pessoas que eu respeitava e que diziam que estava errado e era maluco. Isso fez eu questionar minha sanidade." Quando foi para a Ásia, Sam ainda escrevia e reescrevia sobre o evento traumático. "Prejudiquei a comunidade de altruístas efetivos", escreveu ele. "Fiz as pessoas se odiarem um pouco mais e confiarem menos umas nas outras... e reduzi gravemente minha própria capacidade futura de fazer o bem. Tenho bastante certeza de que, por isso, meu impacto líquido no mundo foi negativo."

O curioso nos textos de Sam, dado que boa parte deles era só para seus olhos, é que eram muito equilibrados. Ele claramente sentia pena de si mesmo, mas reconhecia que os outros podiam sentir ainda mais autocomiseração. Na verdade, Sam não queria se culpar por nada; também não gostava muito de culpar os outros. "Sou utilitarista", escreveu. "O erro é só um constructo da sociedade humana. Serve a propósitos diferentes para pessoas diferentes. Pode ser uma ferramenta para desincentivar as más ações, uma tentativa de recuperar o orgulho diante das dificuldades, uma válvula de escape para a raiva e muitas outras coisas. Acho que talvez a definição mais importante — pelo menos para mim — é de que modo as ações de todos refletem na distribuição de probabilidade de seu comportamento futuro."

De que modo as ações de todos refletem na distribuição de probabilidade de seu comportamento futuro. Essa frase diz muito sobre como Sam via os outros e, talvez, também a si mesmo. Não como personagens fixos — bons ou maus, francos ou falsos, corajosos ou covardes —, mas como uma distribuição de probabilidades em torno de alguma média. As pessoas não eram a pior nem a melhor coisa que fizeram. "Acredito profundamente e ajo como se as pessoas fossem distribuições de probabilidades, não médias", escreveu. "Para mim, é importantíssimo que as pessoas se engajem também nesse nível." O comportamento dos colegas altruístas efetivos o fez atualizar o entendimento da distribuição de probabilidades deles de um modo que o tornou menos disposto a contratá-los. No começo, ele pensou que só contratar altruístas efetivos criaria uma vantagem especial: todos na empresa confiariam nas motivações uns dos outros, e assim ninguém precisaria perder tempo e energia com as muitas coisas necessárias para que as pessoas criem confiança entre si. Poderiam pular as reuniões individuais, o contato visual, os apertos de mão na empresa e, acima de tudo, as discussões sobre quem merecia ganhar quanto e por quê. Mas, no fim das contas, não rolou.

Depois que Tara e os demais saíram, a Alameda voltou a operar na lucratividade e lá ficou. Não ganhava tanto quanto no começo, mas chegou ao fim do ano com um retorno anualizado de mais de 100%. Ao ver a empresa se endireitar, pelo menos alguns altruístas efetivos, inclusive os funcionários que restavam, acharam que talvez Sam soubesse o tempo todo o que estava fazendo. Alguns meses depois da Cisma, uma ex-funcionária mandou uma mensagem a Sam com uma pergunta importante: "Por que acha que aconteceu tudo aquilo de pessoas acharem que você estava errado sobre algum VE [valor esperado] e no fim você estar certo, mas elas não saberem/não entenderem isso?". Sam respondeu em três mensagens curtas separadas.

Porque as pessoas decidiram que Sam é mau e se recusaram a reconhecer qualquer indício que as contradissesse.

Porque emocionalmente investiram demais na crença, e em boa parte por ser um modo de não atribuírem nenhum erro ou culpa a si mesmas.

E também porque é uma grande afirmação social destruir a vida de alguém e é muito constrangedor voltar atrás.

Em outras palavras: as pessoas o leram errado, decidiram que não era merecedor de confiança e se recusaram a mudar de ideia a seu respeito. Sam precisava fazer um trabalho melhor para ajudar os outros a resolver a charada. As expressões faciais que se dedicara tanto a dominar eram insuficientes; ele precisava ser mais explícito.

Entre as páginas que escreveu sobre a crise havia documentos curtos endereçados aos funcionários, com títulos como "Algumas anotações sobre trabalhar comigo" e "O que significa Sam bloquear você". Em meio aos textos havia conselhos para que funcionários atuais e futuros o compreendessem. "Gastei tempo durante, enquanto, depois e muito depois na tentativa de descobrir o que eu deveria mudar em mim", disse ele mais tarde. "E foi uma experiência muito frustrante. O que mais me irritava era que as pessoas não gostavam de minha gestão e diziam que eu precisava aprender técnicas administrativas." Ele ainda não achava que houvesse alguma técnica administrativa que valesse a pena aprender, só um monte de bobagens contraditórias. "É um cego guiando outro", disse ele. "A única maneira é aprender a ver."

No fim, decidiu que havia apenas uma mudança que precisava fazer a respeito de si mesmo: tornar-se menos desconcertante para os outros. Até as pessoas que Sam mais aprovava tinham se queixado de que ele precisava ser "mais fácil de abordar", "dar mais conselhos construtivos" e ser "menos negativo". Ele ficou genuinamente confuso com as críticas. Não se enxergava como uma pessoa assustadora, não tinha intenção de intimidar. Mas também não mudaria a natureza humana, e decidiu que, dali para a frente, ocultaria todas as reações negativas que tivesse a qualquer coisa que alguém dissesse ou fizesse. Daria aos seres humanos com quem interagisse a impressão de que estava muito mais interessado no que diziam ou faziam do que de fato estava. Concordaria com eles, mesmo que fosse verdade. A qualquer idiotice que viesse deles, responderia com "Ahaaaaaammm!". "Isso tem um custo, mas no cômputo total vale a pena", concluiu ele. "Em geral, as pessoas tendem a gostar mais de você quando você concorda com elas." Ele passou de pessoa que surpreenderia quem descobrisse que era aprovado a uma pessoa que surpreenderia quem descobrisse que, na verdade, não, ele não aprovava.

Sam não precisava mudar tanto a si mesmo, mas precisava mudar seus negócios. No início de 2019, havia um enorme abismo entre a meta que deu a si mesmo de gerar dólares para doar e a quantidade de dólares que era capaz de gerar como trader de criptoativos. Em 2018, quando negociava 40 milhões de dólares em capital, a Alameda Research gerou 30 milhões de lucro. Os investidores altruístas efetivos tiraram metade e deixaram 15 milhões de dólares. Cinco desses milhões foram gastos com a folha de pagamento e a indenização do pessoal que saiu; outros 5, com despesas gerais. Com os 5 milhões restantes, eles pagaram tributos e, depois de tudo dito e feito, doaram a causas altruístas efetivas apenas 1,5 milhão de dólares, o que não chegava nem perto do suficiente, na opinião de Sam. "Precisávamos obter muito mais capital, ou capital muito mais barato, ou lucro muito maior", disse ele. Mas, naquele momento, com sua reputação em frangalhos nos círculos de altruístas efetivos, não era óbvio de onde viria esse capital novo. Os mercados de criptoativos ficavam mais eficientes a cada dia. As grandes empresas de negociação de alta frequência de Wall Street, como Tower Research Capital, Jump Trading e até a Jane Street, vinham entrando no mercado e se engajavam no mesmo desmatamento que tinham praticado em outros mercados financeiros. Mesmo que Sam conseguisse mais capital, haveria menos dinheiro a gerar com ele.

A ideia de criar uma bolsa de criptoativos era, ao mesmo tempo, óbvia e implausível. Óbvia porque as bolsas de cripto eram máquinas de ganhar dinheiro, eram cassinos no meio de um frenesi especulativo histórico mundial e cobravam uma taxa a cada aposta feita. Os fundadores da cerca de meia dúzia de bolsas de cripto do mundo provavelmente já eram todos bilionários, muito embora as empresas perdessem rotineiramente o dinheiro dos clientes. Implausível por causa de quem era Sam e de como ele se relacionava com as pessoas. Ele não fazia ideia de como se engajar com as pessoas comuns do modo como as pessoas comuns precisavam para administrar uma bolsa. E, para criar uma bolsa de sucesso, era preciso atrair uma multidão; era preciso se relacionar com o público em massa. Eram necessários *clientes*; para conseguir clientes, eles precisavam confiar em você, e eles só confiariam se soubessem quem você era ou se achassem que sabiam. Sam não tinha certeza sequer de que seus próprios colegas sabiam quem ele era, e por isso escrevia memorandos para explicar.

Além disso, ele já tinha tentado e fracassado. Em maio de 2018, em Berkeley, Sam pediu a Gary Wang que escrevesse o código de uma bolsa de Bitcoin; o que ele fez em um mês. Chamava-se CryptonBTC. Eles a puseram na internet sem nenhuma ideia de como chamar a atenção para ela. Ninguém apareceu para negociar. Era como se nunca tivesse acontecido. No entanto, o código que Gary escreveu para a primeira bolsa era bom. A partir do nada que foi a CryptonBTC, Sam aprendeu que, se pedisse a Gary que criasse uma bolsa de futuros de criptoativos, ele o faria em um mês, e o resultado seria mais confiável e menos arriscado para os usuários do que qualquer bolsa existente. Gary era um gênio.

Em Hong Kong, Sam e sua pequena equipe começaram a vender aos fundadores bilionários das bolsas existentes a ideia de pagar à Alameda Research (ou seja, a Gary) para criar uma bolsa de criptoativos significativamente diferente de todas as que existiam. A Alameda forneceria a tecnologia; as bolsas existentes forneceriam os clientes e a confiança. O comprador mais provável e pessoa a quem o próprio Sam vendeu a ideia foi CZ.

CZ era Changpeng Zhao, CEO da bolsa de criptoativos Binance. Nascido na província de Jiangsu, foi criado desde a adolescência no Canadá, onde se formou, e retornou à China com cidadania canadense. Passou por alguns empregos comuns na periferia das altas finanças, inclusive um período como desenvolvedor da Bloomberg, e acabou como diretor de tecnologia da OKCoin. Ele saiu da OKCoin em 2015 e abriu a Binance em 2017; dois anos depois, era descrito em publicações do setor como "o homem mais poderoso dos criptoativos". Talvez não fosse verdade na época, mas logo viria a ser. Em meados de 2019, a Binance ainda era apenas uma bolsa que operava à vista e não negociava criptofuturos nem outros derivativos, do mesmo tamanho de várias outras e prejudicada pela incapacidade de oferecer à maior parte dos clientes a alavancagem que desejavam. (Todos no mercado de cripto queriam apostar mais do que tinham.) Os clientes da Binance negociavam várias criptomoedas e, em geral, não pegavam dinheiro emprestado da bolsa para isso. CZ preferia assim e demonstrava certa cautela com o que Sam propunha: uma bolsa que só negociasse contratos futuros de criptoativos.

A bolsa de futuros era diferente do que já existia em aspectos importantes. Na de futuros, os traders só reservam como garantia uma fração das apostas. Numa operação que estivesse perdendo dinheiro, o mais comum era a bolsa pedir mais garantias no fim do dia. Quando piorava depressa, a operação poderia gastar toda a garantia e deixar a bolsa sujeita a perdas — e aí a bolsa recorreria aos clientes para cobrir o rombo, como, historicamente, todas elas faziam. O projeto criado pela FTX (novamente, por Gary) resolvia esse problema com elegância. Ele monitorava a posição dos clientes não por dia, mas por segundo. No instante em que entrava no vermelho, a operação do cliente era liquidada. É claro que isso era desagradável para os clientes cuja posição entrava no vermelho, mas prometia acabar com a socialização do prejuízo que atormentava as bolsas de cripto desde o começo. O prejuízo nunca precisaria ser socializado, porque a bolsa nunca teria prejuízo.

Sam conheceu CZ pouco depois da mudança para Hong Kong, no fim de 2018. A Binance procurava empresas de criptoativos que pagassem 150 mil dólares cada para patrocinar a conferência em Cingapura no início de 2019, e Sam entrou com o dinheiro. CZ o recompensou subindo no palco com ele. Sam depois diria: "É o que nos dá legitimidade nos criptoativos". Na prática, ele pagou CZ para ser seu amigo, mas, mesmo assim, Sam não sabia muito sobre CZ, a não ser que não tinham muito em comum. Sam vivia dentro da própria cabeça e usava o pensamento para tomar suas decisões, ou pelo menos era nisso que acreditava. Se tinha algum pensamento original, CZ nunca o exprimia e parecia usar as sensaçõespara decidir. Sam pensava no tamanho da torta; CZ se preocupava mais com o tamanho de sua fatia. Sam mirava em criar uma bolsa para grandes traders institucionais de criptoativos; CZ se dedicava a vender aos pequenos no varejo. Sam detestava conflitos e esquecia as mágoas de forma estranhamente rápida; CZ prosperava com o conflito e alimentava as emoções que o causavam. CZ tinha uma teia complexa de aliados e inimigos. No memorando de informações confidenciais que criou para lançar a Binance, em 2017, boa parte do que listou como qualificações para a tarefa eram alianças sociais com outros no setor de criptoativos (entre eles, Zane Tackett. Ao descrevê-lo em uma breve biografia, CZ curiosamente fez menção a si mesmo dizendo que, para Tackett, ele foi "um mentor e bom amigo"). Sam não tinha aliança social real alguma. Em suas interações com CZ, se não simulasse as expressões faciais aprendidas, ficaria com cara de paisagem. "CZ meio que só diz coisas", disse Sam. "Ele não é burro. Não é inteligente. Eu não tinha muita noção de quem ele era até vê-lo tomar decisões."

A primeira decisão que CZ teve de tomar foi se pagava a Sam os 40 milhões pedidos pela bolsa de futuros engenhosamente projetada. Semanas depois, em março de 2019, CZ decidiu que não — e depois disse a seu pessoal que criasse por conta própria uma bolsa de futuros, o que pareceu a Sam uma coisa muito ordinária e um pouco decepcionante. "Ele é meio babaca, mas não é pior do que um babaca", disse Sam. "*Deveria* ser uma grande personalidade, mas não é."

Só depois que CZ lhe deu as costas Sam decidiu criar ele mesmo a bolsa. A ideia era simples: a primeira bolsa de futuros de criptoativos a ser bem planejada satisfaria a necessidade não só do pessoal de cripto como a dos grandes traders profissionais como a Jane Street. Mas Sam estava profundamente apreensivo. "Criaríamos um produto melhor do que todos os que já existiam", ponderou ele. "Se desse certo, valeria bilhões de dólares, mas achei que havia uma probabilidade maior do que 50% de não dar certo. Nunca fiz marketing. Nunca falei com a mídia. Nunca tive clientes. Era diferente de tudo o que eu já tinha feito." Assim, Sam começou a recrutar pessoas capazes de fazer as coisas que ele não sabia. Pessoas diferentes de todas com quem tinha trabalhado, mas com laços fortes com outras pessoas de cripto. Ele recrutou Zane Tackett, por exemplo, que trouxe muita confiança em criptoativos. Antes mesmo de Zane Tackett, ele chamou Ryan Salame.

Se o oposto do altruísta efetivo existisse, este seria Ryan. Um republicano que amava a liberdade e detestava impostos. Começou a carreira como contador tributário da Ernst & Young e se libertou do tédio e do sofrimento quando a corretora de criptoativos Circle o contratou para cuidar de sua contabilidade. Ryan levou cerca de dois segundos para perceber que a negociação de criptoativos era mais divertida do que a contabilidade tributária. Quando Sam o encontrou, Ryan trabalhava como vendedor no balcão da Circle, em Hong Kong, e tinha se transformado num anúncio ambulante do prazer mundano. Qualquer um que lidasse com cripto e quisesse o que toda pessoa do setor queria encontraria em Ryan um aliado na busca: era ele que todos chamavam quando queriam se divertir.

Ryan era bonito; e também astuto. Quando a Alameda Research intensificou as negociações em Hong Kong e fez o spread despencar para todo mundo, Ryan ficou espantado. Isso era muito mais inteligente do que aquilo que o restante do mercado fazia. Ele não tinha ideia de quem era Sam Bankman-Fried, mas notou que CZ queria mantê-lo por perto — chegando a ponto de permitir que Sam montasse um estande da Alameda Research na conferência da Binance. Ryan também notou que faltava a Sam e a seus traders a costumeira graça social dos criptoativos. "Eles não respondiam nos chats", disse Ryan. "Não reagiam a piadas. Não era a experiência com a qual estávamos acostumados. Sam não fazia parte do povo. Ninguém o via se encaixar em lugar algum."

Ryan enfim visitou Sam em seu novo escritório em Hong Kong. "A gente fala cinco minutos com Sam e percebe que ele tem algo diferente." O desinteresse de Sam pela interação social tinha transbordado em sua empresa de forma ainda mais drástica do que Ryan imaginava. "Não passava de um dormitório universitário de nerds sentados diante da tela do computador", explicou. "Nunca saíam do escritório." Ryan percebeu que Sam poderia usá-lo para estabelecer conexões sociais com o pessoal de cripto e para que se sentissem mais à vontade — coisa que, naquele momento, não acontecia. "Sam esquece quanta gente no começo achava que ele era um golpista", disse Ryan. "Todos esperavam encontrar um Sam atrás de cada golpe."

Socialmente, Sam tinha uma coisa a seu favor com o restante do pessoal de cripto. Quanto mais subia o preço dos criptoativos, maior era a inundação no setor daquela gente de terno e mente sóbria que pessoas como Zane achavam insuportável. Ryan podia ser considerado uma dessas pessoas, mas não tinha a mente sóbria, portanto foi aceito. O pessoal do Goldman, os capitalistas de risco e os advogados corporativos transformados em irmãos em cripto: todos faziam parte dessa invasão de gente convencional que queria ganhar dinheiro rápido sem as maluquices que talvez possibilitassem dinheiro rápido. Os pseudos buscavam um terreno em comum com os criptorreligiosos originais exibindo empolgação com a tecnologia. A blockchain! "A blockchain vai mudar... tudo", diziam, e esperavam que isso bastasse. Uma religião baseada no ódio aos bancos, ao governo e a qualquer tipo de autoridade institucional... bom, em geral para os pseudos isso era ir longe demais.

Os criptorreligiosos, as pessoas atraídas por razões próprias, tinham no máximo sentimentos confusos sobre quem veio depois só pelo dinheiro. Sobre Sam, pensou Ryan, talvez tendessem um pouco mais a suspender o julgamento, pois Sam tinha uma característica importante em comum com eles: a insatisfação com o mundo tal como era dado. Não tinha uma hostilidade específica contra bancos ou governos. Só achava que os adultos eram inúteis.

Menos do que um adulto, Ryan era a expressão mais elevada de uma nova espécie: o "criptobrother", que Sam sentia que precisava ter à mão. Então, contratou Ryan sem ter plena certeza do que ele faria. "A descrição do cargo era meio *faça tudo melhorar*", disse Ryan.

Para criar uma bolsa de criptoativos, Sam precisava de pessoal de cripto, mas também de dinheiro para pagar o pessoal de cripto. O normal, à moda antiga, seria passar o chapéu para a família e entre os amigos ou obter o dinheiro com capitalistas de risco. Sam não tinha amigos com o tipo de dinheiro de que precisava e não conhecia capitalistas de risco. Tudo o que tinha era um token. Pertencia à mesma família geral dos milhares de outras criptomoedas criadas desde 2017 e anunciadas ao público. O token da FTX se chamava FTT.

A característica mais importante do FTT era que seus detentores tinham direito coletivo a cerca de um terço da receita anual da bolsa FTX. Do bilhão de dólares de receita que a bolsa gerou em 2021, por exemplo, 333 milhões seriam reservados para "comprar de volta e queimar" FTTs. A FTX removeria os tokens de circulação da mesma maneira que uma empresa de capital aberto comprava de volta as ações para aumentar o valor das ações restantes. O FTT não era meramente parecido com as ações da FTX; ele *era* uma ação da FTX — e vinha até com direito de voto em determinadas decisões tomadas pela empresa. Como dava participação na receita bruta e não na líquida, sem dúvida era ainda mais valioso do que as ações. "O pessoal de cripto diria: 'Por que eu iria querer suas ações? Prefiro só comprar o token'", disse Sam. "Já os capitalistas de risco diriam: 'O que é um token?'."

Um dos problemas era que vender os tokens dentro dos Estados Unidos era ilegal. A explosão de novos criptotokens gerou um novo jogo de gato e rato entre os criadores de tokens e os reguladores de títulos. O regulador mais agressivo do mundo, a Securities and Exchange Commission (Comissão de Títulos e Valores Mobiliários) dos Estados Unidos, SEC, dedicava agora uma significativa energia a argumentar que vários desses tokens eram valores mobiliários (e obviamente eram) e, portanto, uma ameaça aos investidores norte-americanos e proibidos nos Estados Unidos, a menos que obtivessem a aprovação da SEC (o que parecia muito improvável). As bolsas e os criadores de tokens que desejavam vender aos norte-americanos insistiam que esses tokens não eram títulos mobiliários, mas algo, digamos, parecido com os pontos de recompensa do Starbucks. Como foi criada em Antigua, operava em Hong Kong e, em princípio, não permitia que investidores norte-americanos negociassem em sua bolsa de criptoativos nem vendia seus tokens a norte-americanos, a FTX estava fora do alcance da SEC.

De qualquer modo, os compradores de FTTs seriam estrangeiros ou norte-americanos que morassem fora do país — a quem Sam cortejava agora, de seu jeito esquisito. Três semanas antes de oferecer FTTs ao público, ele foi a uma conferência em Taipei. Todos os grandes traders de criptoativos compareceram a uma festa dada por uma das maiores bolsas. E também, mecanicamente, Sam. "Hoje foi uma noite de bebida, mulheres, lasers e música alta", escreveu ele depois em seu diário, "mas uma estranha atmosfera que parecia me seguir enquanto eu perambulava entre as mesas. Só começou a se cristalizar depois que passei por CZ algumas [...] vezes e, a cada vez, ele rompia o contato visual com a garota que estava paquerando e me abraçava: 'As pessoas estavam pensando em nós, e muito'. Foi a primeira vez que CZ pareceu mais interessado em mim do que eu nele".

Do nada, a FTX cunhou 350 milhões de tokens FTT. Sam ofereceu parte deles aos funcionários a 5 centavos de dólar cada e outra parte a pessoas importantes do setor, como CZ, que podiam ser amigos da bolsa, a 10 centavos. A princípio, CZ recusou, assim como a maioria dos funcionários da própria FTX — Ryan Salame foi uma grande exceção —, mas investidores externos compraram o suficiente para Sam elevar o preço, primeiro para 20 centavos, depois para 70. Em 29 de julho de 2019, o FTT foi listado na FTX e, assim, oferecido ao público em geral. ("Nunca vi Sam tão nervoso", disse Nishad.) Abriu a 1 dólar e foi negociado por até 1,50. Em dois meses, o montante de Ryan Salame aumentou trinta vezes, e o dos compradores externos aumentou quinze. Dos 350 milhões de tokens originais, a FTX vendeu cerca de sessenta milhões por volta de 1 dólar a menos do que valiam agora. Em cerca de uma semana, a dúvida de Sam sobre a capacidade de conquistar a confiança do público em massa se transformou em arrependimento por ter vendido o FTT barato demais — o que ficou bem claro quando, semanas depois, CZ ligou para Sam e se ofereceu para comprar 20% de participação na FTX por 80 milhões de dólares.

Foi como se um prospector, inadvertidamente, construísse sua casa num campo de petróleo: na verdade, Sam nem queria administrar uma bolsa de criptoativos. Ele construiu um cassino que oferecia aos jogadores a oportunidade de fazer apostas maiores do que a conta bancária justificaria, aparentemente sem risco para o cassino nem para os outros jogadores, e era exatamente isso que o mundo cripto queria. A escolha do momento, embora acidental, foi perfeita, pois grandes traders profissionais, como a Jane Street, estavam entrando nos mercados de cripto e precisavam de uma bolsa de futuros de nível profissional. A escolha de local por Sam, também acidental, foi igualmente perfeita: Hong Kong talvez fosse o único lugar do mundo onde ele e CZ se sentiriam à vontade, porque funcionava como um tabuleiro de xadrez com voz embutida para gritar as mudanças de regras no meio de cada jogo. Os reguladores de Hong Kong davam cobertura às bolsas de cripto para fazerem praticamente o que quisessem, mas mudavam as regras com frequência suficiente para tornar a coisa interessante.

Além disso, Hong Kong e a Ásia em geral tinham muitos jovens ambiciosos sem qualificação específica e que não reclamavam de largar o que estavam fazendo para trabalhar numa bolsa de cripto administrada por alguém praticamente incognoscível. Sam precisava de pessoas assim; desde o princípio, a FTX deveria ter pendurado uma placa na porta dizendo: "Não é necessário ter experiência". Sam contratou Natalie Tien, que tinha pouca experiência com mídia ou marketing, e a transformou em diretora de relações públicas corporativas, por exemplo. Contratou uma jovem vendedora da bolsa Huobi chamada Constance Wang e a transformou em diretora operacional da empresa. Diante de uma necessidade, Sam a transformava em virtude. "Um sinal moderadamente ruim é você mandar alguém fazer a mesma coisa já que fazia antes", disse ele. "É um tipo esquisito de seleção negativa. Afinal, por que essas pessoas estão procurando você?"

Ramnik Arora era um cara que curiosamente procurava uma oportunidade para ir trabalhar a pé. Ele cresceu na Índia, fez mestrado em ciência da computação em Stanford, trabalhou por um tempo no Goldman Sachs e agora estava casado e instalado na East Bay, em São Francisco. Durante três anos, tinha de percorrer um horrível percurso até o trabalho: de Berkeley a Menlo Park, onde fica o Facebook. Ele começou numa equipe que trabalhava em leilões de anúncios on-line em tempo real, com a meta de mostrar o anúncio perfeito à pessoa perfeita na hora perfeita; depois, passou para a equipe responsável pela Libra, a tentativa condenada do Facebook de criar uma criptomoeda própria.

Em algum ponto entre o Goldman Sachs e o Facebook, Ramnik desistiu de tentar encontrar paixão pelo trabalho. Se parecia mais velho do que era, foi por abrir mão de uma das coisas que definem a juventude: esperança. "As mentes mais inteligentes de nossa geração estão comprando e vendendo ações ou prevendo se alguém vai clicar num anúncio", disse ele. "Essa é a tragédia de nossa geração." O efeito da tragédia foi encolher sua ambição. Ele pensava cada vez menos em mudar o mundo e cada vez mais em dar conforto a si e à esposa dentro deste mundo. "Li um estudo que mostrava que ir a pé para o trabalho gerava um ganho de 15% de felicidade", disse ele.

Assim, com a felicidade doméstica em mente, no fim da primavera de 2020 ele procurou "cripto" e "Berkeley" no LinkedIn. Recebeu um único resultado: Alameda Research, empresa da qual nunca tinha ouvido falar. Mandou seu currículo. Em minutos, recebeu um convite para uma reunião pelo Zoom com Sam Bankman-Fried — que queria falar com ele não sobre a Alameda, mas sobre a nova bolsa de cripto criada pela Alameda Research, chamada FTX. Os números que saíam da boca de Sam pelo Zoom chocaram Ramnik, assim como a disposição de Sam de revelá-los a um total desconhecido. A FTX existia havia pouco mais de um ano. Nos últimos seis meses de 2019, tinha gerado receita de cerca de 10 milhões de dólares. Em 2020, o número pularia para algo entre 80 e 100 milhões de dólares.

Em algum momento da conversa, Ramnik percebeu que Sam não estava em Berkeley, mas em Hong Kong, às 3 horas da manhã. Atrás de Sam, pessoas corriam de um lado para o outro com toda a agitação de um escritório no meio do dia de trabalho. Do que Sam de fato mencionou naquela primeira conversa, Ramnik ouviu principalmente um som que nunca mais esqueceu: o som da paixão.

Ele foi trabalhar na FTX com redução de 80% do salário que ganhava no Facebook (e um desconto de 95% do que o TikTok oferecia). Entre a Alameda e a FTX, foi o 50º contratado de Sam. Era curiosamente o diretor de produto, mas Ramnik não sabia nada sobre o produto. Na conversa pelo Zoom, Sam disse que, na verdade, não fazia ideia do que Ramnik poderia fazer pela FTX, mas que imaginaria alguma coisa.

Quando Ramnik se mudou para Hong Kong, a ausência de propósito se tornou um problema. A FTX obviamente não precisava de um diretor de produto, o cargo não existia. Gary tinha escrito todo o código. Uma minúscula força-tarefa de moças chinesas e de caras de cripto já estava fazendo a evangelização do produto e não precisava da ajuda de Ramnik. Essencialmente, Nishad gerenciava os desenvolvedores que consertavam qualquer problema que surgisse e lidava com quem ficasse infeliz no emprego ou com o estilo administrativo de Sam.

Nos primeiros vinte e um dias no emprego, passados em isolamento dentro de um deprimente quarto de hotel de Hong Kong, Ramnik não soube direito o que devia fazer. Mexeu um pouco no código de computador da bolsa — o produto —, mas toda vez que fazia isso tinha de avisar a Nishad. Mandou bilhetes a Sam, que levava dois dias para responder. Ao sair do isolamento, Ramnik perguntou a Nishad: "Sou um ativo positivo ou negativo para a empresa?". "Negativo. O tempo que gasto conferindo seu trabalho é maior do que o tempo que gastaria se eu mesmo o fizesse", respondeu Nishad. Ramnik gostou da franqueza. E decidiu que precisava encontrar outra coisa para fazer.

Ele se viu então num papel que nunca tinha existido, nem na empresa, nem na vida de Sam. "Logo me tornei a pessoa a quem Sam recorria para coisas aleatórias", disse Ramnik. "A primeira coisa que ele me pediu foi que achasse um auditor, porque a empresa não tinha." Como Sam não se preocupava com rótulos, o de Ramnik nunca mudou. Ele era e continuaria a ser diretor de produto, mesmo que fosse mais preciso descrevê-lo como faz-tudo de Sam. "Era assim: muitas questões surgem e você vai resolver o que surgir", disse Ramnik. Estranhamente, muitas das questões tinham a ver com confiança. Por exemplo, como levar as pessoas a confiarem na FTX?

Sam não contratava adultos, mas agora tinha Ramnik, que tinha algumas características de adulto: hesitava antes de falar, tinha trabalhado anos no Goldman Sachs e no Facebook, acabara de fazer 33 anos e podia se passar por 35, e não ficava balançando o joelho enquanto falava.

Usava calça comprida. Tinha esposa e um ponto de vista quase como o de Wemmick, do romance *Grandes esperanças*, de Dickens, bem diferente do de Sam ou de quem até então sobrevivera ao estilo administrativo de Sam, de que a vida privada era uma coisa, o escritório era outra. Ele tinha a capacidade de imaginar o que os adultos pensariam se, digamos, achassem alguém na cama com a pessoa errada. Foi Ramnik que interveio quando Sam apostou na ideia de a FTX ser a primeira a oferecer o token de uma empresa pornográfica de Taiwan chamada Swag. A Swag lhes daria um cheque gordo se a FTX criasse mercado para os tokens; portanto, a FTX se tornaria o motor financeiro de um império pornográfico taiwanês. "Tive de convencê-lo a não fazer aquilo", disse Ramnik. "Nesse processo, senti que era uma bifurcação do caminho. Era um passo sem volta. E Sam estava superdecidido. Eu só pensava: *Sem chance.*"

Dentro do mundo cripto, nenhuma das qualidades de Ramnik fazia muita diferença e, na verdade, podiam até ser uma desvantagem. Fora desse contexto, eram valiosíssimas.

Ramnik percebeu então que as pessoas não se identificavam com as empresas; elas se identificavam com pessoas. Podiam nunca confiar naquela nova bolsa de cripto, mas sim em seu fundador, por mais esquisito que fosse, se achassem que sabiam quem ele era. "A primeira coisa que perguntamos foi se podíamos levar Sam à TV", disse Ramnik. "Parecia algo muito difícil, mas Natalie deu um jeito." Para ajudá-la no novo e desconhecido papel de diretora de relações públicas da FTX, Natalie ligou para uma empresa de relações públicas de Nova York chamada M Group Strategic Communications. No começo, o presidente, Jay Morakis, ficou cauteloso: "Achei que talvez fosse alguma coisa chinesa suspeita", disse ele. Mas aí ouviu o discurso de venda de Sam e assistiu à sua primeira grande aparição pública na Bloomberg TV. "Aquilo não era sequer próximo de algo em minha experiência de relações públicas", disse ele. "Tenho 50 anos. Tenho minha empresa há vinte anos e nunca vi nada assim. Todo o meu pessoal queria conhecer Sam. CEOs me ligaram para perguntar: 'Você pode fazer por nós o que fez por Sam?'." Ele teve de explicar, lá em 2021, que na verdade não fez nada. Sam meio que... aconteceu.

O efeito das aparições de Sam na mídia no final de 2021 excedeu as expectativas de todos. Aquela pessoa que sempre manteve o mundo a distância e de quem o mundo em geral sempre manteve distância ganhou vida na imaginação do povo. Dentro do mundo dos criptoativos, Sam estava ficando famoso; fora dele, ainda era desconhecido e, portanto, não era merecedor de confiança — e resolver isso era parte do estranho emprego novo de Ramnik.

"Como determinar que algo é digno de confiança?", perguntou ele. "Por associação. A confiança vem de relacionamentos preexistentes." Sam não tinha relacionamentos preexistentes; antes dos 18 anos, raras vezes teve algum relacionamento; depois, conheceu um monte de altruístas efetivos (que estavam furiosos com ele por criar uma guerra civil dentro do movimento) e outro monte de traders da Jane Street (que estavam irritadíssimos com ele por ter saído da corretora, criado uma empresa rival e aliciado seus traders).

Assim, Ramnik começou a criar novos relacionamentos para Sam, começando com alguns capitalistas de risco. Na verdade, a FTX não precisava de capital, mas, se conseguissem encontrar o capitalista de risco certo para se relacionar com Sam, facilitariam a entrada na mente dos outros fora dos criptoativos. "Tivemos uma conversa sobre legitimidade e confiança", disse Ramnik. "Foi assim: podemos levantar dinheiro de um *bom* capitalista de risco? Nenhum capitalista de risco chinês era grande. Queríamos nos associar a instituições dos Estados Unidos."

As primeiras conversas entre o pessoal de cripto e o de capital de risco foram meio desajeitadas. "Queriam amostras de nossos controles internos", disse Ramnik, "e não tínhamos um". Os capitalistas de risco podiam ver que a FTX crescia depressa — que eram prospectores sentados num grande poço —, mas não sabiam se o que viam estava mais perto do primeiro ou do último barril de petróleo. Seria só um grande negócio que sumiria com a moda dos criptoativos ou Sam estaria construindo algo duradouro? Se fosse o segundo caso, o acesso aos investidores norte-americanos seria necessário, e para isso a FTX precisava de controles internos. Também precisava ser licenciada e regulamentada.

E era aí que morava o maior problema para conquistar a confiança dos capitalistas de risco: não havia licença global para bolsas de futuros de criptoativos. Alguns países, como Hong Kong, ofereciam uma licença para bolsas de cripto à vista e concordavam em ignorar a negociação de futuros. Mas a maioria dos países, incluindo os Estados Unidos, não oferecia uma licença. O governo dos Estados Unidos não sabia nem que órgão deveria regulamentar os criptoativos, se a Securities and Exchange Commission ou a Commodity Futures Trading Commission (Comissão de Negociação de Contratos Futuros de Commodities). A questão de quem regula qualquer criptoproduto nos Estados Unidos gira em torno da definição do produto, se ele é um título ou uma mercadoria. No começo, em 2015, o Bitcoin foi definido como mercadoria e, portanto, é regulamentado pela CFTC. O FTT — ou, aliás, qualquer token de bitcoin alavancado — seria provavelmente definido como título e cairia sob a jurisdição da SEC.

Naquele momento, no início de 2021, as duas agências meio que afirmavam sua autoridade, mas sem fazer grande coisa com ela. Sem regras instituídas, as pessoas que abriam empresas de cripto nos Estados Unidos corriam risco constante de processos e multas por qualquer coisa que não tivesse permissão explícita — ou seja, além de comprar e vender bitcoins, praticamente tudo. O pessoal de cripto implorava permissão aos reguladores para vender um token novo, pagar juros sobre depósitos em cripto ou criar contratos futuros de cripto; os reguladores tergiversavam; o pessoal de cripto seguia em frente e realmente fazia alguma coisa; aí, os reguladores impunham sanções. "É um jogo de vinte perguntas com os reguladores, no qual, se fizer a pergunta errada, você é multado", explicou Sam.

Sam não tinha uma experiência real com os capitalistas de risco; era um jogo inteiramente novo. Ramnik o observou descobrir como jogar. No início de 2021, a Jump Trading — que não era uma capitalista de risco convencional — se ofereceu para comprar uma participação na FTX com uma avaliação da empresa em 4 bilhões de dólares. "Sam recusou; a captação de recursos seria baseada em 20 bilhões", recordou Ramnik. A Jump respondeu que estaria interessada nesse preço se Sam encontrasse outros interessados — o que revelou que o valor atribuído a empresas novas era arbitrário.

AMOR ARTIFICIAL

Vender uma empresa nova a um capitalista de risco era, aparentemente, mais parecido com vender uma ideia de filme do que um sofá. A vontade de comprar do capitalista se baseava menos nos números em si do que na empolgação que sentisse com a história que fosse contada. Era como se ele passasse o dia escutando histórias e escolhendo as de que mais gostava. Não havia razão para as avaliações: eram as aulas de literatura de novo. Sam logo percebeu que a maioria das histórias que essas pessoas ouviam simplesmente não eram muito convincentes. "A maioria conta histórias fáceis de refutar", disse ele. A história que ele e Ramnik contavam não era assim. Dizia mais ou menos o seguinte:

A negociação global de ações gerava 600 bilhões de dólares por dia. Agora a negociação de criptoativos gerava 200 bilhões por dia, e a diferença vinha diminuindo. Em dezoito meses, a FTX passou de nada ao posto de 5ª maior bolsa de cripto do mundo, e a cada dia conquistava uma fatia do mercado dos concorrentes. Naquele momento, era a única bolsa de cripto que priorizava obter de licenças e se legitimar. Também era a única que nunca ofendeu os reguladores financeiros dos Estados Unidos. Depois de licenciada nos Estados Unidos, uma bolsa de cripto como a FTX também poderia negociar ações ou o que os clientes quisessem e desafiar, por exemplo, a Bolsa de Valores de Nova York. Com esse fim, Sam já tinha criado uma empresa chamada FTX US, mas era cuidadoso ao permitir que os clientes negociassem nela coisas que a SEC pudesse desaprovar. "O argumento era: veja como estamos crescendo, o mercado é imenso e seremos a fonte mais confiável", disse Ramnik.

Era um círculo vicioso: para ser o lado digno de crédito, era preciso receber dinheiro de capitalistas de risco que causassem boa impressão. Por sua vez, para se obter esse dinheiro, eles precisavam ser o lado digno de crédito. Era um grande chove não molha. Depois de ouvir o discurso de vendas, um fundo lhes enviou um termo de compromisso e disse: "Adoramos vocês, é só preencher um número". Sam preencheu: 20 bilhões de dólares. O fundo ficou reticente, e, após certo silêncio, Ramnik telefonou e eles disseram que tinham mudado de ideia. Uma empresa britânica de capital de risco, com o curioso nome Hedosophia, ligou e se ofereceu para pagar o que Sam pedia — e entregar 100 milhões de dólares por uma participação de 0,05% na FTX. Ramnik mal sabia quem eram e combinou um telefonema. "Foi esquisito", disse ele, "achei que não sabiam o suficiente sobre o setor. Não sabiam merdas básicas, como que a FTX US existia".

Mesmo assim, o pessoal da Hedosophia mandou um termo de compromisso a Ramnik —, mas mudou de ideia depois de uma miniqueda do preço dos criptoativos e o cancelou. Um sujeito da Blackstone, maior empresa privada de investimentos do mundo, ligou para Sam e disse que achava a avaliação de 20 bilhões de dólares alta demais e que a Blackstone investiria numa avaliação de 15 bilhões. "Sam disse: 'Se acham alto demais, vendo a vocês a descoberto 1 bilhão de nossas ações por uma avaliação de 20 bilhões'", recordou Ramnik. "O sujeito respondeu: 'Não fazemos venda a descoberto'. E Sam disse que, se trabalhasse na Jane Street, ele seria demitido na primeira semana."[16]

Mesmo que os capitalistas de risco não percebessem que Sam jogava videogame enquanto falava com eles, a maioria sentiu que ele não se importava com o que tinham a dizer. Ramnik passou a achar que, na verdade, a indiferença de Sam com relação aos sentimentos dos outros aguçou o

---

16 Havia outro ponto de vista a considerar, é claro: o modo como os capitalistas de risco viam esse estranho novo empreendedor de criptoativos. "Falei ao telefone com ele", recordou Nick Shalek, da Ribbit Capital. "Eu lhe fiz uma pergunta. E ele falou por uma hora. Fiz uma segunda pergunta, ele falou outra hora." Shalek se espantou, assim como muitos capitalistas de risco, com a aparente ingenuidade de Sam. "Ele diz que, se tiver de tomar uma decisão de 1 milhão de dólares, levará cinco segundos. Se for uma decisão de 10 milhões de dólares, levará alguns minutos, e se for uma decisão de 100 milhões de dólares, passará algumas horas pensando. E eu pensando: 'É sério? Meu Deus, não se pode dizer isso a um regulamentador, um jornalista... a ninguém'." Esse workaholic sem artifícios tramava a tomada do mundo financeiro — e tinha uma história plausível do que fazer. "Se ele criasse a empresa que descrevia, ela seria a maior bolsa global de criptoativos e, depois, avançaria para se tornar a maior instituição financeira global", disse Shalek. Como todo mundo, ele logo viu que Sam não era como a maioria dos empreendedores com quem lidava. "Ele não é ator. Não é vendedor. Tem um jeito não convencional de pensar na construção dessa empresa. Tudo são probabilidades, e ele tirava essas probabilidades do nada. Depois, as alterava. Dorme num pufe gigante. Faz tudo isso sozinho. E não parece muito interessado em nossa opinião sobre qualquer coisa, e tudo bem. Mas ficamos pensando que ele é uma pessoa fora do comum. Temos que conhecê-lo pessoalmente." Mas não puderam passar tempo presencial com Sam. O governo de Hong Kong reagiu à pandemia global exigindo isolamento de catorze dias num hotel para qualquer um que entrasse no país. Sam foi compreendido e interpretado pelos investidores originais principalmente pelo Zoom, no meio de um dos maiores booms de capital de risco da História.

interesse deles. O fato de a FTX ser lucrativa e não precisar de dinheiro provavelmente também ajudou. No fim das contas, entre o verão de 2020 e a primavera de 2021, em quatro rodadas de captação de recursos, eles venderam cerca de 6% da empresa por 2,3 bilhões de dólares. Mais ou menos *150* empresas de capital de risco investiram. Todas elas cederam à recusa de Sam de lhes dar lugar na diretoria (ele não tinha diretoria) e a qualquer outra forma de controle sobre a empresa.

A FTX era apenas uma peça de um quebra-cabeça muito maior projetado por Sam. Ele possuía 90% da Alameda Research, e a natureza da empresa estava mudando. Ainda era uma empresa de negociação quantitativa de criptoativos, com meses bons e meses ruins, mas seus traders trabalhavam de maneira nova, com valores cada vez maiores. O mundo do cripto criou o que, na prática, eram novos bancos não regulamentados. As pessoas depositavam suas criptomoedas, por exemplo, na Genesis Global Capital ou na Celsius Network e recebiam alguma taxa de juros, e esses pseudobancos reemprestavam as criptomoedas a traders como a Alameda Research. No início de 2018, altruístas efetivos ricos tinham cobrado de Sam taxas de juros de 50% ao ano. Três anos depois, a Genesis e a Celsius se dispunham a emprestar bilhões à Alameda Research a juros que iam de 6% a 20% ao ano. E havia dentro da Alameda outros bilhões ainda mais misteriosos que ninguém entendia muito bem. "A FTX é menor do que se pensa, e a Alameda é maior", disse Ramnik. "Muito maior."

Nunca ficava claro onde a Alameda Research acabava e a FTX começava. Eram empresas legalmente separadas que pertenciam à mesma pessoa. Ocupavam o mesmo salão no 26º andar de um prédio comercial. Tinham a mesma vista da floresta de arranha-céus que cercava Victoria Harbor e, uns 30 quilômetros mais além, a China. A mesa de Sam ficava posicionada numa das pontas das longas e idênticas mesas de negociação usadas pela Alameda e pela FTX, com visão clara das duas. Não ocorreu a qualquer um que era meio estranho o fato de a Alameda cobrir o custo inicial da FTX, algo entre 5 e 10 milhões de dólares, ou de a FTX vender FTTs e usar o capital não para se expandir, mas para negociar dentro da Alameda. Parecia perfeitamente natural que a Alameda controlasse todos os FTTs restantes e os usasse como garantia na atividade de trading. Sam nem sequer tentava esconder o que estava fazendo. O FTT "consertou sozinho o problema de capital [da Alameda]", escreveu ele num memorando aos funcionários. Ele possuía 90% da Alameda Research, e Gary ficava com os 10% restantes. Mesmo depois de vender participação na FTX aos 150 capitalistas de risco, Sam ainda possuía mais da metade da empresa. Nishad, o terceiro maior acionista, tinha meros 5%.

Sam meio que administrava, ao mesmo tempo, as duas e nenhuma delas. Passava boa parte do dia promovendo a FTX e a si mesmo no mundo externo. E, à medida que a FTX bombava, passou a ser mais difícil encontrar pessoas que aprovasse para trabalhar na Alameda. Assim que alguém qualificado para o trabalho na Alameda via o crescimento da FTX, dizia que preferia trabalhar nesta última. "Ficou quase impossível encontrar gente inteligente que quisesse trabalhar na Alameda", disse ele. Para administrar o lugar, ele sentiu que estava limitado às pessoas que já estavam lá.

Sam não conseguia administrar as operações de trading da Alameda e ainda desempenhar esse papel novo e desconhecido de ser o rosto da pujante franquia FTX. Sem ver dentro da Alameda alguém qualificado para gerenciá-la, Sam entregou o serviço a duas pessoas. A primeira era um trader esperto, mas socialmente desajeitado, chamado Sam Trabucco, que ele conhecia desde o acampamento de matemática do ensino médio e que tinha tirado havia um ano da empresa de negociação de alta frequência Susquehanna. Trabucco instantaneamente se mostrou a única pessoa capaz de rivalizar com Sam Bankman-Fried na devoção ao trading de criptoativos: passava semanas sem nem sair do escritório de Hong Kong. No entanto, assim que Sam o promoveu, seu interesse no trabalho desmoronou, e ele descobriu um novo gosto pelos prazeres da vida. A mudança chocante de comportamento de Sam Trabucco no fim do verão de 2021 era difícil de explicar, mas impossível de negar. "No momento em que se tornou codiretor da Alameda, ele caiu fora", relatou um funcionário da empresa.

Isso deixou o fundo de hedge privado de Sam nas mãos de Caroline Ellison, a outra co-CEO. Quando a promoveu ao cargo, Sam imaginou que Caroline administraria o pessoal, e Sam Trabucco, os riscos do trading. "Todos pareciam gostar muito de ser gerenciados por ela", disse ele. No outono de 2021, Caroline efetivamente gerenciava tanto o pessoal quanto o risco do trading, e era gerenciada apenas por Sam, o que criou certas complicações, pois agora os dois levavam uma vida secreta, e isso incomodava muito mais Caroline do que Sam. Ela queria melhorar e ampliar seu relacionamento com Sam; e ele queria... bom, não queria coisa alguma. Depois de partir para Hong Kong, Sam respondeu ao primeiro memorando de Caroline com outro, explicando os prós e contras de um relacionamento sexual. Começava com uma lista muito convincente intitulada "Argumentos contrários":

Sob vários aspectos, não tenho uma alma de verdade. Isso fica muito mais evidente em alguns contextos do que em outros. Mas, no fim das contas, há um argumento bem decente de que minha empatia é falsa, meus sentimentos são falsos, minhas expressões faciais são falsas. Não sinto felicidade. De que adianta namorar alguém que você não pode tornar fisicamente feliz?

Tenho um longo histórico de me sentir entediado e claustrofóbico. Nesse momento, me sinto menos angustiado do que de costume, mas a base de comparação anterior é tão alta que talvez isso não signifique nada.

Tenho sentimentos conflituosos a respeito do que quero. Às vezes, quero mesmo estar com você. Às vezes, quero ficar no trabalho sessenta horas direto, sem pensar em mais nada.

Fico preocupado com a dinâmica de poder entre nós.

Isso poderia destruir a Alameda, caso seja muito ruim em termos de relações públicas.

Nosso relacionamento combina muito mal com a atual merda do altruísmo efetivo que, em certos aspectos, eu deveria adjudicar.

E deixo as pessoas tristes. Até as pessoas que inspiro, não as deixo realmente felizes. E as pessoas que namoro... é horrível. É foda estar com alguém que (a) você não pode fazer feliz; (b) não respeita de fato ninguém; (c) pensa o tempo todo em coisas muito ofensivas; (d) não tem tempo para a pessoa; e (e) quer ficar sozinho metade do tempo.

Há muitas coisas que são mesmo uma merda quando se trata de namorar uma funcionária.

Essa lista foi seguida por outra mais curta, intitulada "Argumentos favoráveis":

Gosto de você pra cacete.

Gosto muito de conversar com você. Eu me sinto bem menos preocupado em dizer o que penso a você do que a praticamente todo mundo.

Você compartilha de meus interesses mais importantes.

Você é uma boa pessoa.

Gosto muito de transar com você.

Você é inteligente e admirável.

Tem bom discernimento e não fica de palhaçada.

Aprecia muito de mim pelo que sou.

Depois disso, ela o acompanhou de Berkeley a Hong Kong e reatou o relacionamento. Dois anos depois, o contorno das coisas não tinha mudado. Sam tinha mais capacidade de ver razões para ter sentimentos por Caroline do que de fato ter esses sentimentos. Caroline queria um amor convencional com um homem não convencional. Sam queria fazer o que, a cada momento dado, lhe oferecesse o valor esperado mais alto, e sua estimativa do valor esperado dela parecia disparar pouco antes das relações sexuais e despencar imediatamente depois. Caroline não gostava disso e o expressava a Sam numa série de longos memorandos de aparência profissional. "Há coisas que quero com nosso relacionamento que sinto que não estou obtendo na extensão que desejo", escreveu ela no começo de julho de 2021. Seguiam-se os itens de sempre:

- *Comunicação sobre nossos sentimentos e preferências;*
- *Afirmação coerente/reforço positivo;*
- *Afirmação social de nosso relacionamento, pelo menos em algum contexto.*

Sam listava mentalmente tudo de ruim que poderia acontecer se os outros descobrissem que eles dormiam juntos. Caroline achava que a lista de Sam mascarava os verdadeiros motivos. "Acho que grande parte do que me incomoda é sentir que você tem vergonha de mim", acrescentou ela seis dias depois num memorando subsequente, antes de explicar como e por que aquilo a incomodava:

- *A ideia de contar para as pessoas que namoramos me empolga; nem sempre me senti assim em relacionamentos anteriores, em suma por sentir vergonha; eu me perguntava se os outros pensariam bem ou mal de mim por namorar aquela pessoa;*
- *Se eu sentisse que você via com bons olhos a situação de os outros saberem que estamos namorando, mas só achasse que revelar é uma má ideia, acho que não me importaria tanto;*
- *Mais uma vez, sinto que, se eu fosse melhor/mais admirável, você não teria vergonha de que os outros soubessem que estamos namorando.*

Seus interesses mais profundos continuavam desalinhados. Caroline sentia que, mesmo quando a promoveu a CEO da Alameda Research, Sam ainda desaprovava seu desempenho no trabalho — e ela concordava com isso. "Parece que estou fazendo um serviço muito pior administrando a Alameda do que você faria se trabalhasse com isso em tempo integral", escreveu ela numa resposta da resposta, "e que vou foder coisas importantes se você não tomar a frente de vez em quando".

Dezoito meses antes, a Alameda Research mancava com 40 milhões de dólares de capital de um punhado de amigos altruístas efetivos. Agora, tinha bilhões, boa parte emprestada de desconhecidos em pseudobancos, e um estoque de criptomoedas menos conhecidas, como o FTT, que valiam de 0 a 80 bilhões de dólares, dependendo de quem contasse. O trabalho ficou mais complicado. Caroline claramente precisava de ajuda. Ela pensava em voz alta com o chefe e falava em largar o emprego, romper com ele ou ambos.

Antes que Caroline tomasse qualquer atitude, Sam partiu de novo em outra viagem, em agosto de 2021, agora para as Bahamas, para ver se o local poderia hospedar uma filial ou um local de recuperação de desastres caso, digamos, o governo chinês fechasse a empresa. Ele gostou tanto de lá que decidiu, praticamente na mesma hora, ficar por ali. Pela segunda vez em três anos, Sam avisou ao grupo de pessoas que deveria estar liderando que não voltaria.

7

O ORGANOGRAMA

Não é preciso um psiquiatra para notar um padrão no relacionamento de Sam com Caroline, mas havia um psiquiatra entre eles, George Lerner. No fim de 2021, Lerner talvez fosse a maior autoridade do mundo sobre a vida íntima dos altruístas efetivos. Esse curioso papel surgiu naturalmente para ele, mais ou menos da mesma maneira que a psiquiatria. Ele foi atraído pela intimidade instantânea que ela lhe dava com os outros. "Para ser franco, é incrível escutar as histórias dos outros e ser pago por isso", comentou. Nos primeiros dias no Baylor College of Medicine, foi solicitado aos alunos que levantassem a mão quando citassem o campo que desejavam. Quando pediram cirurgiões, vários alunos levantaram a mão. Quando pediram psiquiatras, a mão de George foi a única a se erguer. Ele se mudou para São Francisco a fim de fazer residência na Universidade da Califórnia e lá ficou para dar aulas e montar um consultório.

George nasceu na Rússia, mas se mudou para a Califórnia com a família quando tinha 11 anos. Saiu da experiência como uma combinação estranha dos dois lugares. Os olhos, o cabelo, a barba sempre por fazer: tudo era parte do mesmo quadro que poderia ter sido traçado por Dostoiévski. Tudo em George era sombrio, a não ser o sorriso. Enquanto o restante do rosto era uma carranca, a boca exprimia jovialidade e até júbilo. Era como se a Califórnia tivesse se esforçado para erguê-lo de um desespero profundo e tivesse parado antes de terminar o serviço. Como consequência, os pacientes provavelmente encontravam em seu comportamento a emoção de que por acaso precisassem no momento.

A primeira leva de pacientes era toda de advogados: um advogado entrou e o recomendou a outro e, quando deu por si, George passava o dia escutando problemas de advogados. "Eles não tinham muitos limites", disse George. "Todos mandaram colegas." Os advogados queriam falar principalmente de seus relacionamentos fracassados, assunto que logo se desgastou. Mas, depois da onda de advogados, veio a onda de executivos de tecnologia, muito mais interessados em falar de trabalho do que os advogados. "O pessoal de tecnologia não falava muito de relacionamentos. Na verdade, queriam que eu os treinasse para serem engenheiros melhores", afirmou George.

O pessoal de cripto começou a aparecer por volta de 2017, ano em que os criptoativos explodiram. Havia dois sabores básicos: os primeiros a chegar foram os originalistas, atraídos pelo Bitcoin quando ainda era uma religião à moda antiga. "Eram, digamos assim, libertários que sempre trabalharam por conta própria e não se encaixavam direito nas grandes empresas por causa de suas opiniões", disse George. "Tinham muitas queixas sobre colegas de trabalho que queriam induzi-los a opiniões a favor do governo. Eram meio paranoicos. Para eles, o mundo é um tipo de conspiração." George viu pessoas assim em quantidade suficiente para perceber que não era por acaso que foram parar no setor de criptoativos. "O Bitcoin emitia um apito de cachorro que atraía esse tipo de gente", disse ele. "Essas pessoas trabalhavam em alguma empresa comum, mas em paralelo tinham esse interesse. Queriam falar de como temiam o governo. Muitas vezes, o cônjuge ou a família não aguentava mais ouvir falar disso."

Elas procuravam George porque o Bitcoin não tinha ouvidos e elas precisavam de alguém que as escutasse. George era adequado para o papel, até certo ponto. Sempre teve facilidade em ocupar o ponto de vista intelectual dos outros. "De certo modo, isso realmente me prejudicou na residência, porque eu não conseguia identificar a psicose", disse ele. "Sou do tipo *consigo ver claramente que, de seu ponto de vista, seus funcionários puseram escuta no telefone.*"

O aumento do preço do Bitcoin jogou na sala de espera de George um segundo tipo de pessoal de cripto: "Eram jovens e descolados, e queriam ganhar dinheiro", disse George. Para ele, eram menos interessante, temiam apenas que o governo tributasse seu lucro.

Então, os altruístas efetivos começaram a aparecer — e, então, George sentiu um interesse novo e mais aguçado pelos pacientes. Gabe Bankman-Fried, irmão mais novo de Sam, foi o primeiro, mas logo chegaram Caroline Ellison e outros da Alameda Research.

Quando Sam chegou, um ano depois, George talvez tratasse vinte altruístas efetivos. Como grupo, eles atenuaram uma preocupação que George tinha sobre si mesmo: o limite de seu poder de empatia. Quando pessoas comuns o procuravam com seus sentimentos comuns, ele percebia que, em geral, fingia entender suas questões. Os altruístas efetivos não precisavam de empatia; eles achavam que nem eles mesmos deveriam se preocupar com os próprios sentimentos. Na busca obstinada de maximizar a utilidade da vida, pretendiam minimizar o efeito desses sentimentos. "Explicavam que as emoções atrapalhavam a capacidade de reduzir as decisões apenas a números", comentou George. "Perguntavam: devo ter um caso? Bom, vamos fazer uma análise de custo e benefício. Os altruístas efetivos adoram essa abordagem", a qual também era adequada para George. Ele não era capaz de sentir o que os pacientes sentiam. Mas conseguia sentir seus pensamentos.

Nunca seria um deles; não tinha certeza de que o altruísmo de fato pudesse existir na natureza humana. Mas os adorava. Para começar, era divertido ver que todos eram jovens — apenas crianças, na verdade, começando na vida. "Parecia que estavam num jogo. Todos tinham uma inteligência fora da curva e uma abordagem de mundo diferente." Logo ele entendeu que não era um jogo. Todos eram total e absolutamente sinceros. Julgavam a moralidade de qualquer ação pelas consequências e levavam a vida de modo a maximizar essas consequências. George aceitou a premissa, assim como aceitou a premissa do pessoal de cripto que se sentia espionado pelo governo. "Meu trabalho não era questioná-los", disse ele. "Internamente, eles tinham coerência, e, havendo coerência interna, para mim tudo bem. E, sabe, ainda que meio esquisito, talvez seja um jeito de realmente beneficiar o mundo."

Como grupo, também era provável que quisessem falar tanto de sua filosofia quanto dos problemas pessoais, e essas conversas filosóficas eram mais divertidas para George do que os problemas, embora ele também os escutasse, o que lhe permitia perceber padrões no comportamento dos novos pacientes. Por exemplo, todos professavam se preocupar com a "humanidade", mas, ao mesmo tempo, eram meio apáticos com relação a amar pessoas reais. "Na verdade, não começa com as pessoas", disse George. "Começa com o sofrimento. A questão é prevenir o sofrimento. Eles se preocupam com os animais tanto quanto com pessoas. Também é importante para eles que a Terra não seja explodida por um asteroide. Mas isso não é um anseio de conexão."

Também se preocupavam com a lógica por trás de seu comportamento; para eles, a coerência não era o espantalho da mente limitada, mas a marca de uma grande mente. Impunham lógica e rigor às decisões mais emotivas — por exemplo, a decisão de ter ou não filhos. "Muitos altruístas efetivos escolhiam não ter filhos por causa do impacto sobre sua vida", dizia George. "Acreditam que ter filhos reduz a capacidade de causar impacto no mundo." No tempo necessário para criar um filho para que se torne altruísta efetivo, seria possível convencer um número grande e indefinido de pessoas que não fossem seus filhos a se tornarem altruístas efetivos. "Parece egoísta ter filhos. O argumento altruísta efetivo para ter os filhos é que filho é igual a felicidade, e felicidade é igual a aumento de produtividade. Se conseguirem meter isso na cabeça, talvez tenham filhos."

O fato de que nada disso era natural para os seres humanos — que eles tinham de pensar para encontrar seu modo de vida — também era importante. "Ser altruísta efetivo tem duas etapas", disse George. "A primeira é o foco nas consequências. A segunda é o sacrifício pessoal."

Com a primeira parte, os altruístas efetivos em geral concordavam; quanto à segunda, havia divergências graves entre eles. Era fácil falar, mas o que você se disporia a fazer para se dedicar a salvar a vida dos outros? Abriria mão dos filhos? Doaria um rim? George sentia que Sam Bankman-Fried vivia numa das pontas do espectro. Ele tinha uma tolerância baixíssima à dor física e recusou a doação do rim. Fora isso, Sam apostava tudo no sacrifício.

Caroline Ellison era diferente. Faltava-lhe autoconfiança. "Na falta de um ego próprio, ela pegava emprestado o de Sam", disse George. "Sam lhe dava uma força interna real." Na população de pacientes altruístas efetivos de George, Caroline definia a outra ponta do espectro de disposição de se sacrificar por seus princípios. Quando o procurou, em 2018, havia dois problemas sobre os quais ela queria falar: o transtorno de déficit de atenção com hiperatividade e seu novo e emocionalmente complicado estilo de vida poliamoroso. Em todas as sessões subsequentes, Caroline apareceu com uma única questão que queria discutir: Sam. Ela tinha se apaixonado por Sam, e este não a amava, fato que a deixava profundamente infeliz. "Eu pensava nela como exceção", disse George. "Achei que ela trocaria o altruísmo efetivo pela reciprocidade no amor na mesma hora."

George não via como trabalho seu explicar Sam a Caroline ou dissuadi-la de buscar o amor dele. "Se eu fosse amigo dela, e não seu terapeuta, lhe diria que nunca conseguiria o que queria vindo daquele cara." Era doloroso escutar seu constante desejo de que Sam assumisse publicamente o relacionamento deles. Depois de quase dois anos em Hong Kong, ela deixou que alguns colegas altruístas efetivos de seu círculo mais íntimo ficassem sabendo. "Esse é o ponto alto do relacionamento para ela", disse George. "Foi algo grande a pedir dele, e ela ficou feliz. Era uma afirmação do relacionamento que demonstrava algum nível de compromisso. Ela nunca obteve dele nada tão significativo." Depois disso, Sam pulou num avião para as Bahamas e nunca mais voltou. Então, poucas semanas depois, ligou para George e sugeriu que ele se mudasse de São Francisco para as Bahamas e se tornasse psiquiatra corporativo da FTX.

* * *

Depois da Cisma e pouco antes da viagem para Hong Kong, Sam saiu à procura de um novo terapeuta. Vários ex-terapeutas não obtiveram com ele resultados frutíferos, principalmente porque não conseguiam acreditar que ele era quem era e insistiam que ele tinha de ser outra pessoa. "Os terapeutas anteriores eram incrédulos a respeito de várias coisas minhas", disse ele. Em idade surpreendentemente precoce, Sam explicou a eles, por exemplo, a decisão que considerava perfeitamente racional de nunca ter filhos. Ou falava da ausência de sentimentos, de nunca sentir prazer. (Eles tinham um nome para isso: anedonia.) Esses terapeutas meio que confirmavam o diagnóstico, mas sem confirmá-lo por completo. "Era tipo: 'O que vocês questionam sobre mim?'", disse Sam. "Não havia um modo claro de avançar com eles. Sei que há coisas em mim que não são comuns, mas eles não conseguiam só aceitar e seguir em frente." Acrescentemos seus terapeutas à lista de pessoas que deixaram de entendê-lo.

O que o fez gostar de George foi o fato de o psiquiatra simplesmente o aceitar como era — e não parecer muito interessado em se dedicar a conversas sem sentido sobre seus sentimentos. Fazia tempo que Sam tinha decidido que qualquer discussão sobre sua vida interior e as consequências dela para os outros era inútil. "As coisas sociais eram basicamente insolúveis", disse ele. Sam não precisava de terapeuta para lidar com seus problemas, embora precisasse de alguém que receitasse seus remédios. Os problemas que interessavam a Sam eram os problemas dos *outros*, e ele logo descobriu que George poderia ser utilíssimo com relação a isso. Digamos, se dois funcionários brigassem, George poderia ajudar Sam a pensar em maneiras de resolver o entrevero. Para quase todo mundo, George era psiquiatra. Para Sam, George se tornou algo parecido com um assessor administrativo. ("Sam nunca queria falar de si mesmo", disse o psiquiatra. "Só falávamos de negócios.")

A insistência de Caroline em tornar públicos os sentimentos dela e de Sam um pelo outro não entraria em nenhuma lista oficial, ou pelo menos não consciente, das razões pelas quais Sam achava que seria melhor ficar nas Bahamas do que retornar a Hong Kong. Em sua mente, não havia apenas uma razão para a mudança, mas várias: a imposição pelo governo de Hong Kong de quarentenas de catorze a 21 dias para quem entrasse no país tornava a viagem ao exterior praticamente impossível; o governo chinês tinha o terrível hábito de prender os diretores de qualquer bolsa de cripto em que conseguissem pôr as mãos e congelar arbitrariamente seus recursos, o que deixava todo mundo nervoso na FTX; os advogados e alguns funcionários chineses importunavam Sam o tempo todo com questões acerca desses riscos; os funcionários da FTX criaram um plano de fuga para Sam e Gary, do qual Sam não fazia ideia, a ser posto em prática caso a polícia chinesa aparecesse atrás deles (chamavam-no de "Plano 007": havia dois brutamontes de guarda na entrada do escritório, uma saída nos fundos e um jatinho com tanque cheio pronto para levar os dois para um lugar seguro a qualquer momento). Ainda assim, por mais que a polícia chinesa fosse assustadora, para Sam era menos preocupante do que Caroline. "Eu me sinto mal despejando tudo isso em você", ele lhe escreveu pouco antes de fugir de Hong Kong. Então, começou seu próprio memorando empresarial:

1. Eu não gosto *nada, nada* de pessoas sabendo que namoramos. As razões basicamente são:
   1.1 Torna dificílimo para mim fazer uma boa administração por causa da preocupação com os vieses;
   1.2 Potencialmente, é muito ruim para as relações públicas;
   1.3 Fico me sentindo bem desconfortável;
   1.4 As pessoas se sentem desconfortáveis com você no trabalho.
2. Fiquei muito descontente com o vazamento da conversa a esse respeito no escritório:
   2.1 Entendo que você goste que vaze, mas eu, não, e, para mim, esse é quase um fator decisivo;
   2.2 Também acho que você está errada por gostar que vaze; acho que está esquecendo os efeitos de segunda ordem.

3. Isso acontece de várias maneiras. Alguns exemplos:

3.1 Se eu for até você especificamente e me despedir em um evento cheio de pessoas onde nós dois estivermos, não será muito sutil;

3.2 Ser indiscreto sobre encontrar maneiras de nos vermos (pelo menos, isso é tanto culpa minha quanto sua);

3.3 Contar aos outros.

4. Tenho muito receio de acabar numa armadilha em que um relacionamento transforme minha vida de um jeito ruim.

5. Principalmente, quero mesmo que você fique mais forte, e temo que em parte eu esteja fazendo o contrário:

5.1 Temo que a vontade de me impressionar seja grande demais em sua mente;

5.1.1 Você não precisa disso; já me impressiona.

5.2 Temo que o medo de meu julgamento faça você ter aversão a algumas coisas.

Ele terminou com uma só frase: "Lamento muito que eu seja uma pessoa tão merda para namorar".

No fim do verão de 2021, a parte mais difícil não era partir de Hong Kong, mas descobrir para onde ir. Tinha de ser algum lugar com regulamentação financeira que permitisse explicitamente uma bolsa de futuros em cripto. Isso eliminava a Europa e os Estados Unidos. Taiwan não servia, pois os chineses podiam invadi-lo a qualquer momento. Antigua tinha leis boas, mas internet ruim. O Uruguai era meio esquisito. Dubai talvez servisse, mas seria difícil para a população grande e crescente de funcionárias chinesas, e Sam se indignava com a ideia de um governo que dizia às pessoas o que podiam ou não vestir. Cingapura, Gibraltar, Israel... a lista de lugares em que a FTX teria legalidade gerou uma série de nomes que não dariam certo por várias razões. Estranhamente, as Bahamas nem apareceram naquela lista inicial; mas aí Ryan Salame visitou o país para comprar uma casa de veraneio e descobriu que a Comissão de Títulos e Valores Mobiliários das Bahamas estava dando os últimos retoques em novos regulamentos sobre os criptoativos.[17] As Bahamas tinham uma internet ótima, trazida da Flórida por cabo submarino. Tinham um sistema tributário neutro que dava crédito aos tributos pagos em outros países, muito espaço para escritórios e um número realmente imenso de condomínios de luxo vazios à espera de se transformarem em moradia de trabalhadores. E estavam tão famintas por qualquer tipo de negócio que, quando desembarcou para conhecer o lugar, Sam se viu numa reunião com o primeiro-ministro recém-eleito. "Sam, estamos falidos", confessou ele.

Sam não estava falido. Na verdade, naquele momento, Sam era o contrário de falido. A Alameda Research não pagava mais taxas de juros dignas de agiotagem para tomar emprestadas dezenas de milhões de dólares de altruístas efetivos. Os novos emprestadores de criptoativos, como Celsius e Genesis, se dispunham a entregar coletivamente à Alameda Research

---

17 Esta é uma nota de rodapé que ficará na página como, na época, ficava na vida real: como uma distração da história. Mas há bastidores, e uma pessoa, que você precisa conhecer para entender o espírito da empresa e o que estava por vir. Na década de 1970, as Bahamas demoraram para criar a regulamentação do setor de seguros e perderam uma imensa oportunidade econômica quando um setor florescente de resseguros se instalou nas Bermudas, cujos reguladores foram mais rápidos. Por depender inteiramente do turismo marítimo de cruzeiro, as Bahamas pagaram um preço e ficaram numa posição arriscada — risco que se tornou uma realidade quando a Covid interrompeu todos os cruzeiros e torpedeou a economia. Em 2015, uma mulher chamada Christina Rolle assumiu o cargo de principal reguladora financeira como diretora-executiva da Securities Commission, a comissão de títulos e valores mobiliários das Bahamas. A característica que a definia era a falta de presunção. Era tranquila, pensativa e curiosa sobre o mundo, e consciente de que os serviços financeiros ofereciam às Bahamas um dos poucos modos de expandir sua classe média. No fim de 2018, ela já ouvira palestras recheadas de PowerPoint de reguladores financeiros em suficientes conferências internacionais para perceber que todos evitavam lidar com criptoativos. Ela decidiu fazer o que os reguladores americanos até então não tinham feito: sentar-se e redigir as regras para legalizar boa parte das criptofinanças. "A tecnologia não vai sumir", disse ela. "E o que vai acontecer com ela vai desorganizar os serviços financeiros de um modo que não podemos prever." Ela estava consciente do risco: as regras para permitir determinada atividade financeira são redigidas sem que ninguém saiba o que vai aparecer pela frente nem o que vai acontecer. "Não tínhamos ninguém em mente, absolutamente ninguém. Não sabíamos quem poderia chegar. Eu pensei que, a princípio, como as Bahamas são tão pequenas, ninguém as reconheceria de pronto, mas pelo menos participaríamos do mercado", disse ela. Então, do nada, no fim do verão de 2021, o fundador da bolsa de cripto mais badalada do mundo apareceu e fez Christina Rolle parecer um gênio. Ela permaneceu cautelosa. "Meu medo era acordar de manhã e me deparar com uma grande manchete de algo que não havia previsto", disse ela no início de 2022. "Porque há muita gente observando nos bastidores e esperando para falar 'eu avisei!'. Há muitos criptocéticos por aí." Guarde essa ideia.

entre 10 e 15 bilhões de dólares à taxa de 6%. O nível de retorno dentro da Alameda vinha declinando sem parar, mas, com acesso a vasta quantidade de capital barato, o lucro bruto do trading não parava de subir: de 50 milhões de dólares em 2018 para 100 milhões em 2019, 1 bilhão em 2020, outro bilhão em 2021. E esse era só o lucro do trading; o número não incluía o ganho aparentemente vasto e não realizado do estoque de tokens de Sam.

Em março de 2020, um engenheiro do Vale do Silício chamado Anatoly Yakovenko lançou uma blockchain nova e melhorada que oferecia uma solução para o que talvez fosse o maior ponto fraco do Bitcoin como meio de troca: a enorme lentidão. O Bitcoin só podia validar sete transações por segundo. A nova blockchain Solana prometia processar até 65 mil transações por segundo. Sam não tinha capacidade independente de avaliar a novidade, mas perguntou a quem tinha e logo se deu conta de que o token Solana seria o cripto do futuro. Mesmo que não fosse, a história do Solana era tão boa que as pessoas poderiam enxergá-lo dessa forma e fazer o preço de seu token subir. Dezoito meses depois, a Alameda possuía cerca de 15% de todos os tokens Solana, a maioria deles comprada a 25 centavos cada. O preço de mercado do Solana subiu até 249 dólares, mil vezes mais do que Sam pagou por eles, e o valor nominal do estoque inteiro de Sam era de mais ou menos 12 bilhões de dólares. Era difícil saber o valor de revenda de uma participação tão imensa. Mas o fato era que havia um mercado real de tokens Solana. Dois bilhões de dólares dessas coisas eram negociados todo dia. "Fiquei assombrado", disse Sam.

O Solana era um microcosmo de tudo o que Sam alcançava naquele momento. Havia uma história que Sam amplificou ao adotá-lo. "Era a prova mais completa já encontrada da hipótese de que podíamos ter uma vantagem insanamente grande em coisas como essa", disse ele. "Era autorrealizador. O fato de ocuparmos uma posição grande foi uma das causas da subida."

Havia mais disso no covil de dragão de Sam. A Alameda também sugou cerca de metade dos tokens FTT existentes, por exemplo, e criou para Sam, de fato, uma segunda participação na FTX, com direito a cerca de um sexto de toda a sua receita. Nos dezoito meses anteriores, o preço do FTT subiu de cerca de 3 dólares para uns 80. Novamente, era difícil determinar o valor caso Sam quisesse se desfazer dos FTTs de uma vez só. Mas os emprestadores de cripto estavam satisfeitos em lhe emprestar bilhões de dólares com o FTT como garantia; assim, para pôr as mãos no dinheiro, ele não precisava vendê-los.

Ainda havia a participação patrimonial de Sam na FTX, que era algo muito real. Um grande número de capitalistas de risco pagou 2,3 bilhões de dólares por meros 6% da empresa. Sam tinha boas razões para acreditar que agora conseguiria vender uma parte ainda menor por vários bilhões a mais a um grupo ainda maior. A FTX sustentava o império crescente: uma empresa de verdade, com receita e lucro em alta. Na verdade, ela nem precisava de capital de risco (para comprovar este fato, Sam, depois de tomar 200 milhões de dólares da Sequoia Capital em troca de parte da FTX, deu meia-volta e investiu 200 milhões de dólares da Alameda Research num dos fundos da Sequoia). Agora, a FTX era a bolsa de criptoativos que mais crescia no mundo e o cassino preferido dos grandes traders profissionais. Em menos de três anos, passou de 0 a 10% de todo o trading de cripto. Em 2021, a empresa geraria uma receita de 1 bilhão de dólares.

E, obviamente, ainda tinha muito espaço para conquistar. A Binance, sua maior rival, tinha cinco vezes o volume de trading da FTX, ou seja, provavelmente teria cinco vezes a receita e o valor de mercado da FTX. Os especialistas que tentavam determinar o valor atual dos ricos tinham dificuldade em atribuir valor a CZ. Ninguém sabia direito qual porcentagem da Binance realmente pertencia a ele. Em 2021, a *Forbes* listou a riqueza de CZ como menor do que a de Sam, mas nem Sam nem ninguém dentro da FTX acreditou nisso. Sam achava que CZ podia ser a pessoa mais rica do mundo. E, para as pessoas que forneciam capital a Sam, CZ parecia vulnerável. Quando olhou para Sam no outono de 2021, a *Forbes* o denominou como a pessoa mais rica do mundo com menos de 30 anos. Quando os capitalistas de risco olharam Sam, identificaram o cara que logo poderia substituir CZ como a pessoa mais rica do mundo, e ponto-final.

Todos esses fatos explicavam o que Sam estava prestes a fazer naquele momento — e o que, mais tarde, ficaria muito mais difícil de explicar ou mesmo de acreditar. Ele decidiu tornar a FTX a exchange de cripto mais regulamentada e cumpridora das leis e das regras do mundo. Adquirir o máximo de licenças para operar legal e abertamente no maior número possível de países. A aposta era de que o estado de direito moldaria os mercados sem lei de cripto. No fim de 2021, 16% dos norte-americanos afirmavam ter se aventurado nos criptoativos. Na Ásia, o número era ainda maior. Era apenas questão de tempo, pensou Sam, para que os reguladores enfrentassem os criptoativos e banissem as bolsas não autorizadas.

A estratégia era, de certa forma, oposta à da Binance. Quando a FTX surgiu, em maio de 2019, a Binance era apenas uma no punhado de bolsas de cripto com mais ou menos os mesmos 10% de participação no mercado. Delas, a BitMEX logo entrou em conflito com o Departamento de Justiça dos Estados Unidos por "deixar voluntariamente de criar, implementar e manter um programa contra a lavagem de dinheiro", e seus fundadores, dois norte-americanos e um britânico, foram multados, receberam liberdade condicional e ficaram em prisão domiciliar. Duas outras bolsas, a OKEx e a Huobi, viram seus executivos supostamente serem levados pela polícia chinesa e tiveram seus ativos congelados. CZ partiu da China três anos antes, no fim de 2017, antes da ação do governo naquele ano, uma das várias antes e depois. Foi primeiro para Cingapura e, finalmente, se instalou em Dubai, que, entre seus encantos, não tinha tratado de extradição com os Estados Unidos. Isso foi útil, pois, em geral, a primeira reação de CZ às novas regras e regulamentos era ignorá-los e contar que faltasse aos reguladores coragem ou recursos para agir.

Até então, essa era a coisa mais inteligente a fazer. Em dois anos, a participação da Binance na negociação de criptoativos explodiu de 10% para 50%. Ela oferecia produtos financeiros que os reguladores locais tinham proibido ou ainda não aprovavam, e os reguladores não pareciam dispostos a fazer grande coisa a respeito. O token de bolsa da própria Binance, chamado BNB, era um exemplo. O BNB era para a Binance o que o FTT era para a FTX: um direito à receita da empresa. Seria possível apresentar o argumento sensato de que o Bitcoin não era um título, e a

Commodity Futures Trading Commission o adotou e declarou que ele era uma mercadoria. Não havia argumento semelhante a fazer sobre o BNB e o FTT. Eles foram criados e vendidos aos investidores para levantar recursos para empresas que buscavam o lucro. Pagavam dividendos aos proprietários sob a forma de taxas mais baixas na bolsa e nos acordos de *buyback and burn* (ou recompra e queima). Encaixavam-se em todas as definições de título. Se alguém tentasse vendê-los a investidores norte-americanos dentro dos Estados Unidos, seria difícil imaginar que a Securities and Exchange Commission fingisse não ver. Ainda assim, a Binance vendia BNB — e muito mais — a norte-americanos dentro dos Estados Unidos. Nas palavras imortais enviadas pelo *diretor de compliance* da Binance a um colega em 2018: "A gente opera nos Estados Unidos como a porra de uma bolsa de títulos e sem licença, mano". (Esse e outros petiscos parecidos vieram à luz num processo da SEC contra a Binance cinco anos depois, em junho de 2023.)

Com a disposição de cortejar a ira dos reguladores financeiros norte-americanos, as bolsas de cripto se encaixavam em pelo menos quatro categorias. Um pequeno grupo de minúsculas bolsas dos Estados Unidos só vendia bitcoin e ether, as duas moedas mais antigas, abençoadas pela SEC como mercadorias e abertamente reguladas pela CFTC (é um pouco estranho que, quanto mais antiga a moeda, mais as pessoas as considerassem mercadorias). A nova bolsa norte-americana da FTX vendia essas duas moedas e talvez outras dezoito mais novas, nenhuma delas com as propriedades mais óbvias de um título. Nenhuma delas tinha características de recompra e queima, por exemplo, nem pretendia unicamente obter recursos para alguma empresa com fins lucrativos. A Coinbase, bolsa que atendia ao maior número de clientes norte-americanos, parecia disposta a correr mais risco regulatório. Ela vendia cerca de quinhentas moedas, inclusive algumas que a SEC via bem claramente como títulos, e seu CEO, Brian Armstrong, usava o Twitter para criticar os reguladores pelo "comportamento superficial". No entanto, a própria Coinbase não tinha nenhum token de bolsa do tipo do FTT e, portanto, não estava na posição mais ousada de usar a bolsa para vender seus títulos não regulamentados aos investidores norte-americanos. Só a Binance fazia isso com o BNB.

Em sua nova bolsa de cripto no país, que vendia no varejo a investidores norte-americanos o que, de fato, eram ações, a Binance deu uma banana para os reguladores. De quebra, aumentou incrivelmente o valor do BNB. Quando a Binance abriu formalmente sua bolsa nos Estados Unidos, em setembro de 2019, a capitalização de mercado do BNB era de quase 3 bilhões de dólares. No outono de 2021, chegou a 100 bilhões. Não se sabe até que ponto esse aumento foi impulsionado pela demanda dos investidores norte-americanos, mas, mesmo assim, Sam deu um palpite: 20 bilhões — diante deste número, a ira dos reguladores norte-americanos parecia um preço pequeno a pagar.

Por isso, quando examinou a situação, Sam decidiu que a estratégia da Binance era insustentável. Que o caminho mais inteligente era ser a bolsa mais obediente às leis e amiga dos reguladores. A FTX poderia usar a lei e os reguladores para transferir para si o trading de cripto da Binance. Caso os países ainda não tivessem as leis, um pequeno exército de advogados da FTX os auxiliaria na criação. No país que mais importava, aquele cujos reguladores financeiros perseguiam pessoas fora de suas fronteiras e impunham regras no mundo inteiro, Sam assumiria pessoalmente a liderança. Ele decidiu convencer o governo dos Estados Unidos a regulamentar os criptoativos e punir os que violassem as novas regras, fazendo da FTX a queridinha dos criptoativos (no ponto de vista de Sam, talvez a melhor coisa das Bahamas fosse a proximidade dos Estados Unidos).

Agora, na cabeça de Sam, os Estados Unidos eram o maior objetivo. Havia uma bolsa de cripto titular, a Coinbase. Mas o CEO da Coinbase já tinha publicado tuítes insultuosos sobre a SEC. E, comparada com a FTX, a Coinbase era um cassino chato e inflado. Tinha *quinze vezes* mais funcionários do que a FTX e só um quinto do volume. Mesmo cobrando dos investidores varejistas taxas de cinco a cinquenta vezes mais altas do que a FTX, ainda sofria grande prejuízo. Mesmo assim, era uma empresa de capital aberto, com mais de 75 bilhões de capitalização no mercado. Se obtivesse a licença para oferecer contratos futuros de criptoativos nos Estados Unidos e tivesse pleno acesso aos investidores norte-americanos, a FTX poderia roubar os clientes da Coinbase e sua capitalização de mercado. Ao menos assim pensava Sam, que também achava que a licença poderia dobrar e até triplicar o valor da FTX da noite para o dia.

Antes de tomar qualquer atitude, Sam precisava se livrar de CZ, que ainda possuía a participação na FTX comprada no fim de 2019 por 80 milhões de dólares. Desde então, as relações entre a Binance e a FTX tinham se deteriorado até virar um ressentimento fervilhante. A Binance era o agressor da turma, a FTX, o nerd, e as duas tinham prazer em usar seus poderes especiais para atormentar a outra. O lançamento dos futuros da Binance foi um desses casos. Para criar uma plataforma de trading de futuros de criptoativos, a equipe interna da Binance levou três meses a mais do que Gary sozinho para criar a da FTX. Depois que começou a rodar, ela atraiu pouco interesse. Ou melhor, como Sam notou de imediato, o trading que havia no novo contrato de futuros da Binance era suspeito: em vez dos fluxos espasmódicos de atividade natural do mercado, havia um *tique-tique-tique* regular de negociações. Ele desconfiava de que a Binance tinha criado bots para negociar o novo contrato consigo mesma e criar uma ilusão de atividade.

O wash trading, nome dado a esse tipo de operação, seria ilegal numa bolsa norte-americana regulamentada, embora sua existência não incomodasse muito Sam. Ele achou meio engraçado o descaramento com que muitas bolsas asiáticas faziam isso. No verão de 2019, a FTX elaborou e publicou uma análise diária da atividade de outras bolsas. Nela, estimava-se que 80% ou mais do volume das bolsas de segundo e terceiro níveis e 30% do volume das maiores bolsas era falso. Pouco depois de a FTX publicar a primeira análise da atividade de trading de criptoativos, uma bolsa ligou e disse: "Vamos demitir nossa equipe de wash trading. Espere uma semana e o volume será real". As principais bolsas exprimiram alívio e gratidão pela análise, pois, até então, muita gente supunha que mais de 30% das operações eram falsas.

Sam ficou menos surpreso com o wash trading da Binance do que com o método péssimo que usavam. "Seu serviço de manipulação de mercado receberia uma nota 5", disse ele. Um bot da Binance abria um grande spread nos futuros de bitcoin; outro bot da Binance entrava e elevava a oferta mais alta. Para manter os números simples, se o valor justo do bitcoin fosse de 100 dólares, o primeiro bot inseria um lance de 98 e uma oferta de 102 dólares. Nenhum trader normal operaria contra isso; por que vender por 98 e comprar por 102 na Binance o que você poderia comprar ou vender em qualquer outra bolsa por 100 dólares? Aí, em intervalos regulares e previsíveis, o segundo bot da Binance entrava no mercado e comprava a 102 dólares. Parecia que uma negociação tinha ocorrido dos dois lados, mas não. Era só a Binance comprando da própria Binance.

Sam estava adorando: era como o trading da Jane Street de novo. Em resposta, ele mandou seus traders da Alameda Research criarem bots próprios e mais ágeis. Os bots da Alameda inseriam ofertas um pouquinho mais baratas do que as dos bots da Binance. O bot da Binance se oferecia para vender um contrato futuro de bitcoin a 102 dólares e, momentos antes que o segundo bot da Binance aparecesse para comprar, o bot da Alameda oferecia a mesma coisa por 101,95 dólares. Em vez de comprar bitcoin de si mesma a um preço inflacionado, a Binance comprava da Alameda Research por um preço quase tão alto.

Vender aos bots da Binance por 101,95 dólares o que poderiam comprar em outro lugar por 100 foi dinheiro fácil para a Alameda. Mas aí a equipe de futuros da Binance começou a notar que seu wash trading estava dando prejuízo e reclamou com CZ. O fato de que não contaram tudo ou de não perceberem o que tinha acontecido ficou evidente na resposta confusa de CZ:

CZ Binance ✅
@cz_binance

Um formador de mercado de uma bolsa de futuros menor tentou atacar a plataforma de futuros da @binance. NINGUÉM foi liquidado, porque usamos o preço de índice (não de futuros) para as liquidações (inovação nossa). Só o atacante perdeu muito dinheiro, e foi isso.

O ORGANOGRAMA

CZ Binance ✓
@cz_binance

O atacante é uma conta conhecida que negocia com @binance e abriu sua própria bolsa de futuros alguns meses atrás. Foi a segunda tentativa deles. Vergonha!

19:10 — 15 de set de 2019

"Foi um comportamento muito chinês simplesmente não me ligar e dizer: 'Ei, você pode parar?'", disse Sam. Depois disso, ele telefonou para Wei Zhou, diretor financeiro da Binance, numa conversa esquisita: o CEO de uma bolsa de cripto ligando para o CFO de outra para lhe informar que, se não quisesse perder dinheiro em seu novo contrato de futuros, precisaria melhorar a manipulação do mercado. Wei Zhou falou com CZ, que ligou para Sam para uma breve conversa, mas não inamistosa; foi quando Sam concluiu que os traders ainda não tinham contado a CZ o que realmente havia acontecido. O que lhe contaram o levou a tuitar uma retratação que fazia tão pouco sentido quanto o que já tinha escrito:

CZ Binance ✓
@cz_binance

Tive uma conversa com o cliente. Foi um acidente devido a um mau parâmetro do lado dele. Não foi intencional. Está tudo bem agora.

20:55 — 15 de set de 2019

Nos dezoito primeiros meses de existência da FTX, houve várias outras desavenças desse tipo com a Binance. CZ desenvolveu o que três funcionários seus na época descreveram como obsessão pelo novo rival. Ele pedia ao pessoal relatórios regulares sobre a FTX e falava da FTX de um jeito diferente de outras bolsas. "CZ é superastuto", disse um eles. "Ele nunca fala de nenhuma bolsa. Acha que é marketing gratuito. Mas a FTX o deixou preocupado. Desde 2019, ele só falava da FTX. Achava que era a única ameaça real à sua posição." Uma ameaça da qual, estranhamente, ele era o segundo maior acionista depois de Sam.

Em meados de 2021, Sam viu que não conseguiria convencer os reguladores e, ao mesmo tempo, ter CZ como grande investidor. Para ser o queridinho da professora, não dá para se sentar no fundão da sala de aula com o baderneiro de jaqueta de couro. A primeira coisa que qualquer regulador pediria seria a lista dos investidores e seus detalhes pessoais. "Eles estavam perguntando a CZ qual era a situação de sua família e onde ele morava, e CZ não queria revelar nada", disse um ex-funcionário da Binance. No fim, Sam disse a CZ que queria comprar suas ações da FTX. Pela participação que adquirira por 80 milhões de dólares, CZ pediu 2,2 bilhões, e Sam concordou em pagar. Pouco antes de assinarem o contrato, CZ insistiu, sem uma razão aparente, em mais 75 milhões de dólares, e Sam também pagou. Se ficou grato por esses 2 bilhões de dólares caídos do céu, CZ escondeu o sentimento. "A partir de então, foi a guerra fria", disse Sam.

A compra da participação de CZ ocorreu contra o pano de fundo do maior ataque de relações públicas. Agora Sam era figurinha carimbada na televisão e saíra na capa da revista *Forbes*. Ainda não fazia ideia de como criar uma marca e, como sempre, não havia ainda interesse na opinião dos especialistas a esse respeito. Decidiu descobrir do zero, conversando internamente, distribuindo algum dinheiro e testando o que funcionava. Com uma das mãos, ele entregava 2,275 bilhões de dólares a CZ; com a outra, escrevia memorandos a pessoas dentro da FTX nos quais ruminava, como faria um marciano, sobre o que levava os norte-americanos a gostar de um produto e a confiar nele. "Atualmente, estamos à frente em tecnologia e classificação favorável e atrás em reconhecimento do nome", escreveu. "Precisamos fazer cinquenta milhões de usuários de baixo engajamento decidirem trocar a Coinbase pela FTX. Isso vai exigir um impulso bem forte!"

Ele começou a notar que poucas campanhas de marketing tiveram o efeito que esperava obter com a da FTX. Ele só contou três:

1. *Yes we can*: Barack Obama
2. *Just do it*: Nike. Muitos atletas, mas dois fizeram a marca: Michael Jordan e Tiger Woods
3. *Think different*: Apple. Albert Einstein, John Lennon, Martin Luther King Jr., Muhammad Ali, Rosa Parks, Gandhi, Alfred Hitchcock etc.

O ORGANOGRAMA 167

O pessoal de cripto era composto majoritariamente de homens jovens, fazendo parecer óbvio usar celebridades do esporte para conquistar seu amor e confiança. Mas, mesmo no estreito mundo dos esportes, aquilo a que as pessoas prestavam atenção parecia arbitrário para Sam. Por exemplo, nos Estados Unidos, todos sabiam e se importavam com o nome das empresas que batizavam os estádios, mas ninguém sabia nem se importava com o nome das empresas gravados na camiseta dos jogadores. E não havia uma regra do comportamento humano para que assim fosse: na Europa, todos sabiam e se importavam com o nome das empresas na camiseta dos jogadores, mas não com a empresa que dava nome ao estádio. Não houve um momento em que os norte-americanos combinaram que os patrocinadores dos estádios eram importantes; isso simplesmente aconteceu. "E, quando todos concordam com o que importa, o padrão se repete", disse Sam.

A inicial cautela geral com o dinheiro dos criptoativos complicou um pouco mais a compra de direitos para batizar uma arena desportiva profissional. A FTX tentou e não conseguiu patrocinar os estádios usados pelos Kansas City Chiefs e pelos New Orleans Saints. Assim, quando alguém do Miami Heat fez contato para sugerir que a FTX comprasse os direitos do nome de seu estádio por 155 milhões de dólares pelos próximos dezenove anos, Sam aproveitou a oportunidade. O fato de o acordo exigir aprovação não só da NBA como do Miami-Dade Board of County Commissioners, um órgão do governo, era um bônus. Isto feito, eles poderiam mostrar uma entidade governamental que teria abençoado a FTX.

Quando o nome da empresa apareceu num estádio norte-americano, ninguém mais recusou seu dinheiro.[18] Eles fizeram chover dinheiro nos esportes profissionais dos Estados Unidos: Shohei Ohtani, Shaquille O'Neal e LeBron James se tornaram seus porta-vozes. Eles pagaram 162,5 milhões

---

18 A princípio, Steph Curry declinou, mas acabou mudando de ideia. Muito depois, seria noticiado que Taylor Swift tinha recusado o dinheiro da FTX, afirmação que não era verdadeira. A FTX fez um acordo com Swift para lhe pagar entre 25 e 30 milhões de dólares por ano, mas no caso foi Sam quem pulou fora. "Ela queria", disse Natalie Tien, "mas Sam ficava adiando a resposta à equipe dela". Outra pessoa intimamente envolvida na negociação entre Swift e a FTX disse: "Taylor não recusou. Estava esperando que Sam assinasse, mas ele não assinou".

de dólares à Major League Baseball para pôr o nome da empresa no uniforme dos árbitros — porque Sam achava que ter o logotipo da FTX no uniforme dos árbitros seria mais eficiente do que cunhá-lo no uniforme dos jogadores. Em basicamente todas as tomadas de TV de todos os jogos da Major League Baseball, o espectador veria a marca da FTX. "A NBA nos incluiu num processo de validação", disse Dan Friedberg, advogado da FTX. "A Major League Baseball simplesmente aceitou!"

Ainda assim, parecia incerta para Sam a ideia de que alguém poderia considerar um produto mais desejável só porque uma pessoa famosa mentia e afirmava que o usava. "Se for comprar alguma coisa, você dá mesmo importância ao que Baker Mayfield ou Dak Prescott pensam?", perguntou ele à coletânea aleatória de funcionários da FTX nomeados para ajudá-lo a pensar no assunto, como se ninguém tivesse pensado nisso. "Se eu lhe dissesse que Baker Mayfield realmente gosta de alguma seguradora de imóveis, você provavelmente não trocaria a sua."

Não é que a divulgação com as celebridades não fizesse diferença, mas que seu efeito era imprevisível: havia alguma interação misteriosa entre pessoa e produto que, muito de vez em quando, penetrava na imaginação do público. "Kevin Durant é um jogador de basquete muito bom!", escreveu Sam, "mas é pouco provável que você se importe com o carro que ele dirige. E se LeBron James tiver um Tesla? Quer dizer, é claramente improvável que você vá lá comprar um igual, mas é preciso reconhecer que, provavelmente, a divulgação tornaria um pouco mais provável que alguém acabasse comprando".

Ele decidiu que, com alguns produtos, nenhuma celebridade poderia ajudar. ("Um contrato de endosso qualquer deixaria você muito empolgado para comprar um Nissan? Acho que nada faria isso acontecer comigo.") Com outros produtos, era uma questão de quem exatamente daria esse endosso. Ele passou a ver o problema como se fosse achar "uma das poucas pessoas ou coisas do mundo que de fato estimulam nossa imaginação". E, de todas as coisas que fizeram para promover a marca, só três realmente importavam, pensou ele, e uma mais do que todas as outras: Tom Brady.

Seria de se pensar, como Sam considerou a princípio, que, se alguém quisesse pagar um quarterback da NFL para dizer que usava a FTX, faria pouca diferença ser Tom Brady, Aaron Rodgers ou Dak Prescott. Talvez houvesse quem achasse que Brady seria um pouco melhor, e que o endosso de Rodgers valeria, digamos, metade do de Brady. Mas, em toda parte, as pessoas mencionavam a Sam que tinham ouvido falar da FTX por causa de Brady. Dificilmente alguém mencionava algum dos outros garotos-propaganda. "Era muito óbvio o que era efetivo e o que não era", disse Sam. "Por mais que tenha tentado, não consigo descobrir o porquê. Ainda não sei como verbalizar esse resultado." O marciano descobriu outro fato esquisito, mas verdadeiro, da vida humana moderna: há poucas pessoas na imaginação coletiva. "Ninguém se importa que a Coinbase tenha Russell Wilson como porta-voz depois que pegamos Brady", escreveu Sam num memorando à equipe.[19] De fora, parecia que a FTX criava sua marca em torno de um líder estranhamente carismático e talvez egocêntrico. A realidade era ainda mais estranha. A FTX gastava uma fortuna para aprender rapidamente a vender um produto sem muita informação de quem já tivesse feito isso. De certo modo, a abordagem claramente deu certo: na mente do consumidor norte-americano, a FTX ficou cada vez mais conhecida, e Sam Bankman-Fried, cada vez mais famoso. Do contrário, não fazia muito sentido: na verdade, a FTX ainda não tinha muita utilidade para o consumidor norte-americano. Eles abriram uma pequena exchange nos Estados Unidos, na qual os investidores estadunidenses pouco podiam fazer. A venda dos produtos mais importantes da bolsa, os futuros de cripto, era ilegal para os norte-americanos. Eles gastavam muito dinheiro num negócio que podia ou não acontecer.

* * *

---

19 Houve um preço na contratação de Tom Brady, além dos 55 milhões que lhe pagaram, mas na época parecia trivial: o acordo conjunto de 19,8 milhões com Gisele Bündchen. Com Gisele, veio uma campanha de celebridades, com uma assessora de marketing de moda que logo criou ideias próprias sem muita supervisão. Foi por meio dessa assessora que, sem que entendesse direito como aconteceu, Sam se viu na ligação pelo Zoom com Anna Wintour, tentando descobrir em que Met ficava a festa. Logo, seu rosto estava estampado em páginas duplas de revistas de moda e em pontos de ônibus do país todo. Depois disso, ele demitiu a assessora de marketing de moda. "Tudo fazia parte do acordo de celebridade com Gisele", disse Natalie Tien, que na época administrava a vida de Sam na mídia. "Era muito constrangedor. Ninguém na FTX gostava dessa ideia, inclusive o próprio Sam."

Tirando o psiquiatra e um ou outro advogado, ainda não havia ninguém dentro da FTX que tivesse muita experiência naquilo que se fazia ali — o que quer que fosse —, a não ser pela própria experiência adquirida trabalhando para a FTX. Ninguém via razão alguma para abrir uma exceção para os arquitetos. Numa viagem de bicicleta pelos Estados Unidos visando levantar recursos para uma boa causa, Ryan Salame conheceu uma arquiteta de 20 e tantos anos chamada Alfia White. Uma coisa levou a outra, e, de repente, Alfia recebeu de Ryan a encomenda do projeto de uma casa de veraneio para ele em Bali. Quando Sam surpreendeu Ryan e chamou a empresa toda para segui-lo até as Bahamas, Ryan correu para achar um lugar onde sediá-la. Como não achou nenhum lar permanente adequado, contratou Alfia para projetar a nova sede corporativa da FTX. Alfia nunca tinha feito nada parecido.

Ela convidou Ian Rosenfield, um amigo da faculdade de arquitetura, para ajudá-la. Um fato curioso sobre Ian, além de também nunca ter projetado prédios comerciais, é que tinha sido colega de Sam no ensino médio. Ele ficou chocado ao descobrir que, além de ser uma das pessoas mais ricas do mundo, Sam Bankman-Fried também trabalhava, de certo modo, com outros seres humanos e até os gerenciava. Ian ainda tinha na cabeça a imagem do gênio que ninguém conhecia, que caminhava sozinho fazendo barulho pelo calçada da Crystal Springs Uplands School com sua mochila de rodinhas.

Alfia e Ian foram para as Bahamas e instalaram-se numa sala de reuniões da FTX para descobrir o que fazer. Sam entregou a Ryan o talão de cheques e lhe disse que comprasse um espaço de escritório e o máximo possível de moradias para os funcionários com a maior agilidade possível, sem se preocupar com o custo. Ninguém era melhor em ser tão despreocupado com custos quanto Ryan. Em questão de semanas, ele adquiriu entre 250 e 300 milhões de dólares em imóveis, inclusive 153 milhões de dólares em apartamentos de um resort novo e caro chamado Albany. Para servir de sede temporária, ele adquiriu um deprimente parque com uma dúzia de predinhos de escritórios. Estavam plantados em 2,5 hectares de asfalto, cercados por uma folhagem densa que um cientista ou incorporador chamaria de floresta subtropical, mas que qualquer um lá dentro chamaria de selva.[20]

Nesse processo, Ryan pagou 4,5 milhões de dólares para adquirir, como local da nova sede da empresa, 2 hectares de uma verdadeira selva numa praia estreita de West Bay. Ele entregou a terra e um orçamento de várias centenas de milhões de dólares aos jovens arquitetos e, basicamente, ordenou: "Fiquem à vontade". Um projeto desse tamanho normalmente exigiria um gerente de projeto, um representante do proprietário e vários outros adultos de rosto enrugado, mas Ryan deixou os dois jovens arquitetos cuidarem de tudo sozinhos. "Teríamos de projetar uma minicidade", disse Ian.

Antes que projetar um espaço para acomodar a FTX, eles precisavam entender a estrutura da empresa, seus rituais e hábitos. Para serem arquitetos da FTX, também precisariam ser antropólogos da FTX. Ian não havia conhecido de fato Sam no ensino médio; agora, ele e Alfia precisavam entender a empresa que essa pessoa tinha montado. Logo perceberam que o próprio Sam não teria utilidade prática. "Sam não tem tempo", disse Ian. "Delega todas essas coisas a outras pessoas. Desde o começo, tentamos engajá-lo, mas ele não se engaja. Ele um dia disse: 'Os arquitetos são vocês, eu não faço a mínima ideia do que fazer'."

Os criadores da minicidade tinham, obviamente, algumas perguntas que precisavam de respostas. "Quantas pessoas ocuparão essa cidade?"; "Como Sam quer que seja essa minicidade?". Mas Sam não estava interessado em suas perguntas, nem Ryan, que voltou para os Estados Unidos para ajudar a nova namorada a concorrer ao Congresso. Os arquitetos se viram entregues a Claire Watanabe, namorada de Nishad Singh, que assumiu o papel de Ryan como a pessoa que desembolsa dinheiro e gerente do pessoal de apoio nas Bahamas. "Pedimos uma lista de funcionários, qualquer coisa", disse Ian. "Claire respondeu: 'Sei que é esquisito, mas não temos nada disso, nem mesmo o número de funcionários'."

---

20 A FTX também comprou uma frota de uns sessenta veículos. "Comprei um BMW para Sam", disse Ryan. "Ele me mandou devolver. Eu disse: 'Sam, você vale 40 bilhões de dólares. E essas estradas são esburacadas'. Enfim..."

Sem orientações de cima, os arquitetos decidiram observar os funcionários da FTX nas cabanas improvisadas na selva que agora ocupavam. De vez em quando, chamavam de lado uma dessas criaturas desinteressadas para lhes perguntar como usavam os antigos escritórios em Hong Kong. "Eles diziam coisas do tipo: 'Vocês não precisam nos entrevistar, só projetar do jeito que quiserem'", disse Alfia. Obviamente, essa era uma ideia idiota; até quem dizia não se importar com os espaços que habitavam acabava se importando, às vezes sem perceber. "Eles não se importam com a aparência do lugar até o verem", afirmou Alfia. Houve, por exemplo, na antiga sede de Hong Kong, um longo arranca-rabo sobre o lugar ter uma única porta. "Uma mulher disse que precisava removê-la por causa do *feng shui* e um sujeito disse que não, que queria a porta, e a discussão cresceu", contou Ian. Eliminar a porta de um prédio comercial de Hong Kong para satisfazer um funcionário e acrescentar outra para satisfazer outro custou 1 milhão de dólares. "Era a porta de 1 milhão de dólares", disse Ian.

Os arquitetos observaram, escutaram e aprenderam. Então perceberam que aquele pessoal da FTX, assim como seu líder, essencialmente morava no escritório. Era sabido que, em Hong Kong, Sam dormia no grande pufe ao lado de sua mesa, e que Nishad também fez uma cama sob sua escrivaninha. Os funcionários comuns começaram a achar que, para ter o sucesso de Sam, precisavam viver como ele e passaram a se privar de sono e a ocupar o espaço de trabalho de maneira insalubre. Um funcionário chegou a passar trinta dias sem sair uma única vez do escritório. A sede precisava de chuveiros e espaço para dormir; comida, roupas e outras necessidades materiais precisavam ser satisfeitas com a máxima eficiência possível para minimizar o tempo de inatividade. "Eles receberiam o que quisessem", disse Ian, "entregue em sua mesa. A sala de armazenamento de caixas da Amazon raramente é usada". O fato de metade dos funcionários ser de asiáticos tinha de ser levada em conta (tudo seria sujeito ao *feng shui*), mas o fator nerd acima da média era ainda mais importante. "O que eles querem são tomadas... por toda parte", disse Alfia. Se tivesse janelas, o prédio precisaria de boas cortinas ou persianas para impedir que o brilho obscurecesse a tela dos computadores. "Eles adoram janelas fechadas", disse Ian. Os funcionários ficavam completamente sozinhos à mesa ou todos juntos num grande espaço dedicado a recreações de nerds, e raramente qualquer outro lugar. Precisavam de um grande espaço para LARP (RPG ao vivo), mas disseram aos arquitetos que, na verdade, qualquer lugar poderia ser usado.

E praticamente todos tinham em comum, ou assim diziam, a total indiferença do chefe à graça e à beleza pelas coisas. "Já observei outros funcionários de tecnologia, e esse pessoal é diferente", constatou Ian. "Eles se preocupam ainda menos com estética e conforto." A única vista que todos os funcionários da FTX queriam era do chefe. Na empresa, o *status* era medido pela proximidade com Sam. Mesmo em suas cabanas na selva, as pessoas operavam manobras para avistá-lo. Os arquitetos planejaram o prédio principal com paredes de vidro e mezaninos que ofereciam visões internas improváveis de Sam. "Isso dá a todos, sentados seja lá onde for, a oportunidade de avistar Sam", disse Ian.

Na busca de entender essa estranha empresa nova, os arquitetos incomodaram gente suficiente até alguém lhes mandar um bilhete com o que pediram no início: uma lista do que Sam Bankman-Fried queria em sua minicidade corporativa. "Só havia três obrigatoriedades", disse Ian. Sam queria o prédio em forma de *F* para ser visto pelos passageiros dos aviões que pousavam no Aeroporto Internacional Lynden Pindling. Queria que a lateral do prédio lembrasse seu cabelo desgrenhado. Por mais improvável que fosse, Ian achou possível; eles poderiam usar alumínio cortado a plasma para imitar de forma abstrata o que ele agora chamava de "*jewfro* de Sam" — o cabelo crespo, não afro, mas de judeu. "Pra falar a verdade, a ideia não era ruim", disse Ian.

O terceiro e último item da lista de desejos de Sam era o cubo de tungstênio. O cubo de tungstênio era uma incógnita. Acontece que a imaginação do pessoal de cripto em toda parte tinha sido tomada pelos cubos de tungstênio. Os arquitetos então descobriram que o tungstênio era o metal denso mais na moda do planeta. Na época, o pessoal de cripto trocava memes sobre "a intensidade da densidade". Supostamente, uma empresa do meio-oeste dos Estados Unidos tinha criado o maior cubo de tungstênio do mundo. Com meros 35 centímetros de lado, custou

250 mil dólares e pesava 900 quilos. Parece que Sam tinha encomendado um cubo desses, transportado para as Bahamas, e queria que fosse exposto num pedestal em sua minicidade. Os arquitetos nunca viram o cubo denso e precioso de Sam, mas mesmo assim o incorporaram a seus desenhos. "Projetamos um espaço para ele", disse Ian. O espaço era o grande átrio do prédio principal da cidade. O cubo de tungstênio seria a primeira coisa que o visitante do império global dos criptoativos veria. Elevado do mar da abstração, o objeto mais concreto da Terra.

Além da lista de Sam, os arquitetos não receberam qualquer outra orientação, o que os deixou inseguros, já que as decisões que tomassem seriam definitivas, afinal de contas, eram prédios. Depois de construídos, seriam indiferentes a qualquer ideia nova que Sam tivesse sobre seu valor esperado. Duas vezes em três anos, ele mudou a empresa toda por quase 15 mil quilômetros. A minicidade deveria servir de sede de um império financeiro global, mas a maneira mais provável de a FTX se tornar um império financeiro global seria os reguladores norte-americanos lhe darem permissão de se instalar nos Estados Unidos. Nesse caso, era quase certo que Sam mudaria a empresa para os Estados Unidos — e a minicidade seria, no máximo, uma filial. "Tem de ser confortável, seja para seiscentas, seja para dez pessoas", disse Ian com delicadeza.

Em vez de qualquer orientação, o que os arquitetos receberam foi um prazo. Deviam preparar os 2 hectares de selva e um conjunto de imagens do projeto dos prédios para um grande anúncio público. Incrivelmente, eles conseguiram, em 25 de abril de 2022. Tinham limpado a selva sem licença e esboçado seus projetos sem ajuda. Além dos 2 hectares carecas de selva recém-cortada, tinham construído um outdoor com uma imagem da minicidade e o slogan FTX: CRESCIMENTO EM PROGRESSO. Os meios de comunicação das Bahamas se reuniram. O novo primeiro-ministro chegou com seu séquito. Apareceu um grande grupo da FTX carregando pás, provavelmente pela primeira vez na vida, para a cerimônia de início da obra. E, de um carro que também trazia Constance Wang, a diretora operacional da FTX, saiu Sam, que mais parecia saído de uma caçamba de lixo: bermuda cargo, camiseta amarrotada, meias brancas esgarçadas. *É o mesmo cara de sempre*, pensou Ian.

O ORGANOGRAMA

Desde o momento em que o projeto começou e Ian passou a observar Sam de longe, o mesmo pensamento lhe passava pela cabeça: Sam ainda se assemelhava ao garoto que era no ensino médio. Quando o aluno esquisito da turma se tornava uma das pessoas mais ricas do mundo, era de se pensar que a esquisitice teria desaparecido. Sam não mudou. O mundo que o cercava, sim.

Antes da cerimônia de lançamento, Sam deveria fazer um discurso. Ian achou que talvez ele precisasse de ajuda e puxou Sam de lado.

"O que você viu do projeto?", perguntou Ian.

"Não vi nada", disse Sam.

"Pelo menos viu as plantas?"

"Não."

Hã, pensou Ian. Como Sam faria um discurso sobre sua nova minicidade se não sabia nada sobre ela?

"O que você vai falar?"

"Vou improvisar", disse Sam.

E foi o que fez. Mudando de assunto, como fazia com frequência. Quando surgia uma pergunta que não queria ou não sabia responder, Sam simplesmente a transformava em outra, à qual respondia com satisfação. A pergunta que ele queria responder naquele dia não era: "O que é essa minicidade e por que é desse jeito?". A pergunta era: "Por que as Bahamas?".

Em dado momento, os arquitetos se deram conta de que Sam não tinha a mais remota ideia do que havia sido projetado nem de que algo realmente tinha sido projetado. Tomaram todas as decisões sobre a nova sede da FTX, projetada para custar centenas de milhões de dólares, sem a mínima contribuição da pessoa que pagava pela coisa toda. Não demorou para que descobrissem que nem mesmo a lista de desejos que receberam de Sam vinha de Sam — e que ele próprio não sabia que tinha declarado algum desejo. A lista foi criada por outra pessoa dentro da FTX que tentou imaginar o que, no lugar de Sam, iria querer em seu novo prédio comercial. Sam não queria nenhum *jewfro* na lateral do prédio. Essa outra pessoa só tinha imaginado que esse era o tipo de coisa que Sam acharia divertido. O cubo de tungstênio foi uma ideia legal, mas, na verdade, qual era a probabilidade de que Sam ou qualquer pessoa comprasse e enviasse para as Bahamas um cubo de quase 1 tonelada? Se o cubo existia, por que os arquitetos nunca o viram? "Não sei sequer se ele foi de fato comprado", disse Ian sobre essa coisa em torno da qual tinha projetado um prédio. Só no contexto da FTX a situação não era uma bizarrice. "Todos sempre tomavam decisões por Sam", disse Ian.

No fim da cerimônia, Sam se demorou um pouco e Ian aproveitou o momento para enfim lhe perguntar diretamente o que tentava havia meses.

"O que é que você mais quer com esses prédios, além de trabalhar?"

Pela primeira vez, Sam pensou a respeito. "Quadras de badminton", respondeu ele.

Era só isso. Era tudo o que ele queria. Quadras de badminton.

"Quantas?", perguntou Ian.

"Três", disse Sam. Então, foi embora.

"Foi a primeira e única pergunta que conseguimos lhe fazer", disse Ian.

O serviço de George Lerner era escutar os problemas das pessoas, o que ele realmente tentou fazer. Na primavera de 2022, montou seu pequeno consultório numa das cabanas da selva. Uma escrivaninha simples, um sofá vermelho em frente e, no canto, um pufe gigante azul-bebê, que todos entendiam ser o lugar de Sam. A porta de George estava aberta para quem quisesse conversar, mas não demorou para ele se cansar da quantidade de pessoas que queria falar com ele e de seus motivos. "Havia um monte de gente insatisfeita nas Bahamas", disse ele. Os asiáticos queriam mais asiáticas para ter com quem ficar. As asiáticas não gostavam dos asiáticos disponíveis. "Todos se queixam da falta de oportunidades de namoro", revelou George. "A não ser os altruístas efetivos. Eles não davam a mínima."

Os não altruístas efetivos achavam que os altruístas efetivos se consideravam mais inteligentes do que todo mundo. Muita gente estava insatisfeita com a abordagem radicalmente ausente de Sam na administração. Os asiáticos, em especial, estavam confusos com a falta de organograma. Um número surpreendente de pessoas que deveriam se reportar diretamente a Sam descobriu que Sam não queria que ninguém se reportasse a ele. "Tinha muita gente que Sam evitava", disse George. "Alguns acharam que poderiam me usar para chegar a ele. Outros falavam comigo por não poder falar com Sam. Era uma posição superincômoda."

As Bahamas não concederam a George licença para clinicar. Seu cargo era de coach profissional sênior, papel que, na verdade, ele sempre desempenhara para Sam, que, invariavelmente, preferia falar dos problemas da empresa do que dos psicológicos, que ele considerava insanáveis e que, portanto, seria inútil discuti-los. Agora nas Bahamas, George assumiu o novo papel de assessor administrativo. Nas sessões de terapia dos funcionários, absorveu informações sobre a empresa cujo CEO George agora orientava. As reclamações dos funcionários indicavam que Sam não gerenciava as pessoas que deveria gerenciar ou fazia isso tão mal que era melhor que nem fizesse. "Achei que havia gente demais se reportando a Sam", disse George.

Em alguns meses no novo emprego, George atendeu cem dos trezentos e poucos funcionários da FTX. Talvez fosse ele quem tinha a melhor visão da arquitetura corporativa, com uma clareza não disponível a investidores, clientes, funcionários e, talvez, à pessoa que fundou a empresa. "Sam não gostava que as pessoas tivessem descrições de cargo", disse George. "Todos sabiam que ele detestava organogramas." Todos também sabiam que, por mais que ansiassem para si um título que soasse importante, Sam também detestava isso. E ele escreveu um memorando para explicar por quê. "Pensamentos sobre títulos" era o nome. Começava assim: "Nos últimos anos, descobrimos que os títulos podem deixar as pessoas substancialmente piores na FTX". Então, Sam listou algumas razões possíveis:

a) Ter um título deixa as pessoas menos dispostas a receber conselhos de quem não tem título.

b) Ter um título torna menos provável que a pessoa se esforce para aprender como fazer bem o serviço básico das pessoas a serem administradas. O dono do título acaba tentando administrar pessoas cujo serviço não sabe fazer, e isso sempre dá errado.

c) Ter um título pode criar conflitos significativos entre o ego e a empresa.

d) Ter títulos irrita os colegas.

Seja como for, George achou que precisava saber o lugar de seus pacientes na organização da empresa. "Eu não entendia as diversas relações, mas precisava entender, porque muita gente me procurava com conflitos dessa natureza", disse ele. "Eu precisava ver se o que estava ouvindo fazia sentido." Sam transformou sua empresa num quebra-cabeça, e o psiquiatra decidiu resolvê-lo.

No fim, George traçou o único organograma interno existente da crescente criação de Sam. Quando terminou, ele descobriu muitas coisas interessantes. Vinte e quatro pessoas achavam que se reportavam diretamente a Sam. O grupo incluía Joe, pai de Sam, e Matt Nass, amigo de infância de Sam, cujo jogo, *Storybook Brawl*, Sam, por alguma razão, tinha acabado de comprar. Esse grupo não incluía o diretor financeiro, porque a FTX não tinha diretor financeiro. Também não existiam diretor de risco nem de recursos humanos. "Mais parecia um clube do que uma empresa", afirmou George.

Havia um diretor de tecnologia, Gary Wang, socialmente isolado, e ninguém se reportava a ele. "Gary ficava lá dentro de sua própria caixinha", disse George. Numa empresa de tecnologia comum, diversos programadores se reportariam ao diretor de tecnologia. Na FTX, aparentemente todos eles se reportavam a Nishad Singh. Ryan Salame, que foi e voltou das Bahamas num instante e mal parecia envolvido na empresa, era, de certo modo, o CEO de todo o negócio internacional, e 27 pessoas se reportavam a ele. Ramnik Arora, cujo título oficial ainda era diretor de produto, claramente não tinha nada a ver com produto e ficava no topo de uma pequena pilha de pessoas encarregadas de gerar e investir vastas quantias. George só o incluiu numa caixinha marcada "Empreendimentos". Cerca de metade da empresa se reportava às duas primeiras moças que Sam contratou ao chegar em Hong Kong: Constance Wang e Jen Chan. George notou que a maioria dessas pessoas eram mulheres asiáticas.

O ORGANOGRAMA

Ainda havia Caroline Ellison. Ao que parece, Caroline estava sozinha, encarregada dos 22 traders e desenvolvedores que trabalhavam na Alameda Research, cerca de metade dos quais seguiram Sam de Hong Kong para as Bahamas, o que deixou George um pouco surpreso. "Ela nunca dizia nada sobre a Alameda", disse George. "Sam também não. Claramente, *não* queriam pensar a respeito."

Num memorando datado de 6 de fevereiro de 2022 e intitulado "Pensamentos", Caroline listou meia dúzia de ideias para melhorar seu relacionamento com Sam. "Casais que consultam Lerner" era o número três, entre "escolher um momento futuro em que decidir se haverá rompimento" e "resolver comunicar-se melhor no futuro". Quando ela foi para as Bahamas atrás de Sam, o caso ia ainda pior do que de costume. Na noite de 15 de abril, dez dias antes de fazerem o lançamento da nova sede da empresa, os dois se sentaram para discutir o futuro. No dia seguinte, Caroline resumiu a discussão num memorando a Sam:

- Plano de Caroline
    Saio da Alameda e volto para os Estados Unidos.
- Plano de SBF
    Romper, manter a amizade, tentar causar o mínimo drama possível.

Naquela noite, discutiram a sabedoria de ela continuar administrando o fundo de hedge privado combinado com covil do dragão de Sam em vez de fazer outra coisa da vida. "Administrar a Alameda não parece algo em que eu seja comparativamente *tão* melhor ou adequada para fazer", escreveu ela então. "Acho que preciso fazer uma tonelada de coisas nas quais não sou boa [...]. Mas, sim, acho plausível que administrar a Alameda tenha um valor esperado altíssimo, muito mais alto do que a segunda melhor opção. Acho que eu não deveria considerar sair da Alameda antes de passar bastante tempo pensando em opções alternativas e seu valor esperado."

O que Caroline consideraria imediatamente era parar de dormir com Sam. Ela não queria se mudar do quarto no apartamento de cobertura de 30 milhões de dólares comprado por Ryan, que agora dividia com mais oito altruístas efetivos, inclusive Nishad e Gary. Foi Sam quem precisou furtivamente se mudar para um apartamento menor no mesmo complexo. Na empresa, além dos poucos altruístas efetivos a quem Caroline revelou o relacionamento, quase ninguém sabia que os CEOs da FTX e da Alameda Research estavam romanticamente envolvidos. "As pessoas nunca encontram o que não estão procurando", disse Sam. E, então, não viram que o romance havia terminado. Depois de esconder o relacionamento, Sam agora escondia o rompimento e o fato de que morava num lugar diferente de onde todos achavam que morava. Naquele momento, ironicamente, ele criou uma verdade com duas mentiras. No caso, essa foi a época antes de o preço dos criptoativos despencar. E também, estranhamente, o momento em que apareci para observar.

3º ATO

8

O TESOURO DO DRAGÃO

Uma das primeiras coisas que chamava a atenção em relação a Sam Bankman-Fried foi como era fácil roubá-lo. Naquele início de manhã, no fim de abril de 2022, praticamente qualquer um poderia entrar em sua cabana na selva e pegar quem ou o que quisesse. Não havia ninguém na guarita diante da sede global temporária da FTX; a cancela de entrada do estacionamento chegava a menos da metade da entrada, de modo que representava mais uma ideia de obstáculo do que um obstáculo real; a porta da cabana da selva número 27, onde Sam trabalhava, ficava destrancada; e não havia ninguém na recepção. Perguntei a Nishad Singh o mesmo *pré-mortem* que perguntaria a outros no topo do organograma do psiquiatra: "Imagine que estamos no futuro e sua empresa desmoronou. Relate como isso aconteceu". "Alguém sequestra Sam", foi a resposta imediata de Nishad, que em seguida revelou seu recorrente pesadelo de que a atitude displicente de Sam com a própria segurança levaria ao desmoronamento do império. Naquele momento, parecia sensato que ele se preocupasse mais com isso do que com outros riscos. Sam era rico, famoso, fácil de rastrear e andava sem guarda-costas. Além, é claro, de possuir bilhões de dólares em várias criptomoedas que, embora não muito úteis como meio de troca, dariam um excelente pedido de resgate. "As pessoas com acesso a criptoativos são excelentes alvos de sequestro", disse Nishad. "Não sei por que não acontece com mais frequência."

O único desafio seria descobrir em qual cabana Sam estava. Naquele momento, a sede da FTX consistia de cerca de uma dúzia de predinhos idênticos de um só andar pintados de castanho, com telhado de metal fosco cor de chocolate ao leite. Quem os construiu começou abrindo mão da decoração ou de qualquer tipo de graça. Não havia nenhuma característica exterior que indicasse qual delas abrigaria alguém que valesse a pena sequestrar. É claro que, àquela hora, às 7 da manhã, isso talvez não importasse, pois havia pouquíssimas pessoas ali. Havia uma boa chance de que Sam fosse o único ser humano em qualquer um dos prédios, e o predador precisaria apenas ir de cabana em cabana até encontrar a presa. Sam estaria indefeso. Ele não tinha sido concebido para fugir de ameaças físicas, sequer para notá-las.

No entanto, ele não estava lá quando cheguei. Nishad estava, e mal ergueu os olhos quando me sentei a seu lado à mesa de Sam. A pequena montanha de objetos que cobria a mesa se derramava pelo pufe gigante ao lado. Enquanto Nishad digitava, examinei os itens e fiz um inventário:

Uma lata gigante de sal da marca Morton

Um iPhone novo ainda dentro da caixa

Uma nota de 1 dólar amassada

Quatro *fidget spinners*

Um baralho

Um travesseiro e um cobertor

Duas caixas de papelão grandes meio abertas, cheias de camisetas do Miami Heat

Um estilete

Um frasco aberto de repelente de mosquitos sem perfume num saco plástico selado

Quatro envelopes pardos contendo documentos corporativos confidenciais que precisavam da assinatura de Sam

Um controle de porta automática de garagem LiftMaster

Um segundo iPhone dentro da caixa

Uma medalha cerimonial conferida a Sam Bankman-Fried por Francis Suarez, prefeito da cidade de Miami

Uma dúzia de caixas plásticas quadradas, de propósito indefinido, com a mensagem *FTX: Bem-vindo a seu novo mundo de pagamentos*

Três pares de hashis

Um cartão-chave de um quarto do hotel Ritz-Carlton

Um ventilador portátil Gaiatop

Um cubo mágico diferente, com todos os quadrados brancos

Eu estava no meio da listagem quando Sam apareceu. Tive uma breve sensação de ser flagrado por um adolescente ao contemplar o caos que ele criou em seu quarto. Se ficou curioso para saber como entrei em seu escritório ou por que agora remexia o conteúdo de sua mesa, ele não demonstrou. Havia certa movimentação em curso.

Se alguma lei governava a vida de Sam, era a de nunca se entediar. "Ele parece Kanye", disse um observador de Sam que também conviveu com Kanye West. "Aonde quer que vá, alguma maluquice acontece." Naquele dia — a manhã em que apareci à sua mesa e fiz o inventário —, acontecia uma maluquice. Elon Musk estava comprando o Twitter, e Sam falou ao telefone com Igor Kurganov, um dos assessores de Musk. Kurganov era um ex-jogador de pôquer profissional nascido na Rússia a quem, dizia-se, Musk confiou a tarefa de doar mais de 5 bilhões de dólares de sua fortuna. Também se autodescrevia como altruísta efetivo, o que engrossava a trama. Ele e Sam tinham acabado de discutir a possibilidade de Sam ajudar a pagar a compra do Twitter. No fim das contas, Sam já tinha investido 100 milhões de dólares em ações do Twitter e tinha a fantasia particular de dar um jeito de comprar o resto. Ele comprou a maior parte das ações por 33 dólares cada, ou 21,20 dólares a menos por ação do que Musk acabara de concordar em pagar pela empresa inteira.

Quando havia algo novo a comprar, Sam costumava achar produtivo conversar a respeito com Ramnik e Nishad. Os dois eram inteligentes, ao menos dentro do QI elevado que Sam compreendia. Ambos também tinham a curiosa capacidade de discordar de Sam sem fazer escarcéu nem o forçar a sentir que realmente tinha de dar ouvidos ao que diziam.

Se conversasse com eles, Sam poderia se convencer de ter refreado sua avaliação, ainda que não o tivesse feito de fato. Então, ele puxou os dois para o que, na cabana da selva, se passava por sala de reuniões. Lá havia uma única poltrona e um sofá, no qual Sam se esticou, descalço, com um *fidget spinner* apoiado no peito. Ramnik e Nishad se sentaram no chão de pernas cruzadas. Os três usavam bermudas, fazendo o ambiente parecer a hora do cochilo de uma pequena classe de alunos inquietos da 1ª série. Aí Sam explicou sobre o que queria falar: Elon Musk ia mesmo comprar o Twitter, mas não queria pagar por ele sozinho. Procurava aliados para assumir parte dos 44 bilhões de dólares. *Eles nos querem entre eles. E só temos três horas para dar a resposta.*

"O que você ganha com isso?", perguntou Nishad de forma sensata.

"Umas merdas aleatórias", respondeu Sam, e deixou claro que a merda aleatória mais importante era uma nova aliança com Elon Musk.

Os criptoativos viviam no Twitter, e Musk era a voz mais barulhenta da plataforma. Com um único tuíte, Musk conseguiria provocar uma disparada de traders da Coinbase para a FTX ou o contrário. Ele também controlava a maior fortuna privada do mundo e, ao empregar Igor Kurganov, assinalava a disposição de direcionar parte dela para causas altruístas efetivas.

"Em quanto estamos pensando?", perguntou Ramnik.

"Talvez 1 bilhão", disse Sam.

Um ar inquieto brevemente atravessou o rosto de Ramnik.

"Mas talvez apenas 250 milhões", adicionou Sam.

Uma ninharia. Meros 150 milhões de dólares a mais do que os 100 milhões de dólares de ações do Twitter que eles já possuíam e que poderiam simplesmente pôr no negócio.

"Podemos realmente falar com Elon?", perguntou Nishad. "Isso realmente caminharia para o altruísmo efetivo?"

"Ele é um cara esquisito", respondeu Sam e fitou o teto. Uma das mãos girava o *spinner*; a outra, um tubo de protetor labial.

Lá fora, pela grande janela atrás dele, uma palmeira melancólica se curvava ao vento. Mais longe, no campo de asfalto, vários jovens engenheiros andavam e contavam seus passos.

"Se ele só quer dinheiro, há muita gente com quem ele pode conseguir", disse Sam. "Ele conseguiria em uma semana. Não é o valor em dólares. É quem foi legal com ele e quem não foi."

Sentado no chão, Nishad parecia duvidar. Ramnik, a seu lado, era mais difícil de decifrar.

"Isso nos colocaria mais no mapa", argumentou Sam.

"Há alguma coisa para a qual estar *ainda mais* no mapa será útil neste momento?", questionou Nishad.

Claramente, Sam pensava que sim. O Twitter o fascinava, era a melhor maneira de uma pessoa como ele se comunicar com o grande público. No Twitter, todos os problemas que tinha em conversas presenciais evaporavam.

"A plataforma já mudou o mercado cinco vezes mais do que tudo o que existe por aí. É uma marca muito específica", disse Sam.

"Seria mal-educado propor 75 milhões?", perguntou Nishad.

"O Twitter tem 230 milhões de usuários ativos diários", disse Ramnik. "Se conseguir que 80 milhões deles paguem, digamos, 5 dólares por mês, seria uma receita mensal de 400 milhões."

Às vezes Ramnik fazia isso. Oferecia ideias para endossar argumentos que Sam queria apresentar, ainda que preferisse que Sam não os apresentasse.

"É uma dinâmica meio hilária", disse Nishad, interrompendo a nova linha de pensamento. "Elon nos tratar como um veículo de investimento por procuração."

Eles não se alongaram na discussão. A conversa toda não durou mais de quinze minutos. Em algum momento, Sam simplesmente decidiu que tinham gastado tempo suficiente para que todos os pensamentos úteis tivessem vindo à tona e pediu o voto dos outros dois.

"Não", votou Nishad.

"Não, ou uma quantia muito pequena", disse Ramnik.

E, assim, a reunião terminou. O que não percebi — mas que já era pressuposto tanto para Nishad quanto para Ramnik — era que Sam ainda podia entregar alguma grande quantia a Elon Musk. Ele era perfeitamente capaz de fazer uma votação e depois ignorar seu resultado.

Claro que, por conta própria, Sam logo perguntaria à Morgan Stanley, que dava assessoria e ajudava a financiar a compra do Twitter por Musk, se estariam dispostos a lhe emprestar 1 bilhão de dólares para investir no Twitter e aceitar suas ações na FTX como garantia. Ele também mandaria mensagem a um dos assessores financeiros de Musk para dizer que estaria disposto a investir 5 bilhões de dólares se Musk se dispusesse a transferir o Twitter para uma blockchain. O Twitter, como as outras plataformas de mídia social, era uma ilha sem conexão com as outras; se fossem postas em blockchains, todas poderiam ser interligadas. Como Musk recusou, Sam perdeu o interesse e decidiu não investir nada. Seis meses depois, ele não sabia sequer se ainda tinha os 100 milhões de dólares do Twitter ou se as ações tinham sido vendidas a Elon Musk.

Ninguém tinha um quadro completo do quebra-cabeça que Sam criou com o dinheiro. Ramnik era, provavelmente, quem tinha a visão mais clara, mas mesmo assim era uma visão parcial. Em três anos, Sam mobilizou cerca de 5 bilhões de dólares num portfólio de trezentos investimentos separados, o que constituía uma nova decisão de investimento mais ou menos a cada três dias. Se só levava uns vinte minutos para decidir se dissipava 1 bilhão de dólares no Twitter, era porque só podia reservar esses vinte minutos; muitas outras decisões de investimento o aguardavam. Ele investia em novos tokens de cripto como o Solana e em empresas antigas, como a corretora de investimentos SkyBridge, de Anthony Scaramucci. Adquiria empresas obviamente relevantes para a FTX — uma bolsa de cripto japonesa chamada Liquid, por exemplo — e empresas que não tinham uma conexão óbvia com os criptoativos, como o estúdio que desenvolveu *Storybook Brawl*. Quase sempre, o dinheiro não vinha da FTX, mas da Alameda Research, que Ramnik e todos os outros viam como o fundo privado de Sam. Em geral, Ramnik estava intimamente envolvido na compra, mas quase com a mesma frequência só depois vinha a saber o que Sam tinha feito (ele investiu, por exemplo, 500 milhões de dólares numa startup de inteligência artificial chamada Anthropic, e ao que parece sem discutir a ideia com ninguém. "Depois que ele investiu, eu lhe disse: 'Não sabemos merda nenhuma sobre essa empresa'", disse Ramnik). Mais ou menos na mesma época que tentava decidir se injetava mais dinheiro no Twitter, Sam entregou 450 milhões de dólares a uma ex-trader da Jane Street chamada Lily Zhang para criar um segundo fundo de negociação quantitativa de criptoativos sediado nas Bahamas chamado Modulo Capital. Até onde Ramnik sabia, Sam não falou com ninguém sobre isso. Em março, sem consultar Ramnik nem qualquer outra pessoa, Sam prometeu investir 5 *bilhões* de dólares em Michael Kives, um agente de Hollywood transformado em gerente de investimentos. Sam conheceu Kives apenas algumas semanas antes da promessa, não sabia nada a respeito dele, nem mesmo como pronunciar seu sobrenome.

Quando souberam que Sam estava prestes a investir 5 bilhões em um desconhecido, Ramnik e outros dentro da FTX se alarmaram. Com muita ajuda dos advogados da empresa, Ramnik e Nishad conseguiram conversar e reduzir os 5 bilhões a 500 milhões de dólares — ou pelo menos acharam que Sam tinha concordado com isso. Muito tempo depois, Ramnik descobriu que Sam, como sempre, simplesmente fez o que queria e prometeu investir 3 bilhões de dólares em vários fundos de investimento administrados por Kives. "Acho que Sam confia fácil demais", disse Ramnik. "Ele confia fácil demais e cedo demais."

Muito do que acontecia dentro do mundo de Sam era feito sem as verificações e negociações de praxe. Os colegas achavam difícil reclamar em voz alta. Parecia que os negócios só envolviam o dinheiro de Sam: por que ele não faria o que quisesse? De todo modo, não devia haver na história humana muitos casos de alguém da idade dele despejando o volume de dólares que desejava por aí sem supervisão adulta nem as restrições costumeiras da vida corporativa. Uma diretoria, por exemplo. "Nem sabemos se precisamos de uma diretoria de verdade", disse Sam, "mas nos olham com desconfiança quando sabem que não há, então temos alguma coisa com três pessoas". Quando me falou isso, logo depois da reunião do Twitter, ele admitiu que não conseguia recordar o nome das duas outras pessoas. "Eu sabia quem eram três meses atrás", disse ele. "Pode ter mudado. A principal exigência do cargo é não se importarem de assinar o DocuSign às 3 da manhã. Assinar o DocuSign é o principal serviço." Então, havia o diretor financeiro. Nos dezoito meses anteriores, vários capitalistas de risco que Sam permitiu que investissem na FTX lhe disseram que ele precisava contratar um adulto sério para atuar como diretor financeiro da empresa. "Há uma religião funcional em torno do diretor financeiro", disse Sam. "Eu lhes pergunto: 'Por que preciso disso?'. Alguns não conseguem articular uma só função que o diretor financeiro devesse fazer. Eles dizem: 'Acompanhar o dinheiro' ou 'fazer projeções'. E eu fico: *Mas que diabos vocês acham que faço o dia inteiro? Acham que não sei quanto dinheiro temos?*"

Em Hong Kong, com a Cisma ainda em mente, Sam pensou por um breve período na ideia de que poderia ser útil ter algumas pessoas mais velhas na empresa. "Tentamos ter alguns adultos, mas eles não faziam nada", disse ele. "Isso aconteceu com todo mundo acima dos 45 anos. Eles só ficavam se preocupando. Essa é uma coisa clássica dos adultos mais velhos: surtar com a perseguição do governo chinês aos criptoativos em Hong Kong. O serviço deles era tratar os problemas com seriedade, mesmo que os problemas não fossem sérios. E eles não conseguiam identificar os problemas sérios. Tinham pavor dos reguladores. E dos impostos! Não é que não fôssemos pagar, mas pagávamos demais, e aí teríamos prejuízo no ano seguinte, mas já pagamos os impostos." Não é que Sam não quisesse reduzir a conta dos impostos nem que os chineses não pudessem, a qualquer momento, chegar, pegá-lo e jogá-lo na cadeia. Era que a probabilidade de algo ruim acontecer era baixa e que o tempo pensando nela era um desperdício. "Era uma série aleatória de preocupações completamente desassociadas, a maioria delas de fato era um exagero e afirmadas com vigor", disse Sam. "A única maneira de acalmá-los era lhes mostrar uma nova preocupação para distraí-los das anteriores."

A verdade era que os adultos o entediavam. Eles só o atrasavam.

Meses depois, no fim de julho de 2022, encontrei Sam ao lado da pista de um aeroporto particular no norte da Califórnia. Saí de casa e fui até lá de carro; ele veio de um breve retiro com os líderes do altruísmo efetivo onde discutiram como gastar o dinheiro de Sam. Como sempre, ele estava atrasado. Quando enfim chegou, mais despencou do que saiu pela porta de trás de um carro preto. Em vez de mala, trazia uma pequena pilha do que parecia ser roupa suja. Quando se aproximou, vi que era um terno azul e uma camisa de botão da Brooks Brothers. "É meu terno de Washington", disse ele, quase como se pedisse desculpas. "Normalmente, deixo lá." Seis horas no futuro, ele deveria jantar com Mitch McConnell, líder da minoria no Senado, com quem nunca tinha se encontrado. Tinham lhe avisado que McConnell ficaria ofendido caso Sam chegasse de bermuda. "McConnell realmente se importa com o que os outros vestem", contou enquanto subia a escada do avião particular e largava o terno num assento vazio. "Também é preciso chamá-lo de 'líder'. Ou 'líder McConnell' ou 'senhor líder'. Ensaiei para garantir que não vou estragar tudo. Principalmente porque é muito tentador dizer 'caro líder'."

Olhei o bolo de roupas. Os amassados não eram novos e superficiais, mas velhos e profundos, reversíveis apenas com tempo e esforço. Era difícil ver como essas roupas seriam úteis naquela situação.

"Você tem cinto?", perguntei.

"Não, não tenho", ele respondeu, enfiando a mão num cesto de petiscos veganos, pegando um saco de pipoca e se largando no assento.

"Sapato?"

"Hã… nenhum."

Era como se só tivesse recebido uma única instrução explícita: "Leve um terno". Quem o instruiu se esqueceu de acrescentar: "Verifique se o terno está em boas condições e se você tem tudo de que precisa para satisfazer a necessidade de Mitch McConnell de que seus companheiros de jantar estejam formalmente vestidos", e Sam não se deu o trabalho de pensar no que mais seria necessário para usar bem um terno. Ele fazia muito esse tipo de coisa. Sete meses antes, deu um depoimento sobre a regulamentação dos criptoativos no Comitê de Serviços Financeiros da Câmara dos Deputados. Alguém fotografou seus pés sob a mesa: o cadarço dos sapatos sociais novos ainda estavam enrolados e enfiados na lateral, exatamente como vieram na caixa. Alguém deve ter lhe entregado os sapatos e dito, sem mais instruções: "Calce isso".

De qualquer modo, esse item separou as viagens de Sam a Washington de todas as outras viagens. Ele só levava terno para ir a Washington: a aposta justificava o sacrifício. Nas décadas recentes, as leis nos Estados Unidos foram afrouxadas, e pessoas e até empresas podiam doar, efetivamente, quantias ilimitadas a campanhas e supercomitês de ação política, sem que o grande público dos Estados Unidos pudesse ver exatamente o que estavam fazendo e por quê. O que surpreendeu Sam quando ele mesmo pôde usar valores ilimitados foi a lentidão com que os ricos e as corporações se adaptavam ao novo ambiente político. O governo exercia uma influência imensa sobre praticamente tudo sob o sol e talvez até sobre algumas coisas além dele. Num único mandato de quatro anos, o presidente, trabalhando com o Congresso, direcionava cerca de 15 trilhões de dólares em gastos. Ainda assim, em 2016, a quantia total gasta por todos os candidatos na disputa da presidência e do Congresso chegou a meros 6,5 bilhões de dólares. "Parece que não há dinheiro suficiente na política", disse Sam. "As pessoas não fazem o suficiente. O estranho é Warren Buffett não doar 2 bilhões de dólares por ano."

Na política dos Estados Unidos, Sam criava mais uma charada com o dinheiro; mesmo depois de despejar bilhões de capital de risco em vários investimentos, ele se dispunha a gastar outras centenas de milhões para influenciar a política pública. Mais tarde, tudo o que fazia seria reinterpretado com mais ceticismo do que em tempo real, mas até em tempo real muita gente tinha questionamentos a seu respeito, e muitos desses questionamentos erravam o alvo. Os gastos políticos de Sam eram distribuídos frouxamente em três baldes. O primeiro e menor deles continha seus interesses estritamente de negócios: alguns milhões de dólares doados a políticos e grupos de interesse dispostos a promover leis que permitissem aos norte-americanos negociar criptoativos dentro dos Estados Unidos do mesmo modo que os estrangeiros faziam na FTX fora do país. Ele achava que outra característica estranha e sem sentido do mundo adulto era que os Estados Unidos, em geral dispostos a submeter seus cidadãos mais pobres e vulneráveis a loterias estaduais, cassinos e outros jogos de azar em que a probabilidade contra eles era enorme, faziam uma exceção para os valores mobiliários ou qualquer coisa que pudesse ser interpretada como valor mobiliário. Mas essas eram as regras do novo jogo, e Sam decidiu, com alguma dúvida sobre sua maleabilidade, tentar mudá-las, em vez de fazer o que as outras bolsas de cripto faziam, ou seja, simplesmente ignorá-las.

O TESOURO DO DRAGÃO

Ironicamente, o dinheiro que ele doava para facilitar que ganhasse ainda mais era o dinheiro mais fácil de ser visto. Todo o montante, sem grande dificuldade, podia ser rastreado até Sam, a FTX ou grupos de interesse de criptoativos. Os dois outros baldes — o dinheiro que pouco tinha a ver com seus próprios interesses estritos — é que eram turvos. Suas tentativas de mudar o mundo como achava que o mundo precisava ser mudado tinham pouco a ver com os negócios. Mas, para ser eficaz, ele precisava esconder o que fazia para não haver a presunção de que a razão de doar era influenciar a legislação sobre criptoativos. Para algumas mentes não muito sensatas, "cripto" era sinônimo de "criminoso". "O problema era que, se fosse revelado, todos achariam que era dinheiro de cripto", disse ele. Na opinião de Sam, doar dinheiro de cripto era mais difícil do que devia. Políticos e grupos de interesse nem sempre gostavam da fachada desse dinheiro, mesmo que não soubessem direito qual era. "Não há nada concreto", disse Sam. "Eles pura e simplesmente se sentem pouco à vontade." Esse desconforto provocava resultados estranhos. "Um grupo disse: 'Sabe, ficamos agradecidos, mas para mim não seria bom aceitar dinheiro da FTX… além disso, achei outra fonte de recursos'. E essa outra fonte era meu irmão Gabe."

Na mente de Sam, seu dinheiro não era dinheiro de cripto. Era dinheiro altruísta efetivo que, por acaso, foi obtido com criptoativos. Com o irmão, Sam olhou o mundo e decidiu que fazia mais sentido apoiar com seu dinheiro duas causas altruístas efetivas do que apoiar as outras. E que boa parte do dinheiro precisava ser furtivo.

A primeira iniciativa, menos furtiva, foi a prevenção da pandemia. Na lista de riscos à existência da humanidade, as pandemias ocupam um lugar especial. Ao contrário, digamos, da queda de um meteoro, a ameaça parecia real, e era possível convencer os políticos a levá-la a sério. À diferença, digamos, da mudança climática, praticamente ninguém falava ou pensava a sério em como abordar o problema, mesmo depois que um milhão de norte-americanos morreu devido ao novo patógeno. Diferentemente, digamos, de prevenir uma guerra da inteligência artificial contra a humanidade, havia algumas coisas óbvias, embora caras, a fazer para mitigar o risco. Por exemplo, alguém precisava mesmo assumir a liderança na criação de um sistema global de previsão de doenças que lembrasse o sistema global de previsão do tempo. Sam achou que seriam necessários 100 bilhões de dólares, o que estava fora de seu alcance. "Se fosse dez vezes menos, é possível que eu conseguisse fazer por conta própria", disse ele. "Se a FTX ficar seis vezes maior do que hoje, teríamos de recalcular isso." Ele talvez não tivesse o dinheiro na hora para fazer sozinho, mas tinha dinheiro para convencer o governo dos Estados Unidos. Essa mesma questão era a razão declarada, embora talvez não a maior, do jantar com Mitch McConnell: discutir uma iniciativa de alocar 10 bilhões de dólares para reagir à pandemia a uma entidade do Departamento de Saúde e Serviços Humanos chamada Autoridade de Pesquisa e Desenvolvimento Biomédico Avançado. McConnell era republicano e, em teoria, hostil a grandes gastos do governo. Mas Sam já tinha decidido que esses políticos eram dispositivos muito mais complexos do que sugeria a identidade tribal. "Ele é sobrevivente da poliomielite", disse Sam. "E achamos que está interessado."

Importunar as autoridades eleitas para que se interessassem pela pandemia era a primeira etapa da estratégia de Sam. A segunda era eleger alguns novos guerreiros da pandemia para o Congresso. A operação política de Sam descobriu, ou pensou descobrir, que fazia muito mais sentido gastar dinheiro com as eleições primárias do que com as gerais. Era muito mais fácil influenciar os eleitores nas primárias do que nas gerais. Nas primárias, boa parte da persuasão era apenas reconhecer um nome, o que poderia ser comprado com anúncios. Eles também descobriram, ou pensaram descobrir, que 1 milhão de dólares investido em uma iminente primária para o Congresso daria uma probabilidade de uma em cinco de favorecer um candidato. O problema é que não havia como determinar com antecedência qual dos cinco candidatos eles seriam capazes de influenciar. Assim, adotaram a estratégia de encontrar o máximo possível de candidatos ao Congresso que apoiariam o gasto em prevenção de pandemias e comprar sua eleição por atacado; ao mesmo tempo, se esforçariam ao máximo para disfarçar que o dinheiro envolvido tinha algo a ver com criptoativos.

É claro que vencer uma das cinco campanhas ao Congresso significava perder as outras quatro. O portfólio político de Sam se parecia com seu portfólio de capital de risco: em busca de recompensas malucas, ele assumiu riscos que, em perspectiva, pareciam insanos. Em curtíssimo tempo, o dinheiro de Sam financiou alguns dos fracassos mais retumbantes da história da manipulação política.

Carrick Flynn, por exemplo. Quando Sam o conheceu, Flynn era um recém-chegado à política eleitoral. Era o supremo exemplo de sabichão político de Washington, um dos subordinados sem rosto e de terno azul que ficam ao longo da parede atrás das pessoas importantes e, de vez em quando, se aproximam e cochicham algo em seu ouvido. Na opinião de Sam, a característica mais importante de Carrick Flynn era o conhecimento e o compromisso total com a prevenção de pandemias. A segunda característica mais importante era ser altruísta efetivo. Podia-se apostar que seguiria a matemática, e não sentimentos confusos. Convenientemente, fazia pouco tempo que ele se mudara de Washington para um recém-criado distrito eleitoral esquerdista perto de Portland, no estado do Oregon. A vaga parecia tão apetitosa que quinze outros candidatos acabariam entrando na corrida. Flynn perguntou a alguns colegas altruístas efetivos o que achavam de ele concorrer ao Congresso. Como candidato político, tinha pontos fracos óbvios: além de ser alguém de Washington e meio oportunista, tinha pavor de falar em público e era sensível a críticas. Ele se descrevia como "muito introvertido". Ainda assim, nenhum dos altruístas efetivos encontrou uma boa razão para que não concorresse, e ele se declarou candidato. Em algum ponto da trilha de altruístas efetivos, Sam soube dele. Flynn tinha a sensação de que Sam poderia apoiá-lo, mas não fazia ideia do que isso significava. Na abertura de um texto no *Washington Post*, o escritor Dave Weigel registrou o momento em que ele descobriu:

> "Assistíamos juntos a um vídeo no YouTube, um tutorial de alguma coisa", disse Flynn, sentado com a esposa, Kathryn Mecrow-Flynn, depois de um café da manhã na Câmara do Comércio dos Estados Unidos na semana anterior, onde ele e outros candidatos democratas ao congresso assistiram a uma apresentação sobre crimes nos subúrbios.

"De repente, ouvimos uma voz dizer CARRICK FLYNN!", recordou Mecrow-Flynn.

"E eu estava com água na mão", disse Flynn.

"Não era água, era o refrigerante Mountain Dew", corrigiu Mecrow-Flynn.

"Devia ser Mountain Dew diet", disse Flynn com mais confiança.

Fosse lá o que estivesse bebendo, ao ouvir o próprio nome num anúncio político pago, Flynn derramou o líquido sobre si mesmo. Foi a primeira fuzilaria do equivalente político da invasão do Dia D. A equipe política pegou *10 milhões de dólares* do dinheiro de Sam, enfiou tudo em bazucas e atirou nos subúrbios de Portland. Aquela pequena primária se tornou a mais cara da história do Oregon. Depois, se tornou a terceira primária mais cara dos democratas à Câmara em todo o país. A tentativa de Sam de transformar Carrick Flynn em congressista era menos uma campanha política e mais um ataque aos sentidos da população local. "Era como estar num episódio de *Veep*", disse Tess Seger, que comandava a campanha de um rival democrata. "As pessoas que cobrem os Portland Trail Blazers literalmente se queixavam de haver anúncios demais de Carrick Flynn. A coisa toda foi feita sem perspicácia alguma."

O efeito da falta de perspicácia na política não é previsível, mas o que aconteceu depois fez certo sentido. As pessoas descobriram de onde vinha o dinheiro para comprar tantos anúncios de Carrick Flynn. Os outros oito democratas nas primárias se deram as mãos para denunciar Carrick Flynn. "O sr. *Creepy Funds*" ("Grana Sinistra"), como disse um deles. "É um bilionário das Bahamas que está tentando comprar um distrito eleitoral no Oregon", disse outro. E era! Sam tentava comprar um assento para que o Congresso finalmente começasse a resolver um risco à existência da humanidade. O povo do Oregon não apreciou o esforço e muitos começaram a detestar Carrick Flynn. E Carrick Flynn não estava preparado para ignorar essa devolutiva. Atacado pelos outros candidatos, simplesmente abandonou um debate no meio. Suas declarações públicas começaram a parecer imprevisíveis e imprudentes até para os apoiadores financeiros.

"Ele ficava muito magoado quando diziam coisas ruins a seu respeito", disse Sam. "Em certo momento, insultou as corujas, sem perceber que as corujas têm um eleitorado imenso no Oregon."[21]

Em 17 de maio de 2022, Carrick Flynn recebeu 19% dos votos populares e terminou num respeitável, mas distante, segundo lugar, atrás de Andrea Salinas, que venceu com 37% dos votos. Para cada voto recebido por Carrick Flynn, Sam gastou um pouco menos de mil dólares. Ele não se importou muito, no fim das contas. Tinha aprendido uma lição: havia candidatos políticos que nenhuma verba conseguiria eleger. "Há limites ao que o dinheiro consegue comprar", disse Sam.

De qualquer modo, para Sam o dinheiro gasto com Carrick Flynn representaria uma mera gota em relação ao segundo balde. Outras disputas para o Congresso deram mais certo. Ele também tinha outro balde, mais promissor: um recipiente para gastos políticos ainda mais difíceis de ver do que os dois primeiros. Para que os eleitores não soubessem de onde vinha o dinheiro, esse balde seria controlado principalmente por Mitch McConnell ou seus amigos. Para que o disfarce fosse legal, Sam e McConnell não falariam de como o balde seria usado. Mas o balde era praticamente o subtexto do jantar de que Sam participaria, porque, em McConnell, Sam encontrou alguém tão interessado quanto ele em outra ameaça à existência da humanidade: Donald Trump. O ataque de Trump ao governo e à integridade das eleições pertencia, no modo de pensar de Sam, à mesma lista que a pandemia, a inteligência artificial e a mudança climática. No país todo, as primárias republicanas estavam cheias de candidatos dispostos a se comportar como se a eleição presidencial tivesse sido roubada de Trump. Enfrentavam candidatos forçados a apoiar a ideia. O pessoal de McConnell já tinha descoberto quem era quem, e McConnell estava decidido a derrotar os primeiros. "Ele já fez o serviço", disse

---

21 Num podcast, Flynn defendeu o lado de um grupo da direita alternativa chamado Timber Unity nas reclamações sobre as restrições consideradas excessivas à atividade econômica no hábitat da coruja-pintada-do-norte, uma espécie em risco de extinção. "Na cidade há aquele pessoal que diz: 'Olhe, uma coruja! Que legal!'", explicou Flynn. "'Vamos destruir todo o meio de vida da comunidade porque gostamos dessa coruja...' Sabe, é como dizer: 'Ah, sou a pessoa que mais gosta dos animais expostos no zoológico que você conhece'." Acontece que muitas daquelas pessoas na cidade eram eleitores.

Sam. E acrescentou que o serviço era distinguir "as pessoas que realmente tentam governar das que solapariam o governo".

Naquele momento, Sam planejava entregar de 15 a 30 milhões de dólares a McConnell para derrotar os candidatos mais trumpistas da corrida eleitoral ao Senado. Enquanto o avião descia em Washington, ele me explicou que, em outra frente, examinava a legalidade de pagar ao próprio Donald Trump para não concorrer à presidência. Sua equipe dera um jeito de criar uma porta nos fundos na operação de Trump e voltou com a notícia não terrivelmente surpreendente de que Donald Trump realmente tinha um preço: 5 bilhões de dólares. Ou pelo menos foi o que a equipe disse a Sam.

Foi interessante, ainda mais em retrospecto, ver que a mente de Sam era adequada para entender Donald Trump. Naquele momento, sua equipe usava a misteriosa linha de comunicação com o campo de Trump para semear uma ideia na mente dele. No Missouri, um trumpista raivoso chamado Eric Greitens estava numa corrida aparentemente apertada com um trumpista menos entusiasmado chamado Eric Schmitt. Schmitt queria governar; Greitens queria derrubar tudo. Trump ainda não tinha interferido na corrida. O medo era de que seu endosso virasse a eleição a favor de Greitens. A equipe de Sam teve uma ideia — que, afirmava Sam, estava subindo até o próprio Trump. A ideia era convencer Trump a vir a público dizer: "Sou a favor de Eric!", sem especificar de que Eric falava. Afinal de contas, Trump na verdade não se importava com quem vencesse. Ele só se importava que vissem que apoiou o vencedor. Se dissesse que era a favor de Eric, receberia o crédito, não importava qual Eric vencesse. "Sou a favor de Eric!" atrairia ainda mais atenção para Trump do que um endosso muito específico, e, no fim das contas, tudo com que Trump se preocupava era atenção. "Isso é muito a cara de Trump", disse Sam. "Aquilo se tornaria um meme."

Sam dizia isso e desajeitadamente lançava pipocas em sua boca como se ela fosse uma cesta de basquete. Acertava cerca de 60% dos lances, e voava pipoca para todo lado. Ele não conseguiu segurar um prato de nozes e castanhas aquecidas que passou por ele na decolagem, e estavam todas espalhadas ao seu redor. Enquanto organizava na mente o mundo político, ele criava o caos no espaço que habitava. Finalmente pousamos, e ele correu para o jantar, deixando a bagunça para os outros arrumarem.

Concordamos em nos encontrar dali a duas manhãs na casa nos fundos do Capitólio que servia de sede da Guarding Against Pandemics, a organização paga por Sam e administrada por Gabe. Mais uma vez, ele se atrasou. Mais uma vez, despencou da traseira de um carro, dessa vez um táxi comum. E mais uma vez tinha nas mãos um terno embolado —, mas agora, quando saiu do carro, um único sapato social caiu da pilha em suas mãos e foi parar na rua. Quando se estendeu para pegá-lo, o outro sapato caiu e rolou para debaixo do táxi. Foi então que notei que a cor do terno tinha mudado: alguém pegou o terno amassado trazido por ele e o trocou por outro bem passado, agora reduzido a roupa suja. Observei Sam entrar na casa vazia, abrir um armário e, sem nem dar uma olhada na fila de cabides vazios, jogar a bola de roupa no chão do armário. Então, fomos juntos para o aeroporto e voltamos às Bahamas.

Dois dias depois, Trump anunciou, numa postagem na rede Truth Social, a intenção de revelar sua escolha na corrida pelo Senado do Missouri. Em seguida, ele fez uma declaração por escrito: "ERIC tem meu Endosso Total e Completo!".[22]

O sol se punha no resort de Albany e os altruístas efetivos se reuniam para discutir como poderiam doar seu dinheiro. Como pessoas ricas vestidas para uma ocasião formal, os prédios que cercavam a marina exibiam sua melhor aparência enquanto a luz baixava. Ao sol do meio-dia, eram apenas sete monstruosidades crassas de um branco ofuscante, quase indistinguíveis entre si. Só depois do pôr do sol, quando recebiam uma iluminação pouco natural, seus nomes faziam algum sentido. A fachada do prédio chamado Honeycomb, "favo de mel", se tornava uma pilha de hexágonos de cera. O chamado Cube se revelava um amontoado de retângulos de uma irregularidade cativante. Orchid, o prédio mais perto do oceano e

---

22 Tanto Eric Greitens quanto Eric Schmitt afirmaram instantaneamente que tinham o endosso de Trump, e assim a influência dele foi neutralizada. Eric Schmitt acabou vencendo as primárias e a eleição geral, e em 2023 entrou para o Senado norte-americano.

com a vista mais ampla, era mais sutil. Não parecia uma orquídea sob luz alguma, mas seu exterior era revestido por uma folha de alumínio cujo padrão deveria lembrar a flor tropical, da mesma maneira que o exterior planejado da nova sede da FTX deveria evocar o *jewfro* de Sam. À noite, o apartamento de cobertura se iluminava com uma luz roxa que o deixava glamoroso e provocava inveja até naqueles que eram acostumados a serem invejados. Era onde todos os altruístas efetivos moravam, pelo menos até Caroline expulsar Sam. Gary, Nishad, Caroline e Adam Yedidia, o melhor amigo de Sam na faculdade, dormiam em quartos mais ou menos idênticos — todos, menos Caroline, com seus parceiros românticos.

O interior da cobertura do Orchid também continha coisas impressionantes, se você fosse o tipo de pessoa que se impressiona com isso. Mil metros quadrados de piso de mármore foram ornamentados com luxo suficiente para convencer qualquer ricaço normal que ali morasse de que qualquer sacrifício feito para adquirir uma coisa daquelas com certeza valeria a pena. Acontece que os ricaços ali não eram normais. Os altruístas efetivos já tinham meio que arruinado o esplendor do lugar. Agora, uma parede estava obscurecida por uma fila de monitores de computador cujos cabos serpenteavam pelo mármore como trepadeiras na selva. Uma estante barata tipo Ikea gemia sob o peso dos jogos de tabuleiro favoritos dos altruístas efetivos: *Galaxy Trucker, Wingspan, 7 Wonders*, mais de um conjunto de xadrez e por aí vai. A sala se rendeu a um imenso monitor de videogame. Ao lado dos vários badulaques de prata e cristal que obviamente vinham com o lugar, os altruístas efetivos depositaram, sem a mínima ordem, um monte de lixo aleatório que eram preguiçosos demais para descartar: livros que os autores davam a Sam e ele nunca lia, uma bola de futebol americano que Shaquille O'Neal autografou para Sam, tralhas para fãs enviadas por várias ligas esportivas tradicionais... A verdade é que eles transformaram um apartamento de 30 milhões de dólares num cortiço. A varanda panorâmica do 6º andar tinha uma vista linda de morrer, mas eles raramente a apreciavam. Logo abaixo havia uma praia semiparticular tão próxima que, da varanda, Tom Brady poderia jogar nela a bola de Shaq. Com um ano dessa nova vida nas Bahamas, Nishad Singh só pisou naquela praia uma vez, e apenas porque alguns parentes foram visitá-lo. E isso foi uma vez mais do que Sam e, provavelmente, do que Gary também.

Caroline apareceu com uma taça de vinho, que, naquele contexto, era lido como um ato de hedonismo, e a reunião começou. Da divisão de fazer dinheiro da FTX, eram apenas ela, Sam, Gary e Nishad; do lado de doar recursos, estavam os quatro funcionários que trabalhavam na ala filantrópica da empresa. Tinham o mesmo hábito do patrão de transformar as decisões da vida em cálculos de valor esperado, e a matemática interna gerava resultados igualmente surpreendentes. Em 2020, Avital Balwit ganhou uma Bolsa Rhodes e a recusou, primeiro para administrar a campanha eleitoral de Carrick Flynn, depois para doar dinheiro da FTX. Leopold Aschenbrenner, que entrou na Universidade de Colúmbia com 15 anos e se formou quatro anos depois como primeiro da turma, tinha acabado de recusar uma vaga na faculdade de Direito de Yale para trabalhar nessa nova entidade filantrópica. Seu chefe, um ex-filósofo de Oxford chamado Nick Beckstead, também estava presente, assim como Will MacAskill, o guru espiritual — que, é claro, era de certo modo responsável pela presença de todos ali, inclusive Sam.

Desde o outono de 2012, em que MacAskill vendeu a Sam a ideia de ganhar para doar, o movimento do altruísmo efetivo obviamente tinha mudado. Passou a se interessar muito menos em salvar a vida de seres humanos existentes do que a de seres humanos futuros. No início de 2020, Toby Ord, cofundador do movimento, publicou o livro *The Precipice* para explicar onde seu pensamento (e o de todos na cobertura) já estava havia algum tempo. No livro, ele mostrou estimativas aproximadas da probabilidade de vários riscos à existência da humanidade. A probabilidade de uma explosão estelar foi calculada em uma em um bilhão; a da queda de um asteroide, uma em um milhão. Os riscos criados pelo homem, como bombas nucleares e mudança climática, tinham uma probabilidade em mil de eliminar a espécie inteira. Um patógeno criado pelo homem — ao contrário de doenças que surgem naturalmente — tinha uma probabilidade em trinta. A ameaça mais provável à humanidade, argumentava Ord, era a inteligência artificial descontrolada. Ele calculou como uma em dez a probabilidade de a IA eliminar a vida que conhecemos. "Se acontecer, acabará com todos nós", explicou Sam. "Já com o risco biológico, mesmo que a coisa fique muito ruim, não sei, ele não tem inteligência para remover os extraviados do jeito que a IA faria."

Uma resposta a cálculos desse tipo é que são um tipo de ficção científica extravagante. Na verdade, ninguém sabe qual é a probabilidade de qualquer uma delas, e a disposição de inventar alguns números deveria tornar a pessoa menos digna de crédito sobre o assunto, não mais. Ainda assim... claramente há *alguma* probabilidade de que todas essas coisas terríveis aconteçam. E, se há *alguma* probabilidade, como não tentar calcular qual seria? Todos têm liberdade de tergiversar sobre as probabilidades específicas. Mas, quando se entra na discussão, é difícil fugir de determinada lógica: o valor esperado relacionado à redução da minúscula probabilidade de uma ameaça à existência de todos os seres humanos do futuro é muito maior do que o valor esperado de qualquer coisa que se possa fazer para salvar a vida das pessoas que, por acaso, estão vivas hoje. "O argumento central funcionava assim: veja bem, o futuro é vasto", disse Sam. "É possível lhe dar um número, mas é óbvio que qualquer coisa que leve a isso terá um multiplicador enorme."

Um dia, os historiadores do altruísmo efetivo vão se maravilhar com a facilidade com que ele se transformou. Deu as costas aos vivos sem derramar sangue nem espernear. Seria de se pensar que as pessoas que sacrificaram fama e fortuna para salvar crianças pobres na África se rebelariam contra a ideia de passar das crianças pobres na África para as crianças futuras em outra galáxia. Mas isso não aconteceu — o que é bem revelador sobre o papel dos sentimentos humanos comuns no movimento —, eles não importavam. O que importava era a matemática. O altruísmo efetivo nunca obteve energia emocional nos mesmos lugares que davam energia à filantropia comum. Ele era sempre alimentado pelo desejo de encontrar a forma mais lógica de levar uma boa vida.

Não importava a situação, as pessoas sentadas na sala de estar de Sam que debatiam onde o dinheiro dele seria gasto não cogitavam comprar mosquiteiros para prevenir a malária das crianças da África. Procuravam maneiras mais inteligentes de reduzir o risco à existência. Os valores que eram capazes de doar estavam prestes a aumentar drasticamente — ou assim todos pensavam. Depois de distribuir 30 milhões de dólares em 2021, estavam a caminho de distribuir 300 milhões em 2022 e 1 bilhão em 2023. Como Nishad me explicou pouco antes, "finalmente vamos parar de falar sobre fazer o bem e começar a fazer o bem".

A lista de coisas que tinham acabado de fazer ou estavam prestes a fazer era... Bom, logo seria totalmente irrelevante. Mas, em retrospecto, seria interessante por outras razões. Eles debateram sobre propostas recebidas que poderiam financiar. Por exemplo, um economista de Stanford esperava abrir uma nova universidade concentrada exclusivamente na inteligência artificial e na biotecnologia e recrutar, como parte de sua turma de alunos, jovens de famílias de baixa ou média renda de países em desenvolvimento. Um engenheiro de um centro de estudos especializado em risco catastrófico queria lançar um satélite de comunicação que serviria de canal secundário para serviços de emergência se o 911 caísse. Com dinheiro da FTX, um grupo chamado Apollo Academic Surveys criou um mecanismo para determinar com rapidez o consenso dos especialistas sobre qualquer tópico. Curiosamente, só a Economia tinha uma ferramenta dessas. A primeira pergunta que fizeram foi a probabilidade de que a Terra fosse destruída por um asteroide. Não muito provável, no fim das contas. "Uma preocupação a menos", disse Avital.

Eles faziam isso havia apenas um ano e já tinham recebido propostas de quase dois mil projetos como esses. Distribuíram algum dinheiro, mas, no processo, concluíram que a filantropia convencional era meio estúpida. Só para lidar com os pedidos que chegavam — a maioria dos quais eles não tinham capacidade de avaliar —, seria preciso uma grande equipe e muita despesa. Boa parte do dinheiro iria para uma vasta burocracia. Assim, recentemente tinham adotado uma nova abordagem: em vez de doar o dinheiro, vasculharam o mundo atrás de especialistas no assunto que tivessem ideias melhores para esses recursos. Nos seis meses anteriores, cem pessoas com conhecimento profundo de prevenção de pandemias e inteligência artificial receberam um e-mail da FTX que, na verdade, dizia: *Oi, você não nos conhece, mas aqui está 1 milhão de dólares sem compromisso. Seu serviço é doá-lo com o máximo de eficiência possível.* A FTX Foundation, criada no início de 2021, acompanharia o que essas pessoas faziam com seus milhões de dólares, mas só para determinar se deveriam receber mais. "Tentamos não julgar muito depois que recebem o dinheiro", disse Sam. "Mas talvez não renovemos a doação." A primeira esperança era de que essas pessoas, estando dentro de determinado contexto, soubessem melhor do que ninguém o que fazer com o dinheiro e, então, que algumas delas realmente tivessem um desempenho genial na doação. "É tentar eliminar a hesitação", disse Sam. "O padrão de inação."

Os altruístas efetivos terminaram a primeira reunião à meia-noite, voltaram na noite seguinte e falaram até 1 hora da manhã. Nishad e Sam falaram um pouco, Caroline tomou vinho e falou menos, Gary não disse nada. Todos avançavam com rapidez, como Sam sempre fazia. "É triste que alguém desperdice um quarto do dinheiro", disse ele em certo momento, "mas, se isso permitir triplicar a eficácia do valor restante, temos uma vitória".

Era mais um jogo, que consistia na ideia de Sam, Nishad, Gary e Caroline gerarem centenas de bilhões de dólares e usá-los para reduzir a probabilidade de que o grande experimento chegasse ao fim. Como todos os jogos que Sam amava, esse era um jogo contra o tempo. De certo modo, ele decidiu que era baixa a probabilidade de que ele, ou, na verdade, a maioria das pessoas, fizesse algo importante depois dos 40 anos, mais ou menos. Era por isso que ele não dormia, não se exercitava nem comia direito e sempre preferia a ação à inação. Tinha de agir depressa. Não achava que os últimos anos de sua vida contivessem muito valor esperado. Para fazer sua parte e salvar a espécie, ele imaginou que teriam talvez dez ou, no máximo, quinze anos.

No fim das contas, teriam cinco semanas.

Até o finalzinho de outubro de 2022, mesmo que se matasse de vasculhar as cabanas, ninguém teria a mais remota sensação de haver algo errado. Eu cruzava os hectares de asfalto em direção à cabana 27 e me deparei com Ramnik e sua esposa, Mallika Chawla. Embora o preço do Bitcoin estivesse despencando, o humor de Ramnik melhorava a cada dia. Com o dinheiro de Sam — ou o que supunha ser o dinheiro de Sam —, ele desempenhava um novo e curioso papel nas criptofinanças. Do início do boom de 2017 até junho de 2022, os criptoativos recriaram as instituições financeiras tradicionais sem as regras, regulamentos e proteções ao investidor que nelas existem. Havia corretoras. Também havia bancos próprios e um tipo de banco que pagava juros em cripto sobre os depósitos em cripto —, mas sem oferecer seguro a esses depósitos. Os bancos reemprestavam o dinheiro a taxas de juros mais altas aos fundos de hedge de cripto, sem que, na verdade, alguém fizesse ideia do que aqueles fundos de hedge faziam com o dinheiro. Havia bolsas que, além de facilitar a negociação de criptoativos, também guardavam o dinheiro dos clientes, sem que um regulador desse muita atenção ao que faziam. Havia até o equivalente ao dólar americano, sob a forma de *stablecoins* ou moedas estáveis. Eram moedas digitais numa blockchain, como o Bitcoin, mas, ao contrário dos bitcoins, eram respaldadas por dólares de verdade. Para cada dólar em alguma stablecoin, deveria haver 1 dólar guardado em algum lugar, num banco genuíno, garantido pela Federal Deposit Insurance Corporation (Corporação Federal de Seguro de Depósito). Mas, de novo, não havia prova de que esses dólares estivessem lá.

Todo o edifício se erguia sobre um fantástico volume de confiança. No fim de outubro, essa confiança se foi, e os criptoativos caíram numa versão turbinada da crise financeira à moda antiga. No fim de junho, o Three Arrows Capital, segundo maior fundo de hegde depois da Alameda Research, explodiu. Houve uma corrida aos bancos e pseudobancos, que desmoronaram. Ao contrário da crise financeira tradicional, não havia governo para intervir e acalmar todo mundo. A crise financeira de 2008 só se atenuou quando o governo concordou em socorrer os bancos. A crise de cripto de 2022 não tinha esse mecanismo. Em vez de governo, os criptoativos tinham Sam. Ou melhor, tinham Ramnik, ocupado em avaliar qual das empresas de cripto falidas salvar e quais deixar que morressem. Sam nunca foi tão importante, e, por associação, Ramnik também não. "É um reflexo do colapso da confiança", disse alguém próximo do setor. "Agora, é a confiança em Sam."

Confiança em Sam significava confiança em Ramnik, que dava os retoques finais na compra de dois criptobancos falidos, o Voyager Digital e o BlockFi. No auge, os dois juntos foram avaliados em cerca de 7 bilhões de dólares. Agora, Ramnik os compraria por no máximo 200 milhões. Uma ninharia.

Ou assim parecia. Ramnik perguntara recentemente a Sam qual volume de capital ele deveria considerar disponível para possíveis aquisições, e Sam respondeu: "Avise se chegar a 1 bilhão". Dois anos antes, Ramnik era apenas um sujeito com esperança de ir trabalhar a pé pela manhã. Agora era o braço direito do J. P. Morgan dos criptoativos. Na presença da esposa, ele resplandecia com o prazer e a glória daquilo tudo.

"O que não entendo é como ele sabe fazer tudo isso", eu disse à esposa dele enquanto entrávamos na cabana número 27.

"Pois é!", respondeu ela com animação. "Eu lhe pergunto isso o tempo todo. 'Como você sabe?' Ele simplesmente só sabe."

9

O SUMIÇO

Eu me afastei apenas por cerca uma semana. Quando voltei, Ramnik, com praticamente todo o organograma corporativo, tinha fugido da ilha. Uma percentagem significativa da frota de carros da empresa estava abandonada, com as chaves ainda na ignição, no estacionamento do aeroporto das Bahamas. Era uma cena bizarra: funcionários da FTX e da Alameda Research em pânico, lutando para escapar de uma enchente de turistas distraídos usando chinelo e camisa florida. Enquanto se cruzavam no terminal, telas gigantescas no aeroporto piscavam a mensagem no alto: *Criptoativos a qualquer hora, em qualquer lugar. Baixe o aplicativo da FTX*. No dia em que pousei, 11 de novembro, uma sexta-feira, os cartazes nas paredes do aeroporto ainda anunciavam criptoativos de forma animada, embora, às 4h30, Sam tivesse assinado pelo DocuSign os documentos que decretavam a bancarrota da FTX nos Estados Unidos.

A tarde chegava ao fim quando Natalie me buscou no aeroporto, num dos poucos carros que os credores não foram buscar. Na noite anterior, ela se demitiu do cargo de diretora de relações públicas e gerente da vida de Sam. Planejava partir na manhã seguinte, sem a maior parte de suas posses nem uma ideia clara do que tinha acontecido. Sabia o que todos sabiam: pelo menos 8 bilhões de dólares pertencentes a traders de cripto que deveriam estar em segurança na FTX foram parar na Alameda Research. O que aconteceu com os 8 bilhões não estava muito claro, mas sabia-se que não era nada de bom. Natalie chorou quando soube que, nas palavras dela, "havia um botão na FTX. A Alameda podia correr o risco que quisesse". Como a maioria dos funcionários da FTX, ela guardava seu dinheiro na bolsa. Agora, tudo tinha sumido. Como a maioria dos funcionários da FTX, sentia que estava vivendo um sonho. O sonho já ficava indistinto e era preciso esforço para recordá-lo. Seria mesmo verdade que ela fora vizinha de porta de Vince Carter?

Entre o domingo e a quarta-feira, o círculo interno de altruístas efetivos se reuniu nos aposentos de Sam, na tentativa frustrada de salvar a empresa. Naquele momento, Natalie tinha apenas uma remota ideia do paradeiro ou do estado de espírito deles. Na quarta-feira, George Lerner determinou que Nishad corria risco de suicídio e conseguiu que fosse escoltado para fora do país até a casa dos pais em São Francisco. Enquanto a empresa desmoronava, Caroline estava viajando pela Ásia, e por lá ficou, num estado de humor esquisito. Para seu psiquiatra e para os outros com quem conversou, parecia entre aliviada e feliz. Também diziam que estava a caminho da casa dos pais na região de Boston. Gary estava, como sempre, calado e indecifrável, mas ao que parecia ainda ali. E Sam… Bom, Natalie não sabia o que Sam realmente sentia, se é que sentia, nem mesmo onde estava. Rastrear Sam não era mais parte de seu serviço.

A estrada que ia do aeroporto até o resort de Albany passava pela sede da FTX. Natalie não estava à vontade em me deixar entrar lá; temia que encontrássemos pessoas confiscando os carros da empresa. Então, desaceleramos ao nos aproximar do lugar. A guarita estava vazia. A cancela estava baixada, mas, como sempre, bloqueava muito pouco do caminho. Não havia sinal de vida no campo de asfalto; os carros tinham sumido; as cabanas pareciam completamente abandonadas. Então, no outro lado do estacionamento, uma figura contornou uma cabana e entrou em foco. Era Sam, sozinho, de bermudas e camiseta vermelho-vivo. Andava em círculos pelo ex-império. Mesmo a distância, dava para ver que tomar um banho e fazer a barba lhe faria bem. Ele se aproximou e entrou no carro, como se nos esperasse. Precisava de carona para voltar para casa, o que, é claro, provocou as perguntas de como e por que estava ali.

"Sabe o que é mais esquisito?", perguntou ele quando deixamos a sede para trás. "Sábado. No sábado, tudo estava normal."

Fiz o possível para reconstruir tudo o que tinha acontecido nas semanas anteriores, antes de reconsiderar o que havia acontecido nos anos anteriores. Ocorrera outra desavença entre Sam e CZ, que de cara não parecia ter muita importância. No fim de outubro, Sam foi ao Oriente Médio levantar recursos e, de quebra, procurar um segundo lar no hemisfério oriental para a FTX. Na noite de 24 de outubro de 2022, ele encontrou CZ numa conferência em Riade. Era a primeira vez em quase três anos que os dois ficavam na mesma sala. Como exigia menos esforço do que não conversar, estabeleceram um breve e embaraçoso diálogo. "Foi uma conversa de cinco minutos em que não trocamos informação alguma", disse Sam. "Foi uma cortesia falsa. Cumprimos a obrigação de reconhecer que ambos estávamos lá." No dia seguinte, Sam foi para Dubai se reunir com seus reguladores financeiros. Na época, os reguladores esperavam que a FTX fizesse de Dubai sua sede no hemisfério oriental. Mais tarde, Sam escreveu a mensagem que tentava lhes transmitir. "Amo Dubai", disse.

> Mas *não podemos* estar no mesmo lugar que a Binance. [...] Há duas razões para isso: a primeira delas é que constantemente eles dedicam recursos significativos da empresa para nos prejudicar; a segunda é eles sujarem a reputação do lugar onde estão. É preciso enfatizar: em geral, ouço ótimas coisas de outros reguladores/ jurisdições etc. sobre Dubai e os EAU [Emirados Árabes Unidos], *exceto* pelo refrão constante de: *é a jurisdição que aceitou a Binance, e assim não confiamos em seus padrões.*

Para Sam, não estava claro se algum país em que CZ se dispusesse a morar aceitaria a bolsa se Dubai decidisse se livrar dele. Naquela floresta, CZ era a maior onça, e Sam parecia se esforçar para cutucá-la. Dubai era minúsculo: Houston com xeiques. A aposta de Sam de transformar CZ num fugitivo sem-teto acabaria se voltando contra ele. Mas Sam não parou por aí. Em 30 de outubro, quando voltou às Bahamas, tuitou uma piada sobre a incapacidade de CZ de influenciar a regulamentação de criptoativos nos Estados Unidos. "Hã, ele ainda tem permissão de ir a Washington, não é?"

Três dias depois, em 2 de novembro, o site CoinDesk, de notícias sobre cripto, publicou uma reportagem sobre um curioso documento que alguém da Alameda Research, ou alguém que talvez emprestasse dinheiro à Alameda Research, teria vazado. Não era um demonstrativo financeiro formal. Não havia indícios de que tivesse sido auditado, que constituísse uma imagem completa do conteúdo da Alameda Research, nem mesmo que fosse verdadeiro. Listava 14,6 bilhões de ativos e oito bilhões de passivos supostamente dentro da Alameda Research em 30 de junho de 2022. O que a reportagem do CoinDesk queria destacar era que mais de um terço dos ativos era FTT, o token que a FTX lançara três anos antes.

Para o pessoal da FTX, a reportagem em si não manifestava senão um interesse lúbrico.[23] Todos notaram que, na época, uma das colaboradoras era a namorada de Eric Mannes, ex-namorado de Caroline Ellison na Jane Street. No mês anterior, o casal visitou as Bahamas e se hospedou com funcionários da Alameda Research em Albany: será que o vazamento aconteceu dentro da empresa? Também havia o frisson de obter um mero vislumbre do tesouro do dragão. Mas o texto não alarmou nem surpreendeu qualquer um da FTX. Na verdade, o FTT era participação na FTX; a empresa tinha direito ao primeiro terço da receita da FTX. A FTX gerou 1 bilhão de dólares de receita em 2021 e, mesmo com a queda do preço dos criptoativos, estava prestes a fazer isso de novo em 2022. O maior arrependimento de Sam, expresso várias vezes desde o momento em que o preço do FTT disparou em 2019, foi tê-lo criado e vendido. Desde então, ele o vinha aspirando para dentro da Alameda Research.

Na manhã de domingo, 6 de novembro, CZ tuitou para seus 7,3 milhões de seguidores:

---

23 Nem as pessoas externas bem informadas ficaram muito surpresas. Steve Ehrlich, repórter da *Forbes* designado para calcular a riqueza de Sam, disse que comentou consigo mesmo ao ver o documento: "Parabéns por ficar sabendo de algo que já sabemos há dois anos".

CZ Binance ✅

@cz_binance

Como parte da saída da participação acionária na FTX, a Binance recebeu cerca de 2,1 bilhões de dólares em BUSD e FTT. Devido às revelações recentes que vieram à luz, decidimos liquidar os FTTs que restam em nossos livros. 1/4

15:47 — 6 de novembro de 2022

CZ ainda tinha os cerca de 500 milhões de dólares em FTT que recebeu em meados de 2021 como parte do acordo de saída de 2,275 bilhões de dólares. (A maior parte do imenso restante ele recebeu em dólares e bitcoins, embora também recebesse de volta cerca de 400 milhões de BNB, o token da Binance, usados para comprar sua participação.) Sam pensou tanto sobre o tuíte quanto sobre a reportagem no CoinDesk. No sábado, 5 de novembro, ele, o irmão Gabe e Ryan Salame se reuniram em Palm Beach com Ron DeSantis, governador da Flórida. A reunião não tinha um propósito específico. Como basicamente todo mundo na política e no setor financeiro norte-americano, DeSantis queria conhecer Sam, e Sam estava curioso para saber mais sobre essa pessoa que, quem sabe, pudesse lhe pedir dinheiro. "Era para descobrir onde ele estava na escala que vai de pessoa sensata a Trump", disse Sam. "Mas não consegui descobrir." Depois da reunião, ele deveria pegar um avião para Tampa e assistir os Buccaneers de Tom Brady jogarem contra os Los Angeles Rams no dia seguinte. E foi emocionante, e Brady liderou mais um ataque até o *touchdown* que faria o time vencer o jogo no último minuto. Mas só Gabe e Ryan Salame assistiram, porque nisso Sam já estava de volta às Bahamas para a final de outro jogo.

A corrida à FTX, por si só, foi espetacular. Havia 15 bilhões de dólares em depósitos de clientes na bolsa. Ou deveria haver essa quantia, guardada em moeda fiduciária, bitcoin e ether. Num dia normal, cerca de 50 milhões de dólares entravam ou saíam da bolsa. A cada dia entre 1º e 5 de novembro, 200 milhões saíram. No fim da noite de domingo, dia 6, saíam 100 milhões de dólares por hora. Os clientes da FTX retiraram

2 bilhões de dólares naquele dia e tentaram retirar mais 4 bilhões na segunda-feira. Na manhã de terça, tinham saído 5 bilhões, e claramente a bolsa não seria capaz de encontrar o suficiente para pagar o número crescente de clientes que queriam seu dinheiro de volta. Em termos formais, a empresa não suspendeu as retiradas, mas praticamente parou de enviar dinheiro de volta aos clientes.

Ainda mais interessante do que a velocidade do evento foram os incidentes que o provocaram. Obviamente, o tuíte de CZ foi o primeiro, mas não o último, ou talvez nem mesmo o mais importante. Caroline respondeu a CZ na manhã de domingo.

Caroline
@carolinecapital

@cz_binance se você pretende minimizar o impacto no mercado de sua venda de FTTs, a Alameda terá muito prazer em comprar tudo de você hoje por 22 dólares!

16:03 — 6 de novembro de 2022

O tom — a simplicidade animada que, obviamente, mascarava outro motivo — soava muito como Sam. Mas foi Caroline quem escreveu. Nem ela nem Sam esperavam que CZ aceitasse a oferta. CZ queria maximizar o dano à FTX e esticaria a incerteza o máximo possível. A esperança era de que uma oferta concreta para comprar a determinado preço o calaria e acalmaria o mercado.

Mas aconteceu o contrário. Uma empresa de análise de risco chamada Gauntlet, que estudou o movimento dos preços de vários tokens de cripto, tinha talvez o melhor quadro do que realmente veio a acontecer. Vinte segundos depois do tuíte de Caroline houve uma corrida de especuladores que fizeram empréstimos para comprar FTTs para vendê-los. O pânico foi causado por uma suposição: se a Alameda Research, maior possuidora de FTTs, exibia claramente a disposição de comprar uma pilha imensa do token por 22 dólares, devia precisar, por alguma razão, manter o preço de mercado em 22 dólares. A explicação mais plausível era de que a Alameda Research estava usando FTTs como garantia para tomar dólares ou bitcoins emprestados dos outros. "Não se diz aos outros um nível de preço como 22 dólares sem muita confiança de que esse preço é necessário", disse Tarun Chitra, CEO da Gauntlet, à *Bloomberg News*. Na noite de segunda-feira, o preço do FTT caiu de 22 para 7 dólares. E um melhor panorama, o meio bilhão de dólares de dinheiro próprio que CZ escolheu incinerar era uma quantia tão trivial que quase ninguém lhe deu mais atenção.

Na terça-feira, a matemática relevante era nível $4^{\underline{o}}$ ano. Antes da crise, a FTX devia controlar cerca de 15 bilhões de dólares em depósitos de clientes.[24] Cinco bilhões já tinham sido pagos aos clientes; assim, ainda dentro da FTX, deveria haver cerca de 10 bilhões de dólares — e não havia. Os únicos ativos restantes eram o que sobrava do tesouro do dragão dentro da Alameda: uma grande pilha de FTTs, outra grande pilha de tokens Solana, um sortimento de tokens de cripto que seriam ainda mais difíceis de vender, 300 milhões de dólares em imóveis nas Bahamas e uma imensa montanha de investimentos de Sam em capital de risco — inclusive a participação no Twitter, que Sam nunca se deu o trabalho de vender. Talvez ainda houvesse até uns 3 bilhões de dólares em moeda forte e Bitcoin que ainda teriam de devolver aos clientes —, mas a imensa maioria do estoque secreto não tinha mercado imediato. Boa parte do que Caroline e Sam conversaram a respeito dos dois ou três primeiros dias da corrida à FTX era só isso. Caroline, que transmitia do escritório de Hong Kong, apareceu numa chamada de vídeo. Sam repassou a lista das muitas coisas que ele ou ela tinham comprado e perguntou: "Quanto tempo leva para você vender isso aqui?". Na maior parte, a resposta era: "Tempo demais".

* * *

24 Estou simplificando, mas só um pouquinho. A FTX era uma bolsa ou bolsa de futuros e, assim, emprestava dinheiro para os clientes fazerem apostas. A todo e qualquer momento, esperava-se que o dinheiro dos clientes não estivesse prontamente à mão. Mas seu principal ponto de venda em 2019 era ter encontrado um modo melhor de avaliar as apostas dos clientes a quem emprestava dinheiro, e tinha mesmo. Assim não deveria se expor a prejuízos com os empréstimos aos clientes.

Na noite de 6 de novembro, Sam ligou para Ramnik e lhe pediu que fosse a seu apartamento no Albany para conversar sobre onde poderiam encontrar dinheiro. Na verdade, Sam ligou duas vezes em vinte minutos, e ele nunca ligava duas vezes. A hora seguinte deixou Ramnik extremamente confuso. Ele achava que Sam estava na Flórida assistindo a Tom Brady jogar futebol americano. Não sabia que Sam morava sozinho no andar térreo do Gemini, em vez de na cobertura do Orchid com os outros altruístas efetivos (como quase todo mundo dentro da FTX, ele ainda não fazia ideia de que Sam e Caroline tiveram um relacionamento). Acima de tudo, Ramnik não sabia por que Sam precisava de dinheiro com tanta urgência. Ele viu o dinheiro saindo da FTX, mas não deu muita importância. Os clientes podiam entrar em pânico e tirar todo o dinheiro. Mas, quando percebessem que não havia razão para o pânico, voltariam, assim como o dinheiro.

Ramnik queria ir trabalhar a pé, e era o que fazia agora. Ele saiu de casa (Cube 1B) e andou pela marina do Albany, passando pelos iates adormecidos. Todos tinham nomes que soavam como piadas internas ou maus trocadilhos. *Special K. Pipe Dream. Fanta Sea.* Era curioso que houvesse tão poucas pessoas por ali. Mesmo nos bons tempos, havia mais barcos do que pessoas; à noite, o resort inteiro parecia desocupado. Era um lugar onde os ricos compravam casas de que não precisavam porque é isso que os ricos fazem.

Ao entrar no apartamento de Sam no Gemini, ele só encontrou altruístas efetivos. Nishad estava na sala, Caroline numa tela de vídeo, Sam indo para o quarto se deitar. Sam não estava exatamente incoerente, mas era difícil falar com ele. Nishad estava agindo com Sam de uma forma agitada, algo que Ramnik nunca tinha visto; em certo momento, virou-se para ele e gritou: "Você pode, por favor, parar de jogar essa merda de *Storybook Brawl*?!". Nada do que eles diziam fazia sentido para Ramnik. Embora fosse responsável pela Alameda Research, Caroline parecia não ter a mínima ideia de onde estava o dinheiro da empresa. Ela apareceu na tela e anunciou que tinha achado 200 milhões de dólares aqui, 400 ali, como se acabasse de fazer uma descoberta científica original. Um sujeito do Deltec, o banco deles nas Bahamas, mandou mensagem para

Ramnik dizendo: "Ah, aliás, você tem 300 milhões de dólares conosco". E para eles isso foi uma absoluta surpresa!

Finalmente, Ramnik concluiu que precisariam levantar 7 bilhões de dólares com rapidez para preencher o buraco que teria esse valor. (O número exato mudou bastante naqueles primeiros dias.) À sua pergunta óbvia — "Por que havia um buraco?" —, Sam, Nishad e Caroline deram respostas confusas. Gary ficou em silêncio em seu canto.

Ramnik passou seis meses sentado à mesa ao lado de Gary. "Ele vinha, sentava-se, começava a trabalhar, trabalhava 12 horas direto. Nenhuma palavra ao entrar, nenhuma palavra ao sair", disse Ramnik. Em geral, Gary só chegava no fim da tarde, mas um dia ele apareceu às 11 horas da manhã, e Ramnik aproveitou para iniciar uma conversa.

"Chegou cedo hoje. São só 11 horas", disse Ramnik.

"E da manhã, ainda por cima", respondeu Gary.

Foram as únicas palavras que trocaram, e Gary não deu mostras de esperar mais alguma. Em geral, era Sam quem mais falava. Se, naquele momento, você perguntasse a Ramnik o que achava que Sam sabia ou não, ele responderia que, na verdade, Sam não sabia o que tinha acontecido. Que foi pego de surpresa. Ele se perguntava: *Se essas pessoas sabiam que havia o risco de não terem dinheiro suficiente, por que nem se incomodaram em descobrir quanto tinham? Elas não fizeram nada.*

No dia seguinte, depois do almoço, apareceu um advogado da FTX chamado Can Sun. Sam convocou Can pela mesma razão que convocou Ramnik — para falar com os investidores e ajudá-lo a levantar 7 bilhões de dólares. Can também ficou perplexo. "Eles não sabiam responder diretamente às perguntas de onde estaria o dinheiro", disse ele. "Quando entrei na sala, ninguém admitiu que havia dinheiro extraviado. O dinheiro estava todo lá. Só tínhamos um problema de liquidez." Sam, Can, Ramnik e os outros ligaram para todo mundo no planeta que fosse capaz de emprestar 7 bilhões rapidamente: fundos soberanos, fundos de investimento privados, bolsas de cripto asiáticas. Mas não é fácil convencer alguém a lhe dar 7 bilhões de dólares se você não consegue explicar por que precisa deles. Era ainda mais difícil convencer alguém a lhe dar 7 bilhões quando você precisava deles naquele mesmo instante. Muita gente se dispunha a conversar com Sam, Can e Ramnik, mas todos faziam a mesma pergunta: "Onde foram parar os depósitos dos clientes?". Essa pergunta ficou sem resposta, e todo mundo que tinha 7 bilhões de dólares sobrando perdeu o interesse.

De todas as pessoas do mundo que tinham esse volume de dinheiro para gastar, só uma deu um passo à frente e disse que talvez se dispusesse: CZ. Por razões óbvias, CZ era a última pessoa para quem Sam ligaria para pedir dinheiro. Sam só ligou para CZ na terça-feira. "Liguei para CZ e ele está irritado", disse Sam. "Então, comecei a bajular. Três horas depois, tínhamos assinado um LOI [*letter of intent*, carta de intenção]." O acordo dava toda a empresa à Binance, menos a FTX US, em troca do passivo. Também dava à Binance o direito de inspecionar a contabilidade da FTX e da Alameda Research no estado em que estivesse. Isso fazia de CZ a primeira pessoa externa do planeta a ver o covil do dragão e saber, ou ter a impressão de saber, exatamente o que aconteceu dentro da FTX e da Alameda Research.

Na noite seguinte, quarta-feira, 9 de novembro, CZ disse que o que viu o fez mudar de ideia. Sam soube da notícia por um tuíte:

Binance ✔

@binance

Em consequência de diligência prévia, assim como das últimas notícias relativas ao extravio de recursos de clientes e à suposta investigação de agências norte-americanas, decidimos que não concluiremos a possível aquisição de FTX.com.

21:00 — 9 de novembro de 2022

5.851 Retweets 2.426 Citações 14,6k Likes

Binance ✔

@binance

No começo, nossa esperança era apoiar os clientes da FTX a obter liquidez, mas os problemas estão além de nosso controle ou capacidade de ajudar.

Foi quando todos que ainda não tinham escapulido correram para o aeroporto. Tinham suas razões para esse senso de urgência. Nishad falava cada vez mais em se matar. A esposa de Can lhe disse que, se não partisse naquele momento, ela pediria o divórcio. Ramnik, que se considerava um sujeito dos bastidores, invisível para o mundo externo, estava recebendo ameaças de morte. Ficou aliviado por nunca terem lhe contado que o dinheiro que deveria estar dentro da FTX, na verdade, estava dentro da Alameda. Passou-lhe pela cabeça que a esposa o salvou — porque todos sabiam que dizer algo a ele também era dizer a ela. Os altruístas efetivos podiam expandir seu círculo de confiança a uma pessoa, pensou ele, mas não a duas.

Já na noite de quarta-feira, a confiança se tornava exígua até dentro do pequeno círculo de altruístas efetivos. Caroline continuava meio animada e até tentou explicar o motivo a Sam. "Eu simplesmente tinha um pavor crescente deste dia, que me pesava havia muito tempo, e agora realmente está acontecendo; é ótimo superar isso de um jeito ou de outro", escreveu ela no domingo. Na madrugada de terça-feira, horário das Bahamas, ela continuou com outra mensagem: "É estranhamente bom acabar com isso. Era algo que me atemorizava havia muito tempo, e é como se um grande peso saísse de meus ombros". No dia seguinte, 4 horas antes de CZ tuitar a mudança de ideia sobre a compra da FTX, ela abordou os subordinados no escritório de Hong Kong. "Acho que vou começar dizendo algumas coisas. Fiquem à vontade para fazer perguntas?", começou ela, com um risinho nervoso.

Caroline pensava em pontos-finais, mas falava com pontos de interrogação e exclamação. Elevava a entonação no fim das frases, com incerteza, enquanto passava uma mensagem absurdamente simples: estavam falidos. Ela não entrou em detalhes de como isso aconteceu, mas disse que a Alameda sofreu prejuízos em junho, quando seus maiores emprestadores de cripto também pediram o dinheiro de volta. Naquela época, a Alameda "fez um empréstimo" na FTX para pagar seus credores. Agora que tinham vendido, até onde ela sabia, a FTX para a CZ, a Alameda provavelmente deixaria de existir. "Principalmente, quero pedir desculpas", disse ela. "Isso é mesmo horrível. Não é justo com vocês." Ela entendia que as pessoas talvez não quisessem ficar para ajudar a limpar a sujeira que restasse, mas "para quem ficar é possível que haja algum futuro". Ela concluiu de forma esperançosa sobre o acordo com CZ.

"Reembolsar todos os credores e evitar que a Alameda vá à falência provavelmente é uma coisa boa, certo?"

"Poderia nos dizer o tamanho do buraco?", perguntou um dos traders na plateia.

Caroline disse que preferia não dizer.

"É mais perto de 1 bilhão ou de 6 bilhões?", insistiu ele.

"Hã... o segundo?", respondeu Caroline.

Depois da conversa, Caroline se aproximou de uma funcionária e disse, animada: "Se você quiser permanecer, eu ficaria muito feliz".

"Foda-se" foi a resposta.

Enquanto Caroline alegremente defendia sua culpa, Nishad buscava com tristeza indícios de sua inocência. No início da crise, ele parecia preocupado principalmente com a morte do sonho altruísta efetivo e com o fato de que ele e todos os que tomaram dinheiro emprestado da FTX logo estariam falidos, pois não tinham patrimônio e ainda deviam dinheiro à empresa. Às 4 da manhã de segunda-feira, ele enviou uma mensagem a Caroline: "Estou triste com o reflexo disso sobre o altruísmo efetivo". Na quarta-feira, 9 de novembro, sua mente se voltou para o risco jurídico. "É de um egoísmo enorme meu, mas eles precisam saber que não era uma tonelada de gente orquestrando isso", mandou ele em mensagem a Sam, sem especificar quem eram "eles" e "isso". Ele continuou com outra mensagem: "Poderia ser você, ou você e Gary, quem as pessoas vão culpar?". Depois, uma terceira: "Acho que preciso dizer a Zane que eu não estava ciente dessa orquestração".

Naquela noite, Nishad solicitou uma reunião só com Gary e Sam. Quando os três estavam sozinhos numa sala, Nishad perguntou: "O que acontece se a polícia ou os reguladores nos procurarem?".

"Como assim?", perguntou Sam.

"Como ter certeza de que vamos cooperar no dilema do prisioneiro? Como todos vamos garantir que diremos que os outros são inocentes?"

"Não tenho nenhuma razão para pensar que algum de nós tinha intenção criminosa", disse Sam.

"Não, isso não basta. Você precisa falar com eles. Você precisa lhes dizer que eu não fazia ideia", rebateu Nishad.

"Como eu saberia disso?", perguntou Sam. "Está dizendo que eu deveria dizer que você não sabia nada de algo sobre o qual também não sei nada. Como isso seria possível? Não faz sentido."

"Mas eu não sabia", argumentou Nishad.

"Então diga isso", retrucou Sam.

"Isso não vai funcionar", disse Nishad. "Porque no código há provas do que fiz."[25]

Do início ao fim, Gary só observou, como fez a semana toda. Nunca disse nada. Era como se tivesse calculado o valor esperado do que poderia dizer e decidido que as palavras ainda não valiam a pena.

Na sexta-feira, Nishad partiu, o que foi bom, porque nisso a polícia das Bahamas se preparava para prender qualquer líder restante. Naquela tarde, cerca de 450 milhões de dólares em criptoativos sumiram das carteiras da FTX. Ninguém sabia quem era o hacker; todos supuseram que era serviço interno; muitos desconfiaram de Sam e Gary. Naquela noite, quando Sam ligou para Caroline, ela não atendeu. E não atenderia nunca mais.

No meio disso tudo, a mulher responsável pela presença nas Bahamas de todos os personagens do drama interveio. Christina Rolle, principal reguladora financeira das Bahamas, ficou genuinamente chocada com a rapidez com que desmoronou o ecossistema financeiro que tinha crescido em torno de Sam e se povoou de oportunistas que se deram muito bem às custas dele — e como essas mesmas pessoas que tiraram o dinheiro dele se voltavam contra Sam sem saber exatamente o que ele tinha feito. Desde que Sam desse dinheiro a todos, as pessoas o amavam sem fazer

---

25 O leitor está certo ao se perguntar como sei disso tudo. Ou, como se questionaria Sam: "Qual é a probabilidade de que isso seja verdadeiro?". A conversa vem da memória dele pouco depois. O restante do relato da crise foi confirmado por outros nos aposentos de Sam. Não sei direito como isso afeta os vários cálculos de probabilidade, mas, se achasse que não tinha acontecido, eu não incluiria no livro. O que isso *significa* é outra questão.

muitas perguntas; no momento em que perdeu dinheiro, todos caíram sobre ele — e sem querer ouvir as respostas que ele dava às perguntas que faziam. Ela achou perturbador que a polícia estivesse se preparando para prender pessoas antes que alguém tivesse alguma ideia do que tinham feito. Nenhuma autoridade tinha falado com Sam nem com nenhum dos outros líderes da FTX e da Alameda. Tudo o que se sabia era o que se lia no Twitter. Não havia provas para acusar ninguém de crime; nas Bahamas, a fraude exige intenção, e a intenção ali não era clara. Sem acusações explícitas, quem fosse preso não ficaria muito tempo na cadeia.

Havia outra razão para Rolle não querer a prisão de Sam e Gary. Ela precisava da ajuda deles para entender o que tinha acontecido ali. Sam não retornou as ligações dela durante a semana toda. Na tarde de quarta-feira, ela enfim teve uma reunião pelo Zoom com Ryan Salame, que, embora ainda fosse co-CEO da FTX, ficou nos Estados Unidos depois do jogo de Tom Brady, e Ryne Miller, o advogado do braço norte-americano da FTX. Eles lhe disseram que o dinheiro tinha ido da FTX para a Alameda, mas que não sabiam como nem porque isso tinha acontecido. "Achei engraçado que alguém com cargo de CEO tivesse esse nível de compreensão da coisa. Aquilo não cheirava bem", disse Rolle.

Foi um momento esquisito. De repente, todo mundo dentro da FTX queria saber menos do que sabiam, e todos fora da FTX achavam que sabiam mais do que sabiam. No Twitter, num piscar de olhos, um boato vira fato, o fato vira história e a história vira explicação. Sam teria desviado bilhões e já estava em fuga. Sam estava em Dubai ou algum outro lugar que não tivesse tratado de extradição com os Estados Unidos. Alguém publicou vídeos de um homem, supostamente Sam, perambulando pelas ruas de Buenos Aires. Christina Rolle não achava que Sam fosse fugir nem que escondesse bilhões. Sua maior preocupação era que, quando lhe fizesse perguntas, ele não desse respostas diretas. "Acho que ele não sabe por que os outros não confiam nele", disse ela. "Não é difícil ver que somos manipulados por ele, como num jogo de tabuleiro."

Na quinta-feira, ela congelou o patrimônio da FTX e, efetivamente, pôs a empresa em liquidação, a versão de falência das Bahamas. Na sexta-feira, dia em que cheguei, Joe, o pai de Sam, deixou Sam nos antigos escritórios da FTX para se reunir com os liquidantes das Bahamas. Três horas depois, eles terminaram com Sam. Rolle lhe pediu que se reunisse com ela no dia seguinte no quartel-general da polícia. Ela também queria interrogar Gary, mas os liquidantes precisavam dele para conseguir os ativos da bolsa, e ela adiou a conversa até a segunda-feira seguinte. Depois de interrogar Sam durante várias horas, Rolle embarcou num carro com sua assistente, que tinha observado a interação. A assistente começou a chorar. "Você não pode deixar prenderem esse homem", implorou ela. Rolle não deixou. Em vez disso, ela convenceu a polícia a ficar com os passaportes de Sam e Gary. Por isso, quando entrei no estacionamento da FTX com Natalie, encontrei Sam sozinho, mas ainda solto, andando em círculos.

Na noite de sexta-feira, havia apenas duas pessoas que ainda aguardavam para sair de cena e deixar aos outros a função de encontrar o significado do espetáculo. A primeira era Zane Tackett. Diziam que Zane talvez ainda estivesse por ali e o encontrei no dia seguinte, sábado, 12 de novembro. Zane fez algo que ninguém fez: quando o tiroteio começou, correu na direção da luta, em vez de fugir dela. No domingo anterior, estava numa conferência sobre criptoativos em Lisboa, prestes a partir para Abu Dhabi, onde a FTX patrocinava uma corrida de Fórmula 1. Agora, andava de um lado para o outro pelo piso de mármore de um apartamento do Albany, colocando as roupas da secadora numa bolsa e tomando uma garrafa de rum.

Desde o começo, Zane foi cativado por Sam e pelo império que ele poderia criar. Mas não entrou na causa às cegas. Antes de se unir à FTX, consultou seus velhos amigos do setor de cripto, e CZ foi um deles. "Foi CZ quem me falou de Sam", recordou Zane. "Ele disse: 'Acho que seria uma oportunidade muito boa para você'. As pessoas me perguntavam: 'Como você passou a confiar tanto em Sam?'. CZ foi a primeira razão. Além disso, ninguém tinha nada de ruim a dizer sobre ele." Zane foi o pistoleiro convencido a criar um lar respeitável na cidade, ao lado de pessoas que pareciam respeitar as leis. Muitos grandes especuladores de criptoativos confiaram seu dinheiro à FTX porque confiavam em Zane.

Esses especuladores tiveram suas dúvidas nas últimas duas semanas, é claro, eles também liam o Twitter. Mas, no domingo, quando a situação começou a azedar, Zane pediu orientação a Sam, que lhe disse que tranquilizasse todo mundo. "Chamei Sam e perguntei: 'Faço controle de danos?'. Ele disse que sim." Então, Zane mandou a Sam uma mensagem com três perguntas: "Um, estamos insolventes; dois, já emprestamos recursos de clientes à Alameda; e três, o que eu não perguntei que preciso saber?". Sam não respondeu — simplesmente ficou em silêncio. Para Zane, ele sumiu, da mesma maneira que sumiu para Christina Rolle.

Ainda assim, Zane imaginou que não havia como a FTX estar com problemas reais. Não fazia sentido. O preço do FTT não deveria ter efeito nenhum sobre o valor da bolsa, assim como o preço das ações da Apple não afeta as vendas do iPhone. Mas era bem ao contrário: a receita da bolsa impulsionava o valor do FTT. "Se o FTT cair a 0, como fica?", disse Zane. A outra razão para não fazer sentido era que a FTX sempre foi extremamente lucrativa. "Sei quanta receita real temos: dois bips [0,02%] sobre 250 bilhões de dólares por mês", disse Zane. "Fiquei pensando: 'Cara, você está sentado na merda de uma gráfica; por que precisa fazer isso?'."

Até tarde da noite da segunda-feira, Zane disse aos amigos que estava tudo bem. O dinheiro que desapareceu da bolsa pertencia às pessoas que não lhe davam importância; o dinheiro que ficou, pelo menos em parte, pertencia a pessoas com a mesma crença de Zane, baseada em princípios, de ficar com os aliados nos bons e maus momentos. "Aquele filho da mãe… Por que não me contou quando saí em sua defesa?", disse Zane, repetindo mais ou menos o que tinha dito diretamente a Sam. "Você me deixou ir lá mentir por você e foda-se."

Zane era bem diferente dos altruístas efetivos. Não tinha o interesse de Sam em como-pensar-sobre-Bob. Se ele fosse um bom amigo e Zane não tivesse provas de que Bob tinha cometido o assassinato misterioso, ele insistiria em pensar sobre Bob do mesmo jeito que sempre tinha pensado. Teria se esforçado ao máximo para ficar ao lado de Bob e ajudá-lo a se sentir melhor com o ocorrido. Mas, se encontrasse Bob enterrando uma faca ensanguentada no quintal, teria lhe dado um tiro na hora, sem nem parar para recalcular as probabilidades. Ao menos é como ainda imagino Zane.

Ele partiria na terça-feira, a caminho de Miami, e de lá não sabia direito aonde iria. Seja lá qual fosse a rota, ele não perderia tempo tentando descobrir por que Sam fez o que fez. Para Zane, não importava. Havia apenas uma pergunta em que pensava: *Por que nem ele nem ninguém que conhecia percebeu o que ia acontecer?* Ele tinha um palpite inicial: "A esquisitice de Sam", foi o que declarou. "Sua esquisitice, misturada à inteligência que tinha, permitiu que a gente afastasse muitas preocupações. A questão do porquê simplesmente ficou apagada."

Ficava no ar a pergunta de quem poderia levar Sam e os demais à justiça e quem ficaria para botar ordem na casa. As Bahamas tinham começado a pôr a FTX em liquidação um dia antes de Sam assinar os documentos que declaravam a falência nos Estados Unidos. A Alameda Research e a pequena bolsa norte-americana eram registradas no estado de Delaware. A maior bolsa de cripto internacional da FTX, onde ocorria a maior parte do trading, foi criada em Hong Kong. Registrada em Antigua e, agora, sediada nas Bahamas, a principal bolsa de cripto proibia cidadãos norte-americanos de usá-la e se esforçava bastante para impedi-los. Qualquer cidadão dos Estados Unidos que operasse nela teria mentido para entrar. Havia um argumento decente segundo o qual o julgamento de Sam e a liquidação da FTX deveriam ocorrer nas Bahamas. Havia um argumento menos decente, defendido por advogados de falência norte-americanos que pretendiam ganhar uma fortuna com o caso, segundo o qual todos os ativos e as pessoas encarregadas deles deveriam ser transferidos para os Estados Unidos. E havia um terceiro argumento, apresentado por Sam, segundo o qual tudo o que aconteceu só poderia ter lugar onde Gary se encontrasse, porque ele era o único capaz de explicar o código que regia os negócios. "No fim das contas, o fator decisório na disputa de jurisdição é Gary", disse Sam na noite em que Zane partiu, "Gary é o único que sabe usar o computador".

Gary foi o último a partir. Ele puxou Sam de lado na cobertura do Orchid e falou, embora muito brevemente:

"Falei com meu advogado e vou embora."

"Há algo a dizer que seria relevante aqui?", perguntou Sam.

"O advogado me disse para ir, tenho de ir embora", respondeu Gary.[26]

E foi isso. Gary nunca disse como nem quando partiria — o que era um problema, pois as Bahamas tinham apreendido seu passaporte. Na noite de domingo, sem falar mais nada com ninguém, ele escapuliu da cobertura do Orchid sem ser notado. O advogado que o tirou de lá conseguiu que as autoridades norte-americanas lhe fornecessem um segundo passaporte para que o contrabandeassem de volta aos Estados Unidos antes que o governo das Bahamas se desse conta do que tinha acontecido. Christina Rolle nunca teve a oportunidade de falar com Gary.

---

26 Isso eu assisti a distância. Foi uma espécie de milagre.

10

MANFRED

Depois que todos que precisavam fugir partiram, o resort do Albany passou a me lembrar Nova Orleans uma semana depois do furacão Katrina. Uma quietude superficial que mascarava o caos mais profundo. Desabitado de pessoas, mas com muitas coisas dentro, era possível entrar em qualquer um dos apartamentos de luxo e, além de abrigo, encontrar comida e roupas. As unidades mais gloriosas, de cinco quartos, nos prédios Honeycomb e Cube, estavam à disposição, com montanhas de petiscos chineses, roupas para todas as ocasiões e bebidas alcoólicas suficientes para afundar um navio pirata. Os pais de Sam foram para as Bahamas e ficaram na cobertura do Orchid com o filho até o fim, assim como seu psiquiatra. Um único tecnólogo da FTX, chamado Dan Chapsky, ficou, mas ele era um caso estranho. Tinha o cargo de cientista-chefe de dados, mas Sam mal sabia quem era, o que fazia e por que razão tinha permanecido — nem mesmo Chapsky sabia. Na sexta-feira da falência, ele saiu de seu apartamento de luxo com o olhar assombrado de um homem após um ataque aéreo e procurou George Lerner.

"Por que estou aqui?", ele perguntou.

George o fitou nos olhos por um longo momento e respondeu:

"Você precisa ir embora."

Por alguma razão, Dan não tinha partido. Logo seria empregado pelas equipes de falência norte-americana e das Bahamas e, pouco depois, se envolveria na guerra entre elas pelo controle dos ativos restantes da empresa. Ambas precisavam de alguém que os ajudasse a entender o conteúdo do banco de dados da FTX. Dos que sabiam usar o computador, Dan era o único que restava.

Em seu auge, o Albany abrigou até setenta funcionários e convidados da FTX e da Alameda Research. Na segunda feira, 14 de novembro, o único outro sinal de vida dentro das paredes do resort de Albany vinha de uma casa diretamente atrás do apartamento de Sam no Orchid. Chamava-se Conch Shack, o "barraco da concha". O Conch Shack era a melhor compra de Ryan Salame: uma casa de seis quartos absolutamente fantástica que, de forma incomum no Albany, seguia as proporções do ambiente. Ryan pagou 15 milhões de dólares por ela e supôs que Sam moraria lá — este deu uma olhada na casa, viu que alguns quartos eram maiores do que os outros e decidiu que ficaria com a cobertura do Orchid, onde ele e os outros altruístas efetivos poderiam morar em condições praticamente idênticas.

O Conch Shack foi entregue a Constance Wang, a funcionária mais antiga da FTX nas Bahamas fora do círculo íntimo de altruístas efetivos de Sam. Contratada em 1º de abril de 2019, foi a oitava funcionária e a primeira chinesa da FTX. No momento do colapso da bolsa, ainda tinha o título de diretora de operações, somado ao de CEO da FTX Digital Markets. Mesmo depois de todos os colegas fugirem, Constance ficou no Conch Shack com seus dois gatos — Lucky e Money, "sortudo" e "dinheiro", que foram elementos críticos no cenário. Constance levaria algumas semanas para obter a licença para levá-los de volta à China, e as empresas aéreas só lhe permitiam voltar para casa com um único gato. Se fosse forçada a escolher, ela levaria Lucky, mas a ideia de deixar Money para trás era insuportável. No entanto, Constance não precisava pensar nessa possibilidade, o que era um alívio. Sua boa amiga Quinn Li tinha ficado para ajudar. Com Natalie Tien e Zane Tackett, Quinn era uma das 48 pessoas abaixo de Constance no organograma de George. "Ela ficou por minha causa", disse Constance. "Eu precisava da ajuda dela para levar meus gatos para casa."

Não foi a primeira vez que vi pessoas arriscarem tudo por um animal de estimação. Isso também aconteceu no furacão Katrina. Mas, obviamente, Lucky e Money não eram a única razão para Constance ficar, ela inclusive permaneceria muito depois de obter a documentação para a viagem, pois Sam ainda alimentava esperanças de ressuscitar a bolsa. Essa esperança repousava num bilionário chinês de criptoativos chamado Justin Sun, que apresentou um plano a Sam. Sun, fundador da blockchain Tron, queria entregar a própria criptomoeda particular, o Tronix, aos credores da FTX em troca de seu direito aos ativos restantes. Ao ver que precisava de alguém que falasse mandarim, Sam implorou que Constance ficasse. "Eu queria ter certeza de que Sam não se mataria", disse Constance, que não dava muita importância ao plano de Justin Sun. "Embora às vezes eu ache que a responsabilidade não era minha."

Antes de mais nada, Constance queria entender o que tinha acabado de acontecer. Essa era a razão mais importante para a diretora de operações da FTX ficar nas Bahamas, mesmo correndo o risco de ser presa: ela não suportava não saber como a FTX tinha operado. "Gosto de entender as coisas", disse ela. "Quando não consigo entender, sinto um grande desconforto."

Naquela manhã de segunda-feira depois do colapso, encontrei as duas moças chinesas na cozinha do Conch Shack. Constance já tinha em mãos uma pequena pilha de documentos sigilosos da FTX e da Alameda Research. Quinn acabara de voltar da tentativa frustrada de encontrar legumes frescos nas casas e nos apartamentos da ilha antes ocupados por funcionários da FTX. (Já estava tudo trancado e com guardas.) As duas lidavam com os pais na China, desesperados porque as filhas se recusavam a voltar para casa antes do fim da investigação. A mídia inflamou a situação toda; até na China, só se falava de Sam e da FTX. "A FTX ficou famosíssima", disse Constance. "Era literalmente o que a empresa buscava... e conseguimos indo à falência!"

As duas mulheres se valeram de diversos truques para conseguir que os pais as deixassem em paz. Quinn argumentou com a mãe que os pais de Sam estavam nas Bahamas, sem ninguém para consolá-los. "Eu disse à minha mãe: 'São dois idosos que não têm ninguém'", disse Quinn. "Minha mãe respondeu: 'Eu também sou idosa!'." Constance só conseguiu silenciar a mãe dizendo que, se continuasse a telefonar para gritar com ela e não lhe desse espaço para resolver aquele capítulo, sua tristeza poderia sair do controle e se transformar em emoções às quais ela seria incapaz de sobreviver. Espantada com o sucesso da estratégia de Constance, Quinn a tentou com a própria mãe. "Eu disse à minha mãe que estava muito triste. 'Você quer me deixar ainda mais triste? Se disser mais alguma coisa, vou me matar.' Mas não deu certo! Ela disse: 'Já senti pena demais de você! Você trabalha o tempo todo e nem namorado tem!'."

Constance assumiu a liderança da investigação e usava Quinn como um validador. Ela era a mais perplexa e, também, a mais motivada. Tinha conhecido Sam antes que ele abrisse a FTX, quando era apenas mais um trader de cripto de que ninguém na Ásia tinha ouvido falar. No fim de 2018, ela trabalhava no escritório em Cingapura da Huobi quando a bolsa congelou ou extraviou o dinheiro da Alameda Research. "Eles não falavam chinês, e o atendimento ao cliente não falava inglês", disse Constance. "Eles me procuraram e encontraram a solução mágica do problema."

Quando decidiu abrir sua bolsa de criptoativos, Sam tirou Constance da Huobi e a contratou. Ela se tornou a pessoa que ele levava às reuniões em que se falaria mandarim. "Na prática, ele não era ninguém e ninguém o levava a sério", disse Constance. Naquelas primeiras reuniões, Sam balançava tanto a perna que a mesa onde estavam sacudia também, e Constance sentia a necessidade de estender a mão e pousá-la sobre o joelho dele para que parasse. Ele só a olhava e fazia que sim, a perna relaxava. Muitas vezes, ela se sentia apreensiva com o tanto que ele revelava a totais desconhecidos. "Algumas vezes, no começo, eu lhe disse: 'Você não precisa ser tão sincero. Nos criptoativos, todo mundo blefa'. E Sam sempre respondia: 'Vou lhe mostrar minha última cartada'."

Na época, o mundo dos criptoativos ainda era pequeno. "A gente ia a algumas conferências, promovia um evento e, basicamente, conhecia todo mundo", disse Constance. Para que as pessoas conhecessem Sam, ela o levou a uma festa ("Sam só sabe um passo de dança: balançar para cima e para baixo") e o manteve lá até as 3 da manhã. Tinham uma reunião marcada para as 9 horas. Constance acordou às 6 horas, de ressaca, e mandou uma mensagem a Sam, pedindo para adiar a reunião. Ele respondeu imediatamente. "Ele nunca dorme", disse ela, "certa vez lhe perguntei como conseguia ser feliz, e ele respondeu: 'A felicidade não importa'."

Quatro anos depois, na cozinha do Conch Shack, ela folheou os documentos particulares que tinha desenterrado (de que forma é algo que eu nunca soube) e que descreviam parte do que Sam tinha feito com as horas que passava acordado. O primeiro era uma planilha interna de autorização de gastos da FTX. No organograma de George, Constance supervisionava todo o marketing da empresa. Até então, ele nunca vira os maiores gastos com marketing da FTX. Os números lhe deram um nó na cabeça. Três anos de contrato com o festival de música Coachella, Steph Curry e a equipe de Fórmula 1 da Mercedes por, respectivamente, 25 milhões, 31,5 milhões e 79 milhões de dólares. O contrato de cinco anos com a Major League Baseball por 162,5 milhões. O contrato de sete anos com a Riot Games, desenvolvedora de videogames, por 105 milhões. ("Só porque Sam gosta de *League of Legends*", disse Constance.) E por aí vai, até chegar aos contratos menores, que na verdade não eram tão pequenos assim: 15,7 milhões de dólares para Kevin O'Leary, do programa *Shark Tank*, por "Vinte horas de serviço, vinte postagens em mídias sociais, um almoço virtual e cinquenta autógrafos".

Almoço virtual! Constance certamente sabia que Sam era mão-aberta, por isso simplesmente supôs que ele tinha tanta grana que não fazia diferença o que havia oferecido a Kevin O'Leary. "Tentei questionar", disse ela. "Mas achei que estavam usando o lucro da Alameda. Ou que os investimentos de Sam geravam uma tonelada de dinheiro."

O próximo documento da pilha era um demonstrativo aproximado da Alameda Research que diferia em aspectos importantes do demonstrativo aproximado que inspirou a reportagem do CoinDesk, agora considerado responsável por desmantelar a empresa toda. Constance achou que tinha sido criado às pressas por Sam ou Caroline, talvez pelos dois.

Ela o encontrou na terça-feira anterior, quando a FTX parou de devolver dinheiro aos clientes. "Quando tomei conhecimento, disse à equipe que não respondesse ao pessoal externo, porque não queria que ninguém perdesse o bom nome e a reputação", disse ela. A lista de ativos incluía os detalhes de centenas de investimentos privados que Sam fez nos dois anos anteriores, aparentemente num total de 4.717.030.200 de dólares. Agora, o passivo tinha um item ainda mais importante do que todo o restante combinado: *10.152.068.800 em depósitos de clientes*. Mais de 10 bilhões de dólares que deveriam estar custodiados na FTX de algum modo tinham ido parar dentro do fundo de trading particular de Sam. O documento listava apenas 3 bilhões em ativos líquidos — isto é, dólares americanos ou criptoativos que pudessem ser vendidos de imediato em troca de dólares. "Minha sensação foi *que merda*", disse ela. "A pergunta é: '*Por quê?*'". E foi a mesma pergunta que Zane fez. "Tínhamos uma empresa muito lucrativa", disse Constance. "Nossa margem de lucro era de 40% a 50%. Ganhamos 400 milhões de dólares no ano passado."

Esses dois primeiros documentos do saque particular de Constance a ajudaram a entender como o dinheiro foi gasto. Os outros revelaram, em última análise, quem tinha ficado com a conta. Então, na página seguinte ela encontrou uma lista dos cinquenta maiores credores da FTX: as cinquenta maiores contas cujos donos não conseguiram remover seu dinheiro da bolsa de cripto, classificadas pelo tamanho do prejuízo. No momento do colapso, a FTX tinha mais de dez milhões de correntistas e lhes devia 8,7 bilhões de dólares. Quase metade desse prejuízo, ou 4 bilhões, estava concentrada nessas cinquenta contas. Os maiores perdedores, que não eram funcionários da FTX ou da Alameda, eram empresas de negociação de alta frequência. Perto do topo estava a Jump Trading (206.160.600 de dólares) e, no pé, a Virtu Financial Singapore (10.095.336,83 de dólares). O nome real de cerca de metade da lista estava oculto. A entidade listada como Tai Mo Shan Limited — que perdeu mais de 75 milhões de dólares — era, na verdade, outra afiliada da Jump Trading. Muitas contas disfarçadas pertenciam a funcionários da FTX. A própria Constance tinha perdido cerca de 25 milhões de dólares. Ela ainda possuía 80 mil dólares numa conta bancária comum que vinha de sua vida anterior, mas fora isso tinha perdido tudo.

Como também tinha supervisionado a equipe de vendas, ela conhecia a maior parte dos nomes na lista, principalmente os traders de alta frequência. Sabia que cada um deles desconfiava intensamente da relação entre a FTX e a Alameda Research. "Todos se preocupavam com isso. Era literalmente a primeira coisa que me perguntavam todo dia. A Alameda Research usa informações privilegiadas? A Alameda Research consegue ver as negociações dos outros? A Alameda tem menos latência?", contou Constance. Em outras palavras: a Alameda tem a mesma vantagem injusta no trading da FTX que os traders de alta frequência tinham na Nasdaq e na Bolsa de Valores de Nova York? Estranhamente, não. Em vez disso, a FTX simplesmente emprestou à Alameda todos os depósitos dos traders de alta frequência... de graça!

A FTX também teve outras ações que colocaram em risco o dinheiro dos traders de alta frequência e o de todo mundo. Isentou a Alameda das regras de risco que governavam todos os outros traders. As operações de todos os outros traders na FTX eram liquidadas assim que os prejuízos excediam a garantia apresentada. Por isso, a FTX se sentia muito mais segura do que as outras bolsas de criptoativos. Nenhum trader isolado teria permissão de perder tanto dinheiro que ameaçasse a bolsa e todos os que negociavam nela. Já para a Alameda Research havia uma exceção. A empresa particular de trading de Sam tinha, com efeito, permissão de perder infinitos dólares sem que suas operações fossem liquidadas. "*Ninguém* jamais perguntou sobre liquidação", disse Constance. "E *ninguém* jamais perguntou se nosso dinheiro na verdade estava dentro da Alameda." Sam tinha razão: as pessoas não enxergam aquilo que não estão procurando.[27]

Até esse momento, Constance estava calma e imparcial. Era como se inspecionasse a ficha médica de um desconhecido para determinar a causa da morte. Quando chegou ao último documento, mudou de tom.

---

27 Sam me disse praticamente a mesma coisa. "Ninguém jamais perguntou sobre o mecanismo de risco", disse ele. "Não sei o que faria se perguntassem. Havia duas possibilidades: responderia a uma pergunta diferente ou faria uma salada de palavras."

Ela descobriu uma lista completa dos acionistas da FTX com o número de ações pertencentes a cada um. No fim de cada ano, como parte do bônus, ela, assim como outros funcionários da FTX, tinha permissão de comprar determinado número de ações da empresa. Todos concordavam que essas ações eram o melhor investimento possível. Até o fim em si, os capitalistas de risco mais famosos vinham clamando por comprá-las a um preço mais alto do que o cobrado dos funcionários. "Sam decide quantas ações cada funcionário pode comprar", disse Constance. "Quase todo mundo comprava o máximo possível." Ela mesma fizera isso, mas nunca soube o que isso significava de verdade. Quando encontrou esse documento, seus olhos naturalmente procuraram o número ao lado de seu nome: 0,04%. Não 4%; não quatro décimos de 1%; mas quatro *centésimos* de 1%. É claro que ela sabia quantas ações tinha recebido ou podido comprar barato como parte do bônus anual. Nunca pensou em calcular exatamente quanto da empresa possuía ou quanto todo mundo possuía. É claro que sabia que Sam possuía 60% e que Gary e Nishad, os maiores acionistas a seguir, tinham juntos 23%, porque esses números foram publicados. A *Forbes* precisou deles para incluir tanto Sam quanto Gary e Nishad na lista de bilionários.

Constance estava no escuro a respeito da situação de todos os funcionários da FTX, inclusive a própria situação. Então, ela comparou seu número ao número de alguns outros no topo do organograma de George. Ramnik possuía muitas vezes mais ações do que ela, assim como Brett Harrison, ex-CEO da minúscula FTX US, que só entrou na empresa em maio de 2021 (e pediu demissão dezesseis meses depois). Assim como... basicamente todos em seu nível. Ela recordou as conversas que teve nos últimos três anos com possíveis investidores. Vários lhe disseram que tinham visto a tabela de capitalização da FTX — a lista de acionistas com participação significativa — e se surpreenderam por não ver o nome dela, mas Constance não pensou muito nisso. "Sempre confiei que Sam me trataria de forma justa", disse ela.

Foi quando o sentimento de Constance por Sam mudou: ao se dar conta de como realmente fora tratada. Até então, ela estava apenas triste. Em seu último dia na cabana 27, na quinta-feira anterior, ela e Quinn se abraçaram e choraram. Tinham perdido tudo, mas se sentiam enlutadas, não amargas. Só quando viu que Sam lhe deu tão pouco em comparação com os outros, Constance se irritou. Furiosa, marchou até a cobertura do Orchid e o confrontou. "Não é possível", disse ele. "Achei que você tinha pelo menos 1 milhão de ações." Ela possuía menos de um quarto disso. "Sam me disse que aquela nunca fora a intenção dele, e eu respondi: 'Não importa a sua intenção!'."

Essa revelação daria o tom do mês seguinte. Constance ficaria e fingiria ajudar Sam com o plano absurdo de ressuscitar a FTX. Ela se encontrava com ele quase todo dia, cuidava de suas necessidades linguísticas e até lhe preparava o jantar. Mas, na verdade, o que ela fazia de fato era tentar entender exatamente o que ele tinha feito. Enfim o Departamento de Justiça dos Estados Unidos a procurou e Constance concordou em ser testemunha de acusação no processo que abririam contra Sam. Mas, antes disso, ela pretendia fazer a Sam algumas perguntas, queria que ele se explicasse. Ver se conseguia pegá-lo, levá-lo a confessar. Quem sabe ela poderia encontrar os buracos e contradições da história.

A história que Sam contou a Constance foi a seguinte: havia duas maneiras diferentes de o dinheiro que deveria estar na câmara fria da FTX ir para as mãozinhas quentes da Alameda. A primeira era pela atividade normal de trading da Alameda. Como todos os outros traders, a Alameda podia fazer empréstimos na bolsa FTX apresentando garantias. Como garantia, a Alameda usou, entre outras coisas, o FTT — o token que, na verdade, era participação na FTX. O preço do FTT despencou com a FTX. A garantia passou a não valer nada, e alguns empréstimos não foram pagos. Na versão de Sam, havia uma razão para a Alameda ser isenta das regras que controlavam todos os outros traders da FTX e liquidavam as operações quando o prejuízo excedia o valor da garantia. Em 2019, quando a FTX foi criada, a Alameda era, de longe, o maior trader. No começo, a Alameda estava no outro lado da maioria das operações que ocorriam na FTX. Se às vezes a Alameda sofresse prejuízos — por exemplo, se precisasse interferir e adquirir as posições perdedoras de outro trader quando a FTX as liquidasse —, isso ajudaria o mercado da bolsa a funcionar melhor.

Segundo Sam, a FTX desligou os limites de risco da Alameda para se tornar mais atraente. De qualquer modo, o prejuízo causado por essa preocupante política era trivial. Os empréstimos comuns de trading feitos pela FTX à Alameda constituíam uma pequena fração do prejuízo dos clientes; sozinhos, não seriam um problema. O grosso do dinheiro dos clientes dentro da Alameda que deveria estar dentro da FTX — 8,8 bilhões de dólares, para sermos exatos — residia numa conta que a Alameda chamou de fiat@.

A conta fiat@ foi criada em 2019 para receber dólares e outras moedas fiduciárias enviadas pelos novos clientes da FTX. A Alameda Research só criou a conta porque a FTX não conseguiu abrir contas bancárias próprias. Em 2019, nenhum banco real dos Estados Unidos se disporia a oferecer seus serviços a uma nova bolsa internacional de criptoativos. As entidades de cripto com que eles realmente faziam negócios, como a Alameda Research, em geral disfarçavam sua associação com aquele mundo. A Coinbase, maior bolsa de cripto norte-americana, convenceu por algum milagre o Silicon Valley Bank a abrir uma conta — e, com ela, um mecanismo para a Coinbase receber e enviar dólares norte-americanos aos clientes do trading em cripto. Portanto, a conta bancária dos Estados Unidos dava à Coinbase uma grande vantagem, mas como exatamente obtiveram a conta é história para outro dia; a história de hoje é que a FTX não conseguiu encontrar um banco para enviar e receber dólares. Desde a fundação, na primavera de 2019, até julho de 2021, quando a empresa enfim convenceu um banco de San Diego chamado Silvergate Capital[28] a abrir uma conta em seu nome, a FTX não tinha um modo direto de aceitar depósitos em dólar.

Na história de Sam, os dólares enviados por clientes que se acumularam dentro da Alameda Research simplesmente não foram mexidos. Até julho de 2021, não havia outro lugar para guardá-los, pois a FTX

---

28 As instituições que se adiantaram para bancar os criptoativos acabaram pagando um preço altíssimo. Das quatro que desmoronaram na corrida aos bancos regionais norte-americanos da primavera de 2023, três foram os primeiros banqueiros das empresas de cripto: Silicon Valley Bank, Silvergate Capital e Signature Bank. A quarta, o First Republic Bank, não era importante no ecossistema financeiro dos criptoativos, mas tinha uma conta de 200 mil dólares em nome de Sam Bankman-Fried.

não tinha conta bancária em dólares americanos. Eles eram listados num painel de depósitos de clientes da FTX, mas continuavam nas contas bancárias da Alameda. Sam também afirmou que, até pelo menos junho de 2022, esse fato, que agora outros achavam tão chocante, não chamou sua atenção. Não era ele quem administrava a Alameda Research, mas sim Caroline. Lá para o fim de 2021, quando o fluxo de novos dólares na conta fiat@ caiu a nada — agora, os clientes podiam depositar seus dólares diretamente na FTX, por meio de um banco norte-americano —, a Alameda Research tinha um valor líquido de 100 bilhões de dólares em ativos. É claro que esse número era pouquíssimo confiável, pois não passava de valor de mercado de montes de criptomoedas que poderiam sumir do mercado se a Alameda tentasse vendê-las. Mas, mesmo que o conteúdo da Alameda fosse avaliado com mais rigor, como às vezes Sam fazia na cabeça, ainda se chegaria facilmente a 30 bilhões de dólares. Os 8,8 bilhões que não deveriam estar na Alameda Research não eram, exatamente, um erro de arredondamento. Mas é possível que não fossem suficientes para causar preocupação. Como explicou Sam: "Não perguntei, tipo, quantos dólares temos. Achávamos que a Alameda tinha dólares infinitos."

Essa sensação mudaria no fim da primavera de 2022. Entre o início de abril e meados de junho, o preço do Bitcoin caiu de pouco mais de 45 mil dólares para menos de 19 mil. A partir daquele verão, a importância relativa dos 8,8 bilhões para a Alameda disparou. Mas, segundo ele, Sam não administrava o risco dentro da Alameda Research. Quem fazia isso era Caroline. Talvez porque ele e Caroline mal se falassem naquele momento, ela não se deu o trabalho de mencionar diretamente a ele a preocupação com o risco que corria.

Até outubro de 2022, nas palavras de Sam, ele só teve dois esbarrões com esse reservatório imenso de dinheiro dos outros que se acumulou dentro da Alameda, e do qual a Alameda dependia cada vez mais. O primeiro foi realmente bizarro: em meados de junho, Caroline ficou alarmada ao descobrir que a conta fiat@ tinha inflado de 8,8 bilhões para 16 bilhões. Ela revelou sua preocupação não a Sam, mas a Nishad, que, por sua vez, informou Sam e Gary — foi então que Gary descobriu que era apenas um bug do software. O número real na conta fiat@ não tinha mudado: ainda era 8,8 bilhões de dólares.

Três meses depois, em setembro, Caroline chamou Nishad de lado e lhe disse que estava cada vez mais preocupada com a exposição da Alameda no mercado. Nishad levou Sam para a varanda da cobertura do Orchid e lhe transmitiu a mensagem, mas sem mencionar de maneira explícita a conta fiat@. Naquele momento, nas palavras de Sam, ele achou que a Alameda podia estar em dificuldades. Decidiu mergulhar por ímpeto próprio nas contas e entender o problema. Em outubro, ele tinha um quadro mais claro. Só então viu que a Alameda vinha operando como se os 8,8 bilhões de dólares em recursos de clientes lhe pertencessem. E já era tarde demais para resolver isso.

Constance ouviu Sam, escutou sua versão da história. Mas se recusou a acreditar nela. Desconfiava que ele estivesse omitindo algum fato grande e importante — digamos, um prejuízo súbito no trading dentro da Alameda Research que o fez tomar ativamente o dinheiro dos clientes e transferi-lo para a Alameda. "Que maluquice", disse ela. "Ele queria que eu acreditasse que era um erro contábil." Ela não sabia como nem por que ele decidiu tomar conscientemente o dinheiro dos clientes e usá-lo como se fosse seu, mas tinha certeza de que era isso que tinha feito. "Fiquei desapontada por Sam não dizer explicitamente que transferiu os recursos", disse ela. Constance decidiu descobrir por conta própria o que tinha acontecido, assim como obteve os documentos internos da empresa. Sondou e cutucou Sam quando a guarda dele estava baixa. Ficou atrás do ombro de Dan Chapsky, que vasculhou o código de computador da FTX atrás de indícios de que Sam não estava lhe contando a história toda. Em um mês nisso, ela não encontrou nada.

Uma única vez ela sentiu que poderia ter levado Sam a uma confissão. Ambos vinham conversando sobre como apresentar a história dele ao público. "Eu disse a Sam: 'Você tem de explicar por que transferiu os fundos'. E isso ele nunca negou."

Mas ele também nunca admitiu ter feito a transferência. A história dele, por mais implausível que fosse, continuava, irritantemente, difícil de refutar. A experiência da própria Constance na FTX não ajudava. Por exemplo, na época ela não se surpreenderia se descobrisse que, para manter o mercado da bolsa, precisassem isentar os traders da Alameda das regras de risco da FTX. Ela viu que a disposição da Alameda de negociar qualquer coisa com qualquer um a qualquer momento foi importantíssima para o sucesso da criação da FTX. Também não achava esquisito que uma bolsa de cripto tivesse uma equipe interna de trading. "A maioria das bolsas faz isso",[29] disse ela. "Todas as chinesas. É só uma questão do tamanho da equipe de trading e do que ela faz." Ela não conseguia nem refutar a história maluca de Sam sobre a conta fiat@. Até o fim de 2021, quando transferiu os dólares de sua conta bancária pessoal para a FTX, ela precisou enviá-los não diretamente à FTX, mas para várias contas pertencentes à Alameda Research. Alguns dólares dentro da fiat@ eram dela.

Durante boa parte do mês, observei Constance depois de seus encontros com Sam. "Tento cutucar, e toda vez que cutuco ele diz um pouco mais", contou ela. No entanto, nada do que ele dizia a fazia sentir que a situação estava explicada. Certa noite, no início de dezembro, Constance estava com Quinn na cozinha e pensou que no último mês tinha aprendido ao menos alguma coisa sobre Sam Bankman-Fried. Ela concluiu que só houve uma revelação séria. Por diversas vezes, ela cobrou de Sam a respeito do sofrimento causado por ele às pessoas que lhe eram mais leais. Uma lista curtíssima de personagens, encimada por CZ e alguns ex-executivos ocidentais da FTX, saíram da FTX melhor do que quando entraram. A maior parte dos funcionários da FTX perdeu toda a poupança de sua vida. Alguns perderam cônjuges, casas, amigos, a boa reputação. Havia funcionários taiwaneses da FTX ainda em Hong Kong sem dinheiro sequer para pegar um avião e voltar para casa. "Perguntei a Sam: 'Enquanto fazia isso, você nunca pensou que machucaria as pessoas? Isso não faz parte de seu cálculo inicial de valor esperado?'."

No entanto, ela percebeu que suas palavras entravam por uma orelha e saíam pela outra: pelo que Sam dizia, ele não percebeu o risco a que

---

29 O processo aberto contra a Binance pela SEC alegava, entre outras coisas, que a maior bolsa de cripto do mundo usava uma equipe interna de trading para manipular o volume e remover bilhões de dólares em dinheiro dos clientes para transferi-lo a uma empresa de trading pertencente a CZ, a Merit Peak Limited.

submetia os outros sem a permissão deles. Mesmo assim, Constance sentiu que ele de fato não percebia do mesmo modo que ela o dano causado aos outros. "Ele não tem absolutamente nenhuma empatia", disse ela. "Foi o que aprendi e antes não sabia. Ele não consegue sentir *nada*."

Na manhã seguinte, voltei à cozinha do Conch Shack e encontrei um bilhete manuscrito. *"Por que Sam não é capaz de amar?"*, dizia. *"De: Quinn."*

Eu tinha uma pergunta diferente. Isso me preocupou desde o momento do colapso: aonde tinha ido parar o dinheiro? Não era óbvio o que tinha acontecido. E seria difícil entender por que os altruístas efetivos fizeram o que fizeram com o dinheiro dos clientes sem saber quanto e como o tinham perdido. Nos dias que se seguiram após o colapso, criei talvez o demonstrativo financeiro mais imperfeito do mundo. Tratava a FTX e a Alameda Research como uma só entidade: o Mundo de Sam. Uma coluna listava todo o dinheiro que entrou no Mundo de Sam desde sua criação, em abril de 2019; a outra, todo o dinheiro que saiu do Mundo de Sam. Ambos ignoravam o ano e meio de existência da Alameda antes da criação da FTX, pois os números envolvidos eram relativamente pequenos. Era óbvio que, todos os valores eram estimativas muito grosseiras. Algumas vieram de Sam, mas todas foram confirmadas por ex-pessoal interno que não tinha razão alguma para mentir para mim. De todo modo, quando terminei, meu demonstrativo extremamente ingênuo de entradas e saídas de dinheiro ficou assim:

ENTRADAS

Depósito líquido dos clientes: *US$ 15 bilhões*

Investimentos de capitalistas de risco: *US$ 2,3 bilhões*

Lucro do trading da Alameda: *US$ 2,5 bilhões*

Receita da bolsa FTX: *US$ 2 bilhões*

Empréstimos líquidos em aberto de emprestadores de cripto (principalmente Genesis e BlockFi): *US$ 1,5 bilhão*

Venda original de FTT: *US$ 35 milhões*

Total: US$ 23.335.000.000

SAÍDAS:

Devolvido aos clientes na corrida de novembro: *US$ 5 bilhões*

Quantia paga a CZ: *US$ 1,4 bilhão* (Só a parte em dinheiro vivo do pagamento. Estou ignorando os US$ 500 milhões em FTT que Sam também lhe pagou, pois Sam os cunhava de graça. Também estou ignorando os US$ 80 milhões em tokens BNB que CZ usou para pagar a participação inicial, que valiam US$ 400 milhões na época em que Sam os devolveu para comprar a participação de CZ.)

Investimentos privados de Sam: *US$ 4,4 bilhões* (O portfólio todo era de US$ 4,7 bilhões, mas pelo menos um investimento, avaliado em US$ 300 milhões, Sam pagou com ações da FTX. Provavelmente fez o mesmo com outros, e assim é provável que esse número seja maior do que era na realidade.)

Empréstimos a Sam: *US$ 1 bilhão* (Usado para doações a políticos e altruístas efetivos. Depois, os advogados lhe explicaram que contrair empréstimos era mais inteligente do que pagar um dividendo em ações, pois os dividendos eram tributados.)

Empréstimos a Nishad com o mesmo fim: *US$ 543 milhões*

Acordos publicitários: *US$ 500 milhões* (Provavelmente, também é uma avaliação generosa, pois, em alguns casos — Tom Brady foi um deles —, a FTX pagou os garotos-propaganda com ações da FTX, não com dólares.)

Comprar e queimar o token FTT da bolsa: *US$ 600 milhões*

Despesas corporativas (salários, almoços, imóveis nas Bahamas): *US$ 1 bilhão*

Total: US$ 14.443.000.000

Obviamente, não seria assim que a Ernst & Young faria, mas essas listas que fiz para mim não são muito diferentes das várias tentativas de Sam e Caroline de resumir seus negócios. Nos três anos e meio anteriores, entraram no Mundo de Sam quase 9 milhões de dólares a mais do que saíram. Quando a FTX parou de devolver recursos aos clientes na terça-feira, 8 de novembro, ainda havia 3 bilhões de dólares à mão. Isso reduziu a quantia sumida para 6 bilhões de dólares. (Os cerca de 450 milhões de dólares roubados pelo hacker três dias depois são irrelevantes para esse cálculo.)

Havia algumas explicações prováveis para o sumiço do dinheiro. No entanto, quanto mais se pensava, menos convincentes ficavam. Por exemplo, os traders da Alameda poderiam ter perdido 6 bilhões no mercado. Mas, fosse isso mesmo, por que todos se acreditavam tão lucrativos até o fim? Falei com alguns deles. Vários vinham da Jane Street. Não eram idiotas. Eram pessoas animadas, alegres e até um pouco exibidas com todo o dinheiro que a Alameda gerava a mais do que a Jane Street por trader. A Alameda podia ter perdido muito dinheiro no trading, mas não era fácil ver como esse prejuízo tinha ocorrido. A história mais visível a ser divulgada nessa época foi que o colapso do preço dos criptoativos sugou, de certo modo, todo o dinheiro do Mundo de Sam. E era verdade que a imensa reserva de Solana e FTT de Sam — e de outros tokens de valor ainda mais duvidoso — despencou. Passou de teóricos 100 bilhões de dólares no fim de 2021 a praticamente 0 em novembro de 2022. Mas Sam não pagou quase nada por esses tokens; eles sempre foram mais um dinheiro achado do que um investimento em cuja aquisição tivesse desembolsado dólares de verdade. Ele mesmo cunhava FTT de graça. Por todo o pacote de tokens Solana, ele não pagou mais do que 100 milhões de dólares. Sua fortuna de nuvens fofinhas evaporou, mas isso ainda não explicava aonde tinha ido parar todo aquele dinheiro.

Naquela noite de 14 de novembro, eu o encontrei sozinho na cobertura do Orchid, lar do polículo, como seu clube de altruístas efetivos era agora chamado no *New York Post*. Nisso, o mundo externo alimentava as fantasias mais escabrosas sobre o círculo íntimo de Sam. Foi inevitável que a ideia de que os altruístas efetivos tinham uma posição de princípios contra a monogamia se espalhasse. Depois, surgiu o boato de que passavam boa parte do tempo na cobertura do Orchid praticando novas formas de fazer sexo. Na verdade, o que faziam era entreter-se com jogos de tabuleiro. No calor das partidas de xadrez *bughouse*, exploravam todas as combinações e posições possíveis; fora isso, não havia nada de muito diferente. Mas a confusão era compreensível. Eles tiraram licença de caça sem sequer aprender a usar uma arma de fogo. Quem faz isso?

Nas semanas que se seguiram após o colapso, a cobertura do Orchid parecia o cenário de um crime de arrombamento e roubo. Cada quarto permanecia do jeito que estava no momento da partida do ocupante. Neles, estavam preservados não só as posses, mas o estado de espírito. O quarto de Caroline ainda mostrava a bagunça vertiginosa que deixava quando saía de férias com um novo namorado; as roupas que decidiu não pôr na mala ainda estavam sobre a cama. O quarto de Nishad estava perfeitamente limpo. Ele precisou ser convencido a partir das Bahamas e aproveitou o tempo para deixar seu espaço parecido com um quarto de hotel antes de ser ocupado.

O quarto de Gary, para onde Sam tinha se mudado, contava uma história mais complicada. Três malas feitas continuavam no canto: por algum motivo, Gary decidiu arrumá-las, mas as deixou para trás. Mas não guardou tudo nelas: a roupa suja ainda estava espalhada pelo quarto. Sobre a escrivaninha, ainda havia um pacote semicomido de macarrão frito. A escova de dentes ainda estava na bancada do banheiro. Parece que ele se preparou para partir, mudou de ideia, ficou alguns dias e viveu como se planejasse ficar, e aí mudou de ideia outra vez — então, escapuliu com a maior agilidade possível. "É o que as pessoas fazem quando estão com medo", disse Sam, conforme eu examinava as posses abandonadas. "Isso nos conta um pouco sobre como e por que as pessoas partiram. E se tivessem demorado mais uma hora e feito as malas? Ele ficou *dias*. Por que não ficar dias e uma hora a mais? Não é como se ele dissesse: 'Tenho 106 horas para ficar aqui' e aí chegasse à 106ª hora e tivesse de correr." Ele fez uma pausa e acrescentou: "Meu palpite é que os advogados dele lhe disseram que enfrentaria acusações criminais se ficasse".

A lista de perguntas que eu mostrava sempre que encontrava Sam parecia um daqueles copos mágicos que se reenchem depois que você dá um gole — suas respostas sempre levavam a mais perguntas. "O que aconteceu com aqueles 6 bilhões de dólares?" deveria estar no topo de minha lista atual. Mas os documentos de Constance provocaram várias outras perguntas, obviamente menos importantes, e uma delas eu tinha de tirar de meu peito:

"É sério que você pagou um almoço virtual a Kevin O'Leary?"

"Não foi tanto assim", respondeu Sam, se espichando na cama de Gary, que, agora que ele não pagava mais o serviço de faxina do Albany, continuava por fazer. O resort Albany vinha ameaçando cortar a água e a luz também. A conta era tipo 2 milhões por ano.

"Cinco milhões por ano durante três anos", esclareci. Por alguns tuítes e autógrafos. De uma pessoa do programa *Shark Tank*. E nem a pessoa mais famosa do *Shark Tank*. Talvez nem mesmo a segunda pessoa mais famosa do *Shark Tank*.

"Então, é um tipo de produto como xampu. O jeito como o xampu funciona é: você quer um xampu e compra o tal xampu. Não faz tuítes sobre xampu. Os produtos financeiros são diferentes. Por que você negocia Robinhood? Porque seus amigos negociam Robinhood. É uma decisão consciente."

Ele tinha entrado no modo que talvez fosse o mais natural para ele — o qual eu chamava de *explicar coisas pacientemente a um idiota*. Ele seria um ótimo professor de física do ensino médio.

"Você concordou em pagar 15 milhões de dólares a Kevin O'Leary", afirmei.

"Como trazer pessoas para a FTX?", prosseguiu ele, me ignorando. "Investir é uma rede social. Não faz sentido, mas é como é. E Kevin O'Leary é um influenciador digital. Quando se analisa quem tem influência nessa rede social, não há tanta gente assim."

E então ele começou a listar as pessoas que poderiam servir de influenciadores digitais do setor financeiro. Kevin O'Leary não estava nem no topo dessa lista. Sam tentou contratar Jim Cramer, do programa *Mad Money*, mas não conseguiu.

"É Kevin O'Leary!", eu estava quase gritando.

"Quem lhe dá ouvidos?", perguntou Sam. Na verdade, ele pensava em Kevin O'Leary da mesma maneira que pensava em todos os outros garotos-propaganda. "A resposta é: ninguém. Ele tem um milhão de seguidores, que o seguem pelos conselhos financeiros. É chocante, mas é a realidade. Tudo o que for possível fazer para aumentar essa rede exponencial é útil. Não posso afirmar que é Kevin O'Leary que importa. Mas não sei quem importa. Quantas pessoas que deveriam dar conselhos financeiros têm um milhão de seguidores no Twitter? Não há uma grande quantidade deles. Aqui estão trinta. Vinte vão nos dizer não por várias razões. Ele disse sim. Essa é a razão número um.

"Qual é a razão número dois?", perguntei.

"A razão número dois é que ele nos procurou."

Finalmente, chegamos à pergunta cuja resposta poderia dar pistas para os outros enigmas. Para onde foi o dinheiro? Não foi a última vez que perguntei. Como Constance, eu sondava, cutucava e sempre saía com a sensação de que descobrira menos do que precisava saber. Mas, naquela noite, Sam encaixou uma peça desse quebra-cabeça: a FTX perdeu muito dinheiro para hackers. Para não incentivar outros hackers, ficaram em silêncio. Os maiores ataques ocorreram em março e abril de 2021. Um trader solitário abriu uma conta na FTX e encurralou o mercado de dois tokens pouco negociados, o BitMax e o MobileCoin. Suas compras elevaram loucamente o preço dos dois: o MobileCoin foi de 2,50 para 54 dólares em poucas semanas. Esse trader, que parecia operar na Turquia, não fez o que fez por algum amor especial ao MobileCoin. Ele achou uma falha no software de gestão de riscos da FTX. A FTX permitia que os traders tomassem empréstimos em Bitcoin e outros criptoativos fáceis de vender contra o valor de suas posses em MobileCoin e BitMax. O trader inflacionou o valor de MobileCoin e de BitMax para poder fazer empréstimos de criptoativos realmente valiosos da FTX com base neles. Assim que conseguiu, desapareceu e deixou a FTX com uma pilha de tokens em desmoronamento e um prejuízo de 600 milhões em criptoativos.

"O tamanho desses hacks foi exceção", disse Sam. Todos os prejuízos devidos a todos os roubos combinados chegavam a pouco mais de 1 bilhão de dólares. Em todo caso, Gary consertou o problema em silêncio, e eles permitiram que os ladrões ficassem com seu saque. "São pessoas que participam do jogo", era a descrição que Sam fazia deles. (Era mesmo fácil roubar de Sam.)

Os ataques de hackers reduziram a 5 bilhões o sumiço inexplicado de dólares. Sam não ajudou a reduzir o número. Ou não sabia onde fora parar o dinheiro ou não queria dizer. Desdenhava da explicação mais óbvia: a Alameda sofreu algum grande prejuízo no trading com a grande queda dos criptoativos em 2022. O colapso da FTX era meio parecido com o caso do sumiço de Ripple, mas em escala muito maior. Dessa vez, a questão de onde estava o dinheiro demoraria mais para ser respondida, e a pessoa mais qualificada para descobrir logo se mandou.

Na noite de 12 de dezembro, segunda-feira, Constance e Quinn tinham acabado de assistir no YouTube a um vídeo engraçado sobre tofu fedorento. Estavam fazendo a curta caminhada noturna até o Orchid para ajudar com o preparo do jantar quando avistaram, bem à frente, os homens fardados. Parecia um episódio de *CSI*, e elas alcançaram os homens na calçada diante do prédio de Sam para lhes perguntar por que estavam lá. Os homens não responderam. Em vez disso, disseram: "Fiquem à vontade para subir e descobrir por conta própria". Homens fardados normalmente não convidam ninguém a fazer isso. E, assim, elas fizeram.

Momentos antes, uma pequena multidão — autoridades do Albany, pessoas com pinta de *CSI*, um policial grandão das Bahamas — saiu do elevador e entrou na cobertura. Havia um longo corredor do elevador até a sala de estar. Ao chegar lá, o policial grandalhão perguntou: "O senhor Sam Bankman-Fried está?". Ele segurava um papel — ao que parecia, um mandado. Quando George se levantou de sua cadeira na sala, o policial se aproximou dele e perguntou: "O senhor é Sam Bankman-Fried?".

A princípio, ninguém encontrou Sam. No fim, ele estava no banheiro de Gary usando o celular. Havia menos de uma hora, seus advogados ligaram para dizer que o governo norte-americano lhe dava uma hora para decidir se voltava aos Estados Unidos ou se enfrentava a prisão nas Bahamas. Ele corria para enviar seu depoimento por escrito ao Comitê de Serviços Financeiros da Câmara dos Deputados, que estava para iniciar um inquérito sobre o colapso da FTX. A esperança de Sam era fazer um acordo que lhe permitisse ir pessoalmente sem ser detido pelas autoridades norte-americanas, mas claramente isso não aconteceria. Antes de enviar, ele discutiu com a mãe o que planejava dizer. A abertura do depoimento incluía a frase "fiz merda". "Você não pode dizer 'merda' a um comitê do Congresso norte-americano", argumentou Barbara. A questão agora parecia inútil,[30] pois o policial das Bahamas o algemou antes que ele terminasse o que estava fazendo. Barbara parou de discutir com Sam sobre o que ele diria ao Congresso e começou a discutir sobre a roupa que o filho usaria na prisão. Ela queria que vestisse calças compridas. Sam insistiu em permanecer de bermuda cargo.

Enquanto o policial explicava as acusações e mostrava o mandado, Constance e Quinn entraram e tentaram ser úteis. Sam acrescentou uma camada de roupa suja à bagunça que Gary deixara para trás. Elas vasculharam tudo atrás de roupas que Sam talvez quisesse levar para a prisão. *Ele precisa de meias*, pensou Quinn enquanto o policial levava Sam embora do quarto. *Porque gosta muito de trocar as meias. Ele não pode ser levado agora, ainda não encontrei as meias dele.* George também estava no quarto, procurando coisas de que Sam talvez precisasse. Ele encontrou uma caixa de lembranças. Ficou surpreso. Não sabia que Sam tinha sentimentos. Abriu. Havia pouquíssima coisa ali dentro. Algumas medalhas de competições de matemática do ensino médio, um exemplar da revista *Forbes* com o rosto de Sam na capa e uma caixa de cartões de visita de sua época na Jane Street Capital.

Foi Manfred, o bichinho de pelúcia de Sam, que chamou a atenção de Constance. Manfred. Era de Sam desde seu nascimento, e ele recusava qualquer substituto. Assim, Manfred estava prestes a fazer 31 anos. Ela viu Manfred pela primeira vez em Hong Kong — Sam o levou consigo de Berkeley para lá. Naquela época, Manfred já estava tão velho e puído que era difícil determinar a espécie; podia ser um cachorro, podia ser um urso. Manfred viajou de Hong Kong para as Bahamas e, supôs Constance, logo estaria na prisão. Sam gostava de ter Manfred por perto. Constance

---

30 Não era. O documento caiu nas mãos dos repórteres, que o encaminharam para o comitê. Os integrantes do comitê viram o documento de Sam e concordaram com a mãe dele.

e Quinn tinham conversado sobre o significado do amigo de infância de Sam. Ele não dava importância a animais de verdade. Tornar-se vegano foi um cálculo de valor esperado e não uma decisão pautada por emoção. Quinn achou que Sam mantinha Manfred junto de si porque "não precisa dividir Manfred com ninguém". Constance via Manfred sob outra perspectiva: "Acho que para ele é muitíssimo importante ter um apego emocional".

11

O SORO DA VERDADE

Quando o advogado da firma de advogados Sullivan & Cromwell lhe mandou uma mensagem pedindo que se preparasse porque algo grande poderia acontecer, John Ray não fazia ideia do que seria. A única coisa que ele sabia era que seria algum esqueleto. Ele não sabia nada sobre criptoativos ou sobre sua cultura. Muito menos queria ser capaz de explicar o Bitcoin. Com certeza não sabia coisa alguma sobre a FTX e, quando o advogado da Sullivan & Cromwell se referiu a "SBF", ele não sabia nem de quem ou o que o sujeito falava. "Achei que significava 'small block Ford', aquele motor da Ford", disse Ray. Depois de um telefonema na noite de terça-feira, 8 de novembro, o advogado do Sullivan & Cromwell o deixou à espera. Finalmente, no fim da manhã de quarta-feira, Ray recebeu uma mensagem: "Que loucura. Tento falar com você depois". Então, nada até às 0h33 de sexta-feira, 11 de novembro. A essa hora improvável, o cara da Sullivan & Cromwell enviou uma mensagem a Ray: "Ainda não sabem se você é o candidato certo para o serviço". Duas horas depois, outra mensagem: "SBF foi para a clandestinidade". Uma parte de John Ray achou que estava ficando velho demais para aquele jogo.

Mas o jogo ainda precisava de John Ray. O mundo louco e maravilhoso das falências empresariais dos Estados Unidos estava cada vez mais dominado por grandes escritórios de advocacia, mas havia ainda alguns desses atores solitários, como Ray, que representavam o papel de garimpeiros. Os escritórios contratavam os garimpeiros para se tornarem CEO da empresa falida, e, por sua vez, eles contratavam os escritórios. No âmbito jurídico, às 4h30 da manhã de sexta-feira, 11 de novembro de 2022, Sam Bankman-Fried assinou pelo DocuSign a falência da FTX e nomeou John Ray como novo CEO da empresa. No âmbito prático, a Sullivan & Cromwell preparou John Ray para substituir Sam como CEO da FTX e, então, John Ray contratou a Sullivan & Cromwell como advogados da imensa falência.[31]

A Sullivan & Cromwell só estava ali presente porque o escritório fez muitos serviços para Sam quando todos ainda o amavam. Na verdade, serviram de advogados da FTX quando a empresa compareceu diante dos reguladores norte-americanos para responder perguntas como: "Há algum conflito de interesse entre a FTX e a Alameda Research?". Sam nunca tinha ouvido falar de John Ray e não queria assinar os documentos da falência. Ou melhor, houve um período de cerca de 2 horas na manhã de 11 de novembro em que ele se dispôs a assiná-los. Até aquele momento, escutou os advogados da Sullivan & Cromwell e o próprio pai com uma mistura de desinteresse e ceticismo bem-educado que reservava para os adultos que lhe diziam que fizesse o que adultos normalmente fazem. Todos diziam que, se não assinasse os documentos, sua falência seria decretada por vários países bárbaros; ele e a FTX ficariam em mãos mais seguras nos Estados Unidos do que em outras jurisdições. Sam não tinha certeza disso.

Enquanto Sam se afligia, John Ray o estudava e examinava a empresa que ele tinha criado. "Eu perguntava: 'O que é isso tudo?'", contou Ray. "Agora é só um fracasso, mas antes era algum negócio. *O que vocês fizeram? Qual é a situação? Por que está falindo tão depressa?*" Por pouco tempo, ele considerou a possibilidade de o fracasso ser um fato inocente: *Talvez tenham sido hackeados.* "Então a gente começa a olhar o garoto", disse Ray, referindo-se a Sam. "Olhei sua foto e pensei: *Há algo errado.*" Ray se orgulhava das avaliações instantâneas. Ele olhava uma pessoa e, em

---

31 Só nos primeiros sete meses, os honorários profissionais chegariam a 200 milhões de dólares; a Sullivan & Cromwell foi quem mais recebeu e mal tinha começado. Um estudo feito por um credor previu que, quando terminassem, os vários assessores da falência teriam extraído 1 bilhão de dólares.

dez minutos, sabia quem era, e nunca teve de reconsiderar sua opinião. Ele tendia a colocar os homens que avaliava em um de três compartimentos da mente: "bom sujeito", "ingênuo" e "vigarista". Sam, obviamente, não era um bom sujeito. E certamente não parecia ingênuo.

Sam foi levado a acreditar que o que lhe acontecesse como CEO seria, no mínimo, usado como recurso para encontrar o dinheiro sumido, o que nunca aconteceria. Nos primeiros dias de carreira no setor de falências, na década de 1990, John Ray aprendeu a lição do jeito mais difícil. Um dos vigaristas que substituiu envolveu-o numa conversa e depois mentiu sobre o que foi dito. Nos primeiros dias depois de entregar a empresa a Ray, Sam fez contato com ele várias vezes com e-mails patéticos. "Oi, John, eu realmente adoraria conversar." Ray deu uma olhada neles e pensou: *Sem chance, amigo*.

É claro que a pouca disposição de interagir com Sam dificultou a descoberta do que este tinha feito ou o porquê. "É como pegar um quebra-cabeça do qual algumas peças faltam e não poder falar com quem criou o quebra-cabeça", disse Ray. Com os outros integrantes do círculo íntimo de Sam, ele só falou o suficiente para entender quem eram. Nishad Singh lhe pareceu o ingênuo. "Ele é limitado", disse Ray. "É do tipo tecnologia, tecnologia, tecnologia. Não há um problema que ele não consiga resolver. Não vai roubar dinheiro. Não vai fazer nada errado. Mas não faz a mínima ideia do que acontece em volta dele. Se você lhe pedisse um empurrãozinho, seria capaz de ele de fato te dar um empurrão." A equipe da falência localizou Caroline Ellison por telefone no sábado, depois que Ray se tornou o novo CEO da FTX. Ela ao menos conseguiu explicar onde ficavam guardadas algumas carteiras de criptoativos. Fora isso, não foi muito útil. "Ela é fria como gelo", disse Ray. "Era preciso comprar as palavras vogal a vogal. A garota era uma esquisita de merda."

Enquanto Caroline falava, Ray tentava descobrir onde ela estava. Ela afirmava estar em Boston, mas Ray sabia que não era verdade. Ele começou com um papo-furado que soava mais inocente do que era na realidade. "O voo de Hong Kong demorou muito? Como está o tempo por aí?" O FBI procurava Caroline e ele pretendia ajudar a encontrá-la.[32] Ray tinha

---

32 Eles a encontraram numa busca na casa de férias dos pais em New Hampshire. Ela se mudou de Nassau para Nashua.

um serviço claro e definido: encontrar o máximo possível de dinheiro e devolvê-lo aos credores. Quase na mesma hora em que se tornou o novo CEO da FTX, ele assumiu outro cargo um pouco mais obscuro: ajudar os promotores norte-americanos a montar o caso contra Sam Bankman-Fried. "Algumas pessoas nascem criminosas e outras se tornam criminosas", disse Ray. "Acho que ele se tornou criminoso. Como e por que se tornou criminoso, não sei. Talvez exija uma compreensão sobre esse garoto e seus pais."

Foi um caos. Sam assinou os documentos e, oito minutos depois, anunciou que tinha mudado de ideia, mas a Sullivan & Cromwell lhe informou que, uma vez declarada a falência, não havia como voltar atrás. Isso abriu caminho para Ray receber informações sobre a FTX. Então, ele soube que a FTX possuía trinta bolsas de cripto diferentes: não só nas Bahamas e nos Estados Unidos, mas também na Turquia, no Japão e em vários outros lugares. Onde quer que houvesse negociação substancial de cripto-ativos, a FTX criou uma bolsa e buscou uma licença do governo. Cada uma tinha dinheiro investido e clientes que, em teoria, poderiam fazer login e resgatar seus depósitos. Até onde Ray conseguia ver, o que não era muito, nenhum dinheiro se deslocava. "Não havia uma folha de papel com informações sobre contas bancárias", disse ele. Dentro de dezenas de pequenos bancos e bolsas de cripto distantes, a FTX, a Alameda ou uma das mais de cem entidades empresariais que as duas controlavam guardavam muitos dólares e outras moedas fiduciárias. Havia também, em algum servidor da Amazon, senhas que davam acesso a carteiras virtuais de criptoativos. "As carteiras estavam na nuvem", disse Ray. "Quem perdesse a senha, perderia o dinheiro."

Em certa medida, era difícil achar o dinheiro porque dentro da FTX não havia ninguém — pelo menos, ninguém com quem Ray se dispusesse a conversar — encarregado de saber onde a grana estava. "Não havia estrutura", disse Ray. "Nenhuma lista de funcionários.[33] Nenhum orga-

---

33 Também havia uma dessas, mas tão ilusória quanto o organograma de George. Natalie a entregou a mim com o mesmo sussurro que acompanharia a transferência de um documento secreto.

nograma." Com seis dias na função, Ray fez um relatório para o Tribunal de Falências norte-americano do Distrito de Delaware. "Em toda a minha carreira, nunca vi um fracasso tão grande dos controles empresariais e uma ausência tão absoluta de informações financeiras confiáveis como a que ocorre aqui", escreveu ele.

Em vez de interrogar as pessoas que criaram a bagunça, Ray contratou equipes de detetives casca-grossa — já tinha trabalhado com vários deles. "Adultos sérios", como ele os chamava. A empresa Nardello tinha vários ex-agentes do FBI. (O lema da empresa era: *Nós descobrimos.*) A Chainalysis, empresa de detetives de criptoativos, era nova para ele. Ray disse a seu pessoal que fizesse "entrevistas pelo Zoom com cada um dos funcionários da FTX. Quem não entrar em contato com vocês para marcar hora será demitido." Talvez oitenta funcionários tenham sido demitidos dessa maneira. Praticamente todos os outros seriam demitidos depois dessa entrevista pelo Zoom — mesmo que a pessoa saísse com as mãos para cima, levaria um tiro. "Ele agia como se cada pessoa que não estivesse nos Estados Unidos fizesse parte de um crime, mas sem saber qual crime era", explicou um funcionário da FTX. Numa chamada em grupo pelo Zoom para falar do misterioso hack de cerca de 450 milhões de dólares ocorrido no dia do colapso, o próprio Sam apareceu. "Ei, Sam aqui!", disse Ray, imitando o tom de voz alegre de Sam. "Estávamos tentando descobrir que merda estava acontecendo e quem nos tinha hackeado", disse Ray. "Ele não sabe nada sobre o hack. Só fica dizendo: 'Você tem de perguntar a Gary'. Ele aparece depois e diz: 'Preciso de minhas senhas para entrar no sistema'. E eu: 'Nem fodendo'."

Em poucas semanas, com conhecimento profundo do que tinha acontecido dentro da FTX e da Alameda Research, Ray demitiu praticamente todo mundo. Ele só conseguiu pensar numa exceção. "Acho que ainda estão pagando o psiquiatra", disse Ray.

Isso foi no início de 2023. No fim de abril, John Ray estava de olhos bem abertos. "A coisa está acontecendo ao vivo. Cada hora é uma coisa nova", disse ele. Certo dia, uma bolsa de cripto aleatória entrou em contato e disse: "Aliás, temos 170 milhões de dólares na conta de vocês; querem de volta?". Outro dia, algum funcionário aleatório da FTX ligou do nada para dizer que tinha feito um empréstimo de 2 milhões de dólares na empresa e queria pagar — e, até onde Ray podia ver, não havia qualquer registro. É claro que, quando se descobre um empréstimo, você fica imaginando de quantos outros nunca se ouviu falar. A busca de dinheiro dentro do Mundo de Sam lembrou a Ray a caça aos ovos de Páscoa que ele acabara de preparar para os netos. "No fim, eles fazem a contagem", disse. "Faltam cinco. Eles saem procurando. Voltam com seis." O ovo a mais era uma relíquia amarelada que não tinha sido encontrada no ano anterior. O neto adolescente lhe disse: "É igual ao seu novo emprego!". E era a mais pura verdade! John Ray estava numa bizarra caçada de ovos de Páscoa sem nenhuma contagem prévia. Sem saber quantos ovos procurava, nunca saberia quando encerrar a busca.

Depois de vários meses na caçada, os detetives de Ray descobriram que "alguém roubou 450 milhões de dólares da bolsa". Eles encontraram não só o simples hack de novembro de 2022 como o hack mais complicado de 600 milhões de dólares em BitMax e MobileCoin da primavera de 2021. (O valor em dólares mudava com a flutuação do preço dos criptoativos roubados.) Eles rastrearam o hacker, não na Turquia, mas nas Ilhas Maurício. "Temos uma foto dele entrando e saindo de casa", disse Ray. Ele estava certo de que conseguiria a maior parte desse dinheiro de volta. "Acreditamos que haja muito mais", contou ele. Finalmente, imaginei que seria encontrado cerca de 1 bilhão de dólares perdido em hacks que Sam poderia ter lhe contado caso tivesse se disposto a conversar com ele.[34]

Como disse Sam, é verdade que as pessoas não enxergam o que não estão procurando. Também é verdade que tendem a enxergar aquilo que esperam enxergar. John Ray esperava ver indícios de um crime. Em nossas reuniões, ele sempre trazia peças novas e, aparentemente, condenatórias. Certa vez, por exemplo, ele achou as declarações tributárias norte-americanas da Alameda Research de 2021. A Alameda declarou

---

34 Os ex-funcionários da FTX mostraram mais ceticismo sobre os detetives de Ray. O Mundo de Sam controlava muitíssimas carteiras virtuais, e, para encontrá-las, era preciso saber o estavam procurando. "Eles não fazem ideia do que havia nessas carteiras", disse um ex-funcionário. "Nem daqui a cinco anos saberão." Como exemplo, ele mencionou uma coleção de 101 tokens não fungíveis, ou NFT, do Bored Ape Yacht Club que Sam comprou num leilão por 24,4 milhões de dólares em setembro de 2021. Não estava na lista de ativos recuperados de Ray. O antigo pessoal de Hong Kong achava que havia muita coisa assim.

um prejuízo de mais de 3 bilhões de dólares. Se fosse o que parecia, isso ajudaria a explicar o buraco em meu demonstrativo particular, mas na verdade era só uma peça de um quebra-cabeça maior e mais complicado. Naquele ano, a Alameda Research vendeu FTTs a descoberto ao mesmo tempo que uma entidade controlada por ela comprou a mesma quantidade de FTTs. O preço do FTT subiu muito. A Alameda Research sofreu um prejuízo multibilionário no trading; a segunda entidade teve um lucro multibilionário exatamente correspondente. As regras contábeis da Alameda Research permitiam que ela declarasse prejuízos de mercado não realizados como prejuízos fiscais; as regras contábeis da outra entidade não exigiam que ela fizesse o contrário com seus lucros. Os advogados tributários da Alameda, grupo que incluía o pai de Sam, defenderam que o prejuízo tributário fosse assumido, pois seria compensado pelo lucro atual. Como disse um dos advogados, foi "um falso prejuízo".

Em junho de 2022, Nishad Singh buzinou em meus ouvidos muitas maneiras tortuosas de tentarem extorquir dinheiro da FTX. Vários funcionários entraram na empresa, deixaram a desejar no emprego e foram demitidos — e então procuraram um dos vários famosos escritórios de advocacia especializados em extorquir empresas de criptoativos.[35] Nishad ficou indignado, não só porque as várias acusações feitas pelos funcionários demitidos eram pura invenção, mas porque todos os envolvidos sabiam que a FTX preferia pagar vários milhões de dólares a suportar o custo de uma falsa acusação. "O problema são os funcionários norte-americanos", disse ele, "os chineses não fazem isso". Finalmente, a FTX criou uma estratégia chamada Operação Cobertor Quentinho, a qual identificou os escritórios que se dedicavam à extorsão e contratou-os para fazer serviço jurídico, de modo a não processarem a FTX. Na época, parecia uma manobra inteligente; dois anos depois, nem tanto. Acabou com John Ray expondo documentos e argumentando que Sam pagou para calar reclamações de denunciantes.

---

35 Kyle Roche, um dos advogados responsáveis por pelo menos uma das buscas resultantes na FTX, seria demitido de seu escritório depois de fazer um vídeo explicando como extorquiu empresas de criptoativos que, na verdade, não tinham feito nada errado. Ele afirmou que foi drogado e forçado a dizer o que disse. Mas essa é uma história para outro dia.

Para Ray, parecia uma caçada de ovos de Páscoa. Para mim, ele parecia um arqueólogo amador que encontrava uma civilização até então desconhecida. Incapaz de aprender alguma coisa sobre seus costumes ou idioma, só começou a cavar. Os artefatos desenterrados na escavação se prestaram a uma interpretação que confundiria os aborígenes que os criaram e usaram. Mas o prazer que Ray tinha com cada coisa que desenterrava era tão contagioso que, muitas vezes, não tive coragem de dizer: "Não tenho tanta certeza de que você encontrou o que acha que encontrou" ou "Na verdade sei o que é isso, e não é o que você pensa". Em certo momento, sua equipe descobriu que uma subsidiária de Hong Kong da Alameda Research, chamada Cottonwood Grove, comprou imensas quantias em FTT. Para o arqueólogo inocente, era prova de que o Mundo de Sam elevava artificialmente o valor do FTT. Ray não sabia que a FTX foi obrigada a gastar cerca de um terço de sua receita para comprar e queimar o token e que a Cottonwood Grove era a entidade que fazia isso.

De meu poleiro ao lado da escavação, às vezes eu gritava ao sujeito responsável meu palpite sobre o achado mais recente, mas ele só erguia os olhos para mim com pena. Claramente, eu era um ingênuo. Numa de nossas reuniões, Ray perguntou: "Você já ouviu falar nesse tal de Zane Hacket?". Ele errou o nome, mas tinha descoberto que Zane tirou da bolsa muitos milhares de dólares em criptoativos nas semanas anteriores ao colapso. E tinha mesmo! Nas semanas antes do colapso, Zane comprou algumas coisas. Mas também depositou 1,5 milhão de dólares em criptoativos na bolsa no domingo do colapso. Ele tinha os recibos para provar: quando a FTX sumiu, boa parte da riqueza de Zane sumiu com ela. O problema de Zane não era ser vigarista, mas confiar demais nos outros. O mesmo se aplicava a quase todos os funcionários da FTX, muitos dos quais perderam tudo. Sua civilização perdida não se construiu sobre o ceticismo, mas sobre a confiança.

Para um arqueólogo sem conhecimento prévio, era difícil perceber isso. A primeira impressão de Ray sobre Sam e seu círculo íntimo foi o ponto de partida de uma narrativa que podia ser imposta a quase todos os fragmentos remanescentes do Mundo de Sam. As centenas de investimentos privados feitos pela Alameda Research, por exemplo. Quando nos conhecemos, no início de 2023, Ray afirmou que todos ali eram suspeitos. Ele tinha uma teoria sobre por que Sam jogava dinheiro fora daquele jeito: estava comprando amigos. "Pela primeira vez na vida, todos ignoram o fato de que ele é um puta cara bizarro", ponderou Ray. Como exemplo, citou os dólares que Sam investiu em empresas de inteligência artificial. "Ele deu 500 milhões de dólares a essa coisa chamada Anthropic", disse Ray. "É só um monte de gente com uma ideia. Nada mais." Algumas semanas depois, o Google, a Stark Capital e mais algumas empresas investiram 450 milhões de dólares na Anthropic. Os termos reavaliavam em 800 milhões de dólares a participação que Sam comprou por 500 milhões. Eu conhecia pelo menos um investidor que achava que, se essa participação fosse dividida em partes menores e vendida aos poucos, seria fácil arrecadar 1 bilhão.

Depois que terminaram as contas, o pessoal de Ray concluiu que a FTX ainda devia 8,6 bilhões de dólares aos clientes. Havia pelo menos três maneiras de encontrar dinheiro para pagá-los. A primeira era a caçada de ovos de Páscoa, a busca de recursos da empresa que ainda pudessem estar guardados em bancos e bolsas de cripto. A segunda era vender o que restava no covil do dragão — não só a participação na Anthropic, mas também as centenas de outros investimentos privados e a pilha imensa de criptomoedas menos conhecidas. A terceira era arrancar dinheiro das pessoas que Sam pagou para serem seus amigos — os investimentos dele nos fundos de outras pessoas, as doações políticas e até as doações filantrópicas.

Para arrancar o dinheiro que Sam doou, John Ray precisava provar duas coisas. A primeira era que a FTX não recebeu um valor equivalente pelo dinheiro. Não se podia arrancar dinheiro de um encanador que recebeu uma quantia normal para desentupir um ralo na FTX. Mas era possível arrancar dinheiro do pesquisador a quem a FTX entregasse uma verba para inventar ralos que nunca entupissem. No entanto, simplesmente não receber o equivalente ao dinheiro não bastava para que Ray o recuperasse. Ele também teria de provar que, no momento em que Sam fez a doação, o dinheiro não era dele para que fosse doado. E a única maneira de não ser o dinheiro de Sam seria que a FTX, no momento em que ele fez a doação, estivesse insolvente ou quase isso. As várias tentativas de Ray de recuperar o dinheiro provocaram uma pergunta interessante, que sua equipe ainda teria de responder de forma inteligível: "Em que momento houve em todo o Mundo de Sam menos dinheiro do que deveria estar dentro da FTX? Exatamente quando a FTX faliu?".

Em vez de responder à pergunta, Ray começou uma blitz de processos contra várias pessoas a quem Sam entregou dinheiro. A leitura era realmente divertida. Eram textos jurídicos, mas todos tinham subtextos. Além disso, Ray escreveu para atrair a atenção da mídia. "É preciso contar uma história", explicou Ray. "Ninguém quer ler X dólares remetidos para Y, blá-blá-blá. É preciso ter a imaginação de uma criança para escrever esse tipo de coisa." Nos primeiros oito meses e meio, ele abriu nove desses processos de recuperação. Ray visava principalmente o pessoal interno — Sam, os pais de Sam, Caroline, Nishad e assim por diante — ou pessoas a quem Sam entregou grandes quantias para investir em seu nome.[36] Seu alvo mais revelador, pelo menos para mim, foi Dan Friedberg, advogado da FTX.

---

36 No processo aberto contra Michael Kives para que devolvesse os 700 milhões de dólares que Sam investiu em seu grupo de financiamento K5, Ray começava com o jantar dado por Kives em 11 de fevereiro de 2022, a que Sam compareceu. "Fiel à reputação de Kives como '*supernetworker*' de alto perfil", escreveu ele, "havia, entre os convidados do jantar, um ex-candidato à presidência, atores e músicos famosos, astros de reality shows e múltiplos bilionários". Então ele citou um memorando que encontrou, escrito por Sam, que descrevia Kives como "um ponto único de compra de relacionamentos que deveríamos utilizar" e fornecedor de "infinitas conexões". Na verdade, fui a esse jantar com Sam. Nenhum de nós nem nenhum colega de Sam sabia quem era Kives. O convite para o jantar veio mais ou menos do nada, com uma dica sobre a lista de convidados. De qualquer modo, Sam estaria em Los Angeles e decidiu na última hora (como sempre) ver se a coisa era real. Ele se preocupou um pouco com a pronúncia do nome do anfitrião (achava que era "kaives", mas na verdade era "kivas"). Seus funcionários temiam que o convite fosse um ardil para levar Sam a uma casa em Beverly Hills e sequestrá-lo. Adam Jacobs foi atrás num carro com uma pequena equipe e estava pronto para entrar correndo na casa e salvar Sam caso ele pedisse socorro. Nesse espírito, e naturalmente de bermudas, Sam entrou na casa de um total desconhecido e foi levado até o gramado dos fundos, onde já se reuniam mais sessenta convidados. Entre eles, estavam Hillary Clinton, Leonardo DiCaprio, Chris Rock, Katy Perry, Kate Hudson, Orlando Bloom, Jeff Bezos, Doug Emhoff e pelo menos quatro Kardashians. Por um momento, pareceu uma cena elaborada pela Fox News para dramatizar uma de suas discussões sobre a guerra cultural — mas aí avistamos Jerry Jones, proprietário dos Dallas Cowboys, republicano ferrenho, e "Silent Stan" Kroenke, proprietário dos Los Angeles Rams, que doou 1 milhão de dólares para ajudar a pagar a cerimônia de posse de Trump. Sam pegou o celular e mandou uma mensagem a Jacobs: "Acho que a coisa é real".

O SORO DA VERDADE

No Mundo de Sam, Dan Friedberg, que tinha 50 e poucos anos, era a única pessoa adulta importante. Por solicitação do pai de Sam, largou o emprego multimilionário no escritório de advocacia Fenwick & West para correr atrás de Sam aonde quer que ele fosse. Era o advogado--geral da FTX. Também era a babá de um bebê que apavora os pais e dá as ordens. Ele seguiu Sam até Hong Kong e, depois, se mudou para as Bahamas, onde passou muito tempo de bermuda, meio deslocado. Era a Friedberg que Sam geralmente recorria para se queixar das coisas sem sentido com que os adultos lhe pediam que se preocupasse. Mesmo no tempo bom, era óbvio que Friedberg tinha apenas uma influência limitada sobre ele ou sobre a operação, embora, naturalmente, seu nome aparecesse em muitos documentos oficiais. Ele ajudou a criar as contas bancárias que recebiam os depósitos dos clientes da FTX, ajudou também a executar a Operação Cobertor Quentinho. Mas, na semana do colapso da FTX, foi o primeiro funcionário a abandonar o navio e procurou de imediato os reguladores financeiros norte-americanos e o FBI. Mas ele não sabia exatamente o que tinha acontecido entre a FTX e a Alameda, só que, seja lá o que fosse, coisa boa não era. Ele estava completamente arrasado. Meio que foi levado pelo entusiasmo dos altruístas efetivos. "Eu queria que houvesse um Sam", ele explicou.

Suspeitei que o crime mais grave de Friedberg foi cometido depois do colapso. Quando entrou na FTX, ele transferiu cerca de 1 milhão de dólares de criptoativos de sua conta na Coinbase para a FTX US. Ele tentou e não conseguiu se unir a um processo aberto por outros credores para impedir que a Sullivan & Cromwell controlasse o processo de falência e, assim, todas as provas do que tinha acontecido. Ninguém pediu a Dan Friedberg que entrasse em contato com o juiz de falências; por conta própria, ele registrou uma declaração no tribunal de falências de Delaware. A energia literária da coisa excedia até a de John Ray. Explicava que, lá no fim de 2020, Friedberg contratou um sócio da Sullivan & Cromwell chamado Ryne Miller para se tornar advogado-geral da FTX US. Ele escreveu que, na época, Miller lhe disse que esperava retornar à Sullivan & Cromwell — e assim precisava direcionar o máximo possível de trabalho jurídico da FTX para seu futuro empregador. Depois, a FTX pagou à Sullivan & Cromwell entre 10 e 20 milhões de dólares em honorários. Num dos casos, a Sullivan & Cromwell, segundo Friedberg, cobrou da FTX 6,5 milhões de dólares por um serviço que custaria uma pequena fração desse montante.

Na semana do colapso, quando ficou claro que a FTX estava falida, os advogados discutiram o que fazer. Como todos os outros advogados, Friedberg pediu demissão. Só Miller ficou e fez pressão para Sam assinar os documentos de falência e para a Sullivan & Cromwell controlar os procedimentos. Também foi Miller, escreveu Friedberg, que insistiu que a FTX US fosse incluída na falência, embora fosse uma entidade totalmente separada e parecesse solvente.[37] Miller fez isso por duas razões, alegou Friedberg. A primeira foi reforçar a postura de que a falência lucrativa deveria se realizar nos Estados Unidos e não, digamos, nas Bahamas. A outra era que a FTX US controlava um total de 200 milhões de dólares que poderiam ser usados para pagar a Sullivan & Cromwell. No fim de sua declaração, Friedberg escreveu: "Não sou o único ex-funcionário da FTX que tem preocupações graves com a S&C. Tanto ex-funcionários quanto funcionários atuais temem citar essas questões porque a S&C pode tomar providências adversas contra eles".

No sistema de falências norte-americano, havia um personagem frustrante e, em geral, frustrado chamado *trustee*. Empregado pelo Departamento de Justiça estadunidense, o *trustee* deveria servir para controlar o pessoal interno que lucraria com a falência. (E controlar as provas de qualquer processo criminal.) Mas o único poder que o *trustee* recebia por lei era o de importunar e reclamar com o juiz de falências, em geral um ex-advogado do setor. Andrew Vara, o *US Trustee* designado para o caso da FTX, escreveu uma carta contundente ao juiz John T. Dorsey para defender que não se deveria permitir que a Sullivan & Cromwell coordenasse a falência e que um examinador independente deveria ser chamado para policiá-la. Dorsey negou o pedido. Fez o mesmo com o de Dan Friedberg.

---

37 John Ray me disse que não era, mas não apresentou provas disso. Um funcionário da FTX US, que trabalhou numa pequena equipe que estudou a questão no início de novembro de 2022, me explicou: "Quando fizemos os cálculos do demonstrativo norte-americano, a entidade era solvente".

Na audiência para decidir se a Sullivan & Cromwell poderia administrar a falência, as testemunhas participaram pessoalmente ou pelo Zoom. Friedberg entrou no Zoom sem ser convidado e se ofereceu para depor sob juramento. Dorsey se recusou a permitir.

Fora do tribunal norte-americano, Friedberg tinha uma das melhores visões do que tinha ocorrido dentro do Mundo de Sam e, talvez, a melhor visão do papel desempenhado pela Sullivan & Cromwell. No tribunal, a experiência de Dan Friedberg foi considerada irrelevante. E, ao que tudo indica, era o fim da questão. Os juízes de falências estadunidenses têm o sensacional poder de decidir quais provas aceitar nos casos.

Mas, no fim de junho, John Ray reavivou a relevância de Dan Friedberg ao processá-lo no tribunal de falências. Ray deu uma resposta própria à disputa entre Ryne Miller e Dan Friedberg. Ele achava Miller um "ingênuo". Considerava Friedberg um "criminoso inato".

Dan Friedberg não foi acusado de crime algum. E ele cooperava com a investigação do Departamento de Justiça. Ray não tinha poder para acusar Friedberg de crime. No processo que buscava recuperar todo o dinheiro que a FTX pagou a Dan Friedberg, Ray listou as coisas ruins que achava que Friedberg tinha feito. Também listou as quantias que queria que Friedberg devolvesse. A maior parte do dinheiro estava em um único item: "Em julho de 2020", escreveu Ray, "o FTX Group concedeu a Friedberg 102.321.128 tokens Serum, moeda digital lançada pela Solana Foundation em 2020. [...]Na época da declaração de falência do requerente, o valor do Serum era estimado em 0,33 dólares por token e, portanto, os Serum em posse de Friedberg valiam 33.765.972,20 dólares".

Antes de ler isso, eu só ouvia Ray se referir ao Serum (e ao Solana e ao FTT) como "moedas de Sam" ou "*shitcoins*" ("moedas de merda"). A visão que ele tinha dos criptoativos era parecida com a visão que tinha das pessoas. Havia "merda boa" e "merda ruim". (Mas não merda ingênua.) Nunca tentei contestar, em parte porque achava que ele estava mais ou menos certo. Ainda assim, havia distinções dignas de serem feitas que ele não se dava o trabalho de fazer. O FTT recebia um fluxo real de dinheiro — a receita robusta da FTX — e, portanto, era mais parecido com ações da empresa. A Solana, talvez por processar dezenas de milhares de transações por segundo a mais do que o Bitcoin, estava em melhor posição do que este último para realizar a visão original de Satoshi e se tornar um meio de troca. De qualquer modo, como um número suficiente de pessoas passou a acreditar nessa história, havia um mercado real para os tokens Solana, e a pilha acumulada por Sam ainda tinha valor.

Em comparação, o Serum era uma proposta duvidosa; era mais parecido com o dinheiro do jogo particular de tabuleiro que Sam nunca parava mentalmente de jogar.

O Serum era a aposta de Sam em que as blockchains substituiriam, digamos, a Bolsa de Valores de Nova York ou, inclusive, a FTX. As blockchains eram apenas registros comunitários de quem possuía tal coisa e em que momento passou a possuir. Era possível rastrear qualquer transação. Teoricamente, podia-se até registrar todas as transações financeiras. Os tokens Serum que Friedberg recebeu como pagamento davam ao proprietário desconto em operações, direito de voto e uma fatia da minúscula taxa cobrada de qualquer transação financeira ocorrida na blockchain do Solana, o que parecia ótimo. O problema é que havia relativamente poucas transações financeiras na blockchain do Solana. Sam simplesmente inventou a ideia com os fundadores do Solana, cunhou 10 bilhões desses tokens Serum, guardou a maior parte para si... e distribuiu alguns aos funcionários como pagamento.

Os tokens Serum que Sam pagou a funcionários como Friedberg pareciam valer 0,33 dólares na época da falência. Já o valor verdadeiro não era tão claro. Os tokens Serum dos funcionários da FTX estavam "travados"; os funcionários eram proibidos de vendê-los até que fossem destravados — e a pessoa que destravava era Sam. A princípio, os tokens deveriam ser destravados no decorrer de sete anos, contados a partir do fim do primeiro ano. Os funcionários poderiam vender um sétimo de seus Serum no fim daquele primeiro ano e outro sétimo no fim de cada um dos anos seguintes, até venderem tudo.

Logo depois da criação, o preço do Serum disparou, algo que, claramente, Sam não previra. Aí ele se deparou com todos aqueles funcionários que se sentiam ridiculamente ricos. (Pelo menos em teoria, o valor do estoque de Serum de Dan Friedberg chegou, em setembro de 2021, ao pico de mais de 1 bilhão de dólares.) Na opinião de Sam, todos ficaram imediatamente menos motivados a trabalhar catorze horas por dia. E então, ele fez uma coisa bem típica de Sam: mudou os termos dos Serum dos funcionários. Nas letrinhas miúdas do contrato de Serum dos funcionários, ele se reservou o direito de ampliar a duração da pena de prisão do Serum e o usou para trancar todos os Serum dos funcionários por sete anos. Os funcionários já sabiam que Sam gostava de jogos cujas regras pudesse mudar no meio da partida. Agora, entendiam que, se ele mudou as regras uma vez, poderia mudar de novo. Ficaram menos entusiasmados com seus Serum. "Não era nada óbvio se a gente tinha ou não tinha", disse Ramnik, que observou com irritação Sam trancar um monte de tokens que ele comprou com o próprio dinheiro no mercado aberto antes de entrar na FTX. "Acho que a gente iria descobrir em sete anos."

Mesmo para tokens Serum comuns, o mercado não era muito bom. Não havia nenhuma possibilidade de Dan Friedberg vender 102 milhões de tokens Serum pelo referido preço de mercado. Serum que, efetivamente, você não possuiria ao longo de sete anos (e possivelmente nem no fim desse prazo). Quem teria coragem de palpitar seu valor? Zero, talvez? Foi o que a revista *Forbes* concluiu, mesmo quando o preço do Serum subiu, ao avaliar as posses de Sam. Trataram os tokens Serum travados como se não existissem.

Ainda assim, de certo modo, nas contas de John Ray, os Serum travados eram merda boa. Cripto de primeira, da melhor colheita, bebido por todos os cavalheiros de bom gosto. Quem sabe? Talvez um dia fosse. Mas, para que o Serum fosse um token que se levasse a sério, Sam Bankman-Fried e o mundo que o criou precisavam ser vistos sob outra óptica. No preço de pico do Serum, o valor de mercado declarado do estoque de Sam era de 67 bilhões de dólares. Em 7 de novembro de 2022, a pilha de Serum geralmente travados de Sam ainda "valia" bilhões de dólares. Se os Serum travados tivessem esse tipo de valor, a FTX era solvente até o momento em que desmoronou. E John Ray não teria base alguma para recuperar dinheiro de nenhuma das muitas pessoas de sorte regadas com eles por Sam Bankman-Fried.

Com seis meses de caça aos ovos de Páscoa, havia um argumento decente a fazer de que a FTX era solvente até o momento em que desmoronou, mesmo que os Serum de Sam não valessem nada. A caçada teve melhor resultado do que esperaria qualquer um sem conhecimento ativo muito profundo dos métodos e motivos de Sam. No fim de junho de 2023, John Ray apresentou um relatório de suas várias coletas. "Até esta data, os devedores recuperaram aproximadamente 7 bilhões de dólares em patrimônio líquido", escreveu, "e preveem recuperação adicional". Sete bilhões e 300 milhões, para ser exato. Esse total não incluía o Serum, nenhuma grande devolução nem o dinheiro roubado pelo sujeito das Ilhas Maurício, nem a participação na Anthropic, nem a maior parte dos outros investimentos privados. Um investidor com esperanças de adquirir o portfólio restante me contou que, se fosse vendido com inteligência, seria possível apurar pelo menos 2 bilhões de dólares. Isso elevaria a quantia coletada para 9,3 bilhões — antes mesmo que alguém pedisse a CZ os 2,275 bilhões de dólares que tirou da FTX. Ray avançava devagar rumo à resposta à pergunta que eu fazia desde o dia do colapso: onde foi parar todo aquele dinheiro? A resposta era: lugar nenhum. Ainda estava lá.

Caroline foi a primeira a se declarar culpada e aceitar qualquer acordo que os promotores ofereceram. Gary e Nishad logo fizeram o mesmo. Desse momento em diante, qualquer pessoa sem nenhuma ideia exata do que aconteceu dentro do Mundo de Sam achava que sabia tudo o que precisava saber. Um número surpreendente achava que o crime devia ter sido óbvio o tempo todo. Não era. Gestores de fundos de hedge que vendiam ações de bancos norte-americanos que armazenavam criptomoedas espalhavam rotineiramente boatos desagradáveis sobre seus clientes de criptoativos, como a FTX, na tentativa de prejudicar aqueles bancos. Se alguma dessas pessoas soubesse a verdade sobre a FTX, sem dúvida teria falado. Mas não sabiam. Até os que exprimiram suspeitas sobre Sam ou a FTX deixaram de mencionar a única coisa simples que se diria caso se conhecesse o segredo que escondiam: *Os depósitos dos clientes que deveriam estar dentro da FTX na verdade estão dentro da Alameda Research.*

As autoridades das Bahamas prenderam Sam e, depois de várias complicações comuns induzidas pelo próprio Sam, o extraditaram para os Estados Unidos. Na acusação apresentada pela Procuradoria-Geral dos Estados Unidos no Distrito Sul de Nova York, o Departamento de Justiça norte-americano imputou a Sam vários crimes e lhe permitiu que pagasse 250 milhões de dólares de fiança, o que ele não fez. Os pais de Sam deram como garantia sua casa e assumiram o risco de que ele fugisse sob fiança — nesse caso, em teoria, deveriam 250 milhões de dólares ao governo estadunidense, e eles não tinham esse valor. Os promotores não se importaram; parecia que a principal preocupação era a imprensa noticiar que Sam Bankman-Fried ainda possuía pelo menos 250 milhões. Quando isso aconteceu, muitos que deveriam saber que aquilo não era verdade, mas que adotaram o hábito de falar sem pensar, foram ao Twitter postar que a capacidade de Sam de arranjar mais de 250 milhões de dólares os levou a se decidir pela culpa dele. Mas a maioria nem esperou tanto. "Seu filho é um judeu ganancioso, egoísta, narigudo, criminoso típico, podre, sujo e imundo", dizia o e-mail que um tal de J. Revick mandou a Joe Bankman no dia em que a FTX pediu falência. Todos os Bankman-Fried receberam várias mensagens do tipo. Joe respondeu: "Revick não é um sobrenome judeu?".

Agora, multidões se reuniam, e o sentimento endureceu rapidamente. A distância, logo ficou fácil decidir por conta própria o que tinha acontecido dentro do Mundo de Sam antes mesmo que Sam fosse ao tribunal. A distância, logo virou tabu levantar qualquer dúvida sobre a natureza do crime de Sam.[38] Em contrapartida, de perto era difícil não ter dúvidas. Quanto mais próxima dele e da empresa fosse a pessoa, mais perguntas teria a respeito. Zane Tackett, por exemplo, não conseguia entender por que, no fim de 2021, Sam simplesmente não substituiu os depósitos de clientes dentro da Alameda Research por empréstimos dos bancos de cripto. Naquela época, a Alameda conseguiria tomar 25 a 30 bilhões de dólares sem grandes dificuldades. Por que não pegar esse dinheiro e transferir os 8,8 bilhões dos clientes de volta para a FTX, para que, se a Alameda explodisse, levasse junto os bancos de cripto e não a FTX?

---

38 E, basicamente, ninguém teve, com uma fabulosa exceção: Kevin O'Leary. Diga o que quiser sobre a influência dele, o sujeito tem colhões.

Ramnik tinha uma pergunta diferente. Ele e Sam investiram bilhões de dólares da Alameda, mas ele nunca viu Sam prestar atenção aos riscos que a Alameda corria. A atenção dele parecia estar sempre em outra coisa. A pergunta que Ramnik queria fazer a Sam era: "Por que diabos você passou o ano passado todo jogando *Storybook Brawl*?".

Eu tinha minhas próprias perguntas, é claro. A primeira tinha a ver com os incentivos financeiros. Nenhum dos personagens desse drama financeiro se comportou como se esperaria que personagens financeiros se comportassem. Gary possuía uma parte da Alameda Research, mas sua participação na FTX era muito mais valiosa. Nishad possuía grande parte da FTX e nada da Alameda Research. O mesmo ocorria com Caroline, que administrava a Alameda Research, mas só possuía ações da FTX. Nenhuma dessas pessoas tinha qualquer interesse em tirar dinheiro da FTX e colocar na Alameda Research de um modo que deixasse a FTX em perigo. Era o oposto disso: talvez o dinheiro delas é que fosse transferido. Ainda assim, pelo menos até o fim da primavera de 2022, quando o preço dos criptoativos começou a despencar, e talvez bem depois disso, nenhum deles mostrou desaprovar o risco que sua fortuna corria. Por que não?

E, é claro, havia a pergunta que estaria no centro do julgamento de Sam, se realmente houvesse um julgamento. Noventa por cento dos acusados de crimes pelo governo dos Estados Unidos em 2022 aceitaram o acordo e se declararam culpados. Menos de metade de 1% foi absolvido. Ir a julgamento contra o governo era como jogar no campo de um adversário que começasse com imensa vantagem material e psicológica. Sam estava decidido a ir a julgamento; insistia que era inocente de intenção fraudulenta. No entanto, para convencer os outros de sua inocência, ele teria de explicar por que seus três colegas mais próximos agora se dispunham a se declarar culpados. Por que alguém diria que cometeu um crime, se não o cometeu? Por que pareciam de fato *acreditar* que tinham cometido um crime?

Agora que Sam tinha muito tempo, passou grande parte dele pensando nisso. A natureza humana sempre foi meio que um quebra-cabeça para ele, mas os quebra-cabeças podem ser resolvidos. Ele se sentou para escrever um memorando bem parecido com os que escrevia em resposta

O SORO DA VERDADE

aos de Caroline. Estava a dias da imposição de uma ordem de silêncio pelo juiz Lewis A. Kaplan, que presidia o caso, em resposta a uma solicitação dos promotores federais. Mas, por ora, ainda tinha permissão de revelar seus pensamentos. "Parece que as pessoas têm muita dificuldade em ter *pensamentos* que corram riscos societários", escreveu ele, "*mesmo que nunca precisem dizer nada sobre si*". Ele seguiu essa premissa curiosa do modo costumeiro, como um memorando empresarial:

1. Quase sempre é fácil criticar, mesmo que se fale de algo popular; nada é perfeito, e na verdade ninguém é punido por indicar as partes ruins de coisas que, fora isso, são boas.
2. E é fácil elogiar algo que a sociedade elogia.
3. Mas parece que a coisa que *realmente* assusta as pessoas — mais ainda do que a ameaça de prisão — é reconhecer internamente, para si, que *elas* são um exemplo de pessoa que a sociedade despreza.

A isso, ele acrescentou: "Às vezes, é mais fácil para as pessoas serem o vilão em público do que ter no âmbito privado os pensamentos que os outros *julgariam* duramente se fossem públicos... em outras palavras: às vezes a coragem de pensar é ainda mais difícil do que a coragem de agir". Quando a pressão social chegava a determinado ponto, era mais fácil para as pessoas ceder do que preservar sua verdadeira identidade.

Ele escrevia sozinho num quarto da casa onde passou a infância. Fechara o círculo. Estava de volta ao lugar onde começara, só que agora usava tornozeleira eletrônica e era guardado por um pastor-alemão. Incapazes de pagar seguranças, os pais compraram esse cachorro enorme chamado Sandor, que veio de avião da Alemanha, onde o treinaram para matar ao receber a ordem. Mas a ordem era em alemão, e, embora os pais de Sam a tivessem aprendido, Sam não a conhecia.

O cachorro estava lá para proteger Sam, mas Sam não conseguia se interessar minimamente por Sandor. Joe comprou e leu um livro chamado *Dentro de um cão*; Sam ainda achava os livros uma coisa meio idiota, acreditava que seria melhor reduzi-los a postagens em blogs, e, de qualquer modo, não se importava com o que se passava dentro de Sandor. Assim, quando Sam estava no mesmo cômodo que o cão, a impressão era sempre de que algum incidente estava prestes a acontecer. Algum terrível mal-entendido, muito parecido com os mal-entendidos que Sam teve com outras pessoas. Obviamente, era difícil estimar a probabilidade de algum acidente. Menor do que a queda de um asteroide, mas com certeza maior do que alguma inteligência artificial se soltando da guia e eliminando os seres humanos da face da Terra. Mas seria bem coisa de Sam Bankman-Fried ser comido pelo próprio cão de guarda.

CODA

No fim da semana do colapso e depois que todos fugiram, George Lerner foi ao escritório. Ele deu uma volta e finalmente chegou à cabana 27 e à mesa de Sam. Foi então que viu o rei derrubado. Alguém pegou a peça de um tabuleiro de xadrez do escritório e a colocou deitada sobre o teclado de Sam. George a removeu, mas fora isso deixou o local intacto.

Seis meses depois, tudo continuava praticamente no mesmo estado. Os liquidantes das Bahamas ocuparam e usaram o local como escritório até ficarem sem dinheiro, mas era como se os funcionários tivessem recebido ordens de preservar o lugar como se fosse um cemitério sagrado. A camiseta emoldurada de Steph Curry ainda pendia na parede. Os badulaques, as canecas de café e até os óculos dos ex-ocupantes continuavam nas mesas, exatamente onde estavam quando o vulcão entrou em erupção. As prateleiras permaneciam cheias de petiscos veganos insalubres, e a cerveja da FTX ainda estava empilhada dentro das geladeiras. "Produzida por piratas para piratas", dizia a lateral das latas.

Para muitos ex-habitantes, tudo aquilo começava a parecer um sonho. A experiência deles foi tão diferente de suas experiências anteriores que ficava cada vez mais difícil acreditar que aquilo tudo tinha mesmo acontecido. Coletivamente, despertavam e voltavam ao que tinham sido antes de adormecer. Dava para ver em tempo real. Mesmo antes de deixar a ilha mágica, Constance Wang começou o processo de sincronizar seu futuro com a vida antes do sonho. "Preciso de um propósito?", ela me perguntou. "Sam me fez sentir que tenho propósito. Agora, não sei se preciso de um propósito. Nem qual deveria ser."

Voltei depois que todos tinham partido, para procurar alguma coisa. Depois de vasculhar as cabanas na selva, estava disposto a também concordar com os outros que não passava de imaginação. Mas havia um último lugar a verificar, uma antiga unidade de armazenamento que ninguém se deu o trabalho de vasculhar. O lugar ficava junto à estrada que Sam percorria todo dia entre o resort Albany e as cabanas. A olho nu, não era um lugar onde se guardaria algo de valor, apenas linhas gravadas na selva por prédios de aparência cansada e fachada de metal corrugado. Mas foi lá que encontrei, logo na entrada de um dos dez galpões não marcados da FTX. O caixote de madeira estava endereçado a Ryan Salame. Devia ser pesado demais para ser levado para dentro, então o deixaram bem junto à entrada. O cubo de tungstênio.

AGRADECIMENTOS

Elizabeth Riley e Jacob Weisberg leram e comentaram partes deste livro. Will Bennett e Christina Ferguson pesquisaram os criptoativos e outras questões e me ajudaram a compreender o tema melhor do que eu teria conseguido sozinho. Pamela Bain e Valdez Russell me mantiveram na esperança de mais uma viagem às Bahamas. Nick Yee me ensinou os jogos, David Chee me orientou em *Storybook Brawl*. De certo modo, Janet Byrne ainda é considerada minha revisora, mas a cada livro sua influência se estende mais além do que os revisores normais alcançam. E devo mais do que consigo exprimir a meus editores Tom Penn e, é claro, Starling Lawrence.

Este livro foi impresso pela Cruzado em 2024 para a
HarperCollins Brasil. O papel do miolo é pólen natural $70g/m^2$
e o da capa é cartão $250g/m^2$.